Jugend: Arbeit und Interessenvertretung in Europa

Gudrun Linne/Wolfgang Pelull

Jugend: Arbeit und Interessenvertretung in Europa

Befunde aus der Jugendforschung und gewerkschaftlichen Praxis

Springer Fachmedien Wiesbaden GmbH 1993

ISBN 978-3-8100-0933-3 ISBN 978-3-663-10441-4 (eBook)
DOI 10.1007/978-3-663-10441-4

Ursprünglich erschienen bei Leske + Budrich, Opladen in 1993

Satz und Umbruch: Leske + Budrich

Vorwort der Herausgeber

Der vorliegende Band ist aus einer von der Hans-Böckler-Stiftung organisierten Fachtagung zum Thema „Jugend, Arbeit und Interessenvertretung — Bilanzierung europäischer Jugendforschung“ hervorgegangen, die im Dezember 1990 in Berlin stattgefunden hat. Zielsetzung dieser Veranstaltung war es, Jugendforscherinnen und Jugendforscher aus verschiedenen europäischen Ländern mit Praktikerinnen und Praktikern aus der gewerkschaftlichen Jugendarbeit ins Gespräch zu bringen und neuere empirische Forschungsergebnisse zum gewandelten Jugendbewußtsein — focussiert um die Arbeits- und Interessenorientierungen von Jugendlichen — in doppelter Perspektive zu diskutieren: zum einen in bezug auf die Situation in anderen europäischen Ländern mit dem Ziel, Parallelen und Differenzen in den Entwicklungsbedingungen für die Interessenorientierungen, die sozialen Verhaltensmuster sowie für das Arbeits- und Politikbewußtsein von Jugendlichen herauszuarbeiten; zum anderen in der Perspektive des Vergleichs empirischer Ergebnisse der Jugendforschung mit den praktischen Erfahrungen in der gewerkschaftlichen Jugendarbeit. In dieser Perspektive sollte der Workshop vor allem den deutschen Teilnehmerinnen und Teilnehmern die Möglichkeit bieten, ihre Erfahrungen zur Diskussion zu stellen und neue Ansätze gewerkschaftlicher Jugendpolitik zu reflektieren.

Den Hintergrund für die Tagung bildeten die Erfahrungen im Bereich gewerkschaftlicher Jugendarbeit, die hierzulande spätestens seit Anfang der 80er Jahre deutlich werden ließen, daß es schwieriger geworden ist, Jugendliche zu organisieren und für ein gewerkschaftliches Engagement zu gewinnen. In beinahe allen DGB-Gewerkschaften kam es zu stagnierenden oder sogar rückläufigen Mitgliederzahlen, in den meisten Bereichen zu einem nachlassenden Interesse an der aktiven Arbeit in gewerkschaftlichen Jugendgruppen, die gemeinsam mit den Jugendvertretungen vor allem in den 70er Jahren wichtige Kristallisationskerne des gewerkschaftlichen Engagements von Jugendlichen gewesen sind. Wie wenig attraktiv die gewerkschaftliche Arbeit für viele

Jugendliche geworden war, zeigte sich vor allem am Verhalten der politisch Interessierten: Gerade sie gingen zur Gewerkschaft auf Distanz und zogen es häufig vor, sich in anderen Arbeitszusammenhängen, die als weniger bürokratisch verkrustet empfunden wurden, zu engagieren. Im Kern sind diese Probleme bis heute nicht gelöst, auch wenn sich die Lage infolge der Veränderungen, die sich aus der Anpassung der institutionellen Vertretungsmöglichkeiten an die Veränderungen im beruflichen Ausbildungssektor (Möglichkeit der Wahl von Jugend- und Auszubildendenvertretungen) in Teilbereichen zwischenzeitlich etwas entdramatisiert haben mag. Inwieweit dies von Dauer ist, bleibt abzuwarten.

Wenn wir die Schwierigkeiten im gewerkschaftlichen Jugendbereich zum zentralen Thema einer international angelegten Arbeitstagung gemacht haben, so liegt dem zum einen die Einschätzung zugrunde, daß diese Schwierigkeiten nicht einfach als „Schwachstelle" eines singulären Organisationsbereiches abgetan werden können, zum anderen, daß es sich hier um Probleme handelt, denen sich nicht nur die deutschen Gewerkschaften gegenübersehen. Sowohl in nationaler wie in internationaler Perspektive sind sie als Teil der allgemeinen Problematik zu begreifen, vor der die Gewerkschaftsbewegung heute bei dem Versuch steht, ihre Handlungsfähigkeit auch unter veränderten gesellschaftlichen und politischen Bedingungen zu bewahren. In der Bundesrepublik wird diese Problematik bereits seit längerem unter dem Stichwort der „Zukunft der Gewerkschaften" diskutiert, wobei nicht nur dezidierte Gewerkschaftsgegner von der These des historisch unaufhaltsamen Niedergangs gewerkschaftlicher Gegenmacht ausgehen. Der Auseinandersetzung mit den Problemen im Jugendbereich kommt in diesem Kontext eine besondere Relevanz zu und zwar keineswegs nur in dem vordergründigen Sinn, daß die Zukunft einer Organisation wie der Gewerkschaft immer auch davon abhängt, ob und wieweit es ihr gelingt, die nachwachsende Generation organisatorisch zu integrieren und inhaltlich an sich zu binden. Vielmehr ist davon auszugehen — und vor allem in diesem Sinne verdienen die Probleme im Jugendbereich eine besondere Aufmerksamkeit —, daß sich die allgemeinen Organisationsprobleme, vor denen die Gewerkschaften heute und vermutlich auch zukünftig stehen, im Jugendbereich lediglich in zugespitzter Form stellen. Anders formuliert: Die Schwierigkeiten im Jugendbereich sind gleichsam als Vorboten dafür anzusehen, was infolge der gesellschaftlichen Modernisierungstendenzen insgesamt auf die Gewerkschaften zukommt. Geht man davon aus, daß sich die sozialen Differenzierungs- und Individualisierungsprozesse und der sie begleitende Verlust stabiler Muster kollektiver Identitätsbildung gerade in den letzten zwei bis drei Jahrzehnten verstärkt durchgesetzt haben, so handelt es sich bei den Jugendlichen, die heute in die Betriebe kommen, gewissermaßen um die erste Generation, deren Sozialisationshintergrund entscheidend durch diese gesellschaftlichen Umbruchprozesse geprägt ist. Auch wenn in den Wahrnehmungs-

und Verhaltensweisen der Jugendlichen vieles noch alters- bzw. phasenspezifisch gefärbt sein mag, ist es insofern gerade für die Frage nach der Zukunft der Gewerkschaften von besonderem Interesse, wie diese Jugendgeneration die Gewerkschaften wahrnimmt, welchen Stellenwert sie einer organisierten Interessenvertretung in ihren Handlungsorientierungen beimißt und welche Erwartungen sie (noch) mit den Gewerkschaften verbinden.

Der Attraktivitäts- und Bedeutungsverlust gewerkschaftlicher Interessenvertretung gerade unter den Jüngeren ist kein Problem, das lediglich die deutschen Gewerkschaften berührt. Auch in anderen europäischen Ländern finden sich Hinweise darauf, daß Jugendliche den traditionellen gewerkschaftlichen Politikangeboten zunehmend skeptisch gegenüberstehen, und daß es für die Gewerkschaften in den letzten Jahren erheblich schwieriger geworden ist, sie politisch anzusprechen und organisatorisch zu integrieren. Bei allen Unterschieden in den ökonomischen, sozialen und politischen Ausgangsbedingungen und bei allen Differenzen hinsichtlich der nationalen Gewerkschaftstraditionen scheint es ein internationales Phänomen zu sein, daß die Gewerkschaften gerade unter den Jüngeren an Anziehungskraft verloren haben. Allerdings ist wenig darüber bekannt, wie sich die Probleme in den einzelnen Ländern — etwa in Italien, Frankreich oder Großbritannien — konkret darstellen und wo hier mögliche Parallelen zur Situation in der Bundesrepublik liegen.

Die deutsche Jugendforschung zumindest hat in bezug auf diese Fragen bislang nur wenig zu bieten. Allgemein ist sie in ihren Frage- und Problemstellungen noch weitgehend im nationalen Forschungshorizont befangen. Erst ansatzweise kommt es in der letzten Zeit zur Aufnahme internationaler/interkultureller Untersuchungsperspektiven, wobei sich zwei Schwerpunkte herausgebildet haben: zum einen der Vergleich länderspezifischer Übergangsprozesse von der Schule in das Erwerbsleben, zum anderen die vergleichende Analyse kultureller Praxisformen von Jugendlichen. Selbst wenn in den Vergleichen vereinzelt auch die politischen und sozialen Interessenorientierungen von Jugendlichen thematisiert werden, taucht die Frage nach dem Verhältnis von Jugendlichen zu den Gewerkschaften in diesem Zusammenhang kaum einmal auf. Eine der wenigen Ausnahmen ist eine kürzlich durchgeführte deutsch-spanische Vergleichsuntersuchung, an der G. Argimon Maza und A. Paul-Kohlhoff mitgearbeitet haben (vgl. ihren Beitrag zu Spanien in diesem Band).

Die Defizite, die sich in diesem Punkt zeigen, haben in der deutschen Jugendforschung durchaus Tradition: Obgleich die „Jugendfrage" in der wissenschaftlichen und politischen Diskussion jahrelang hoch im Kurs stand, großangelegte Jugendstudien initiiert und eine Vielzahl von Untersuchungen und Beiträgen zu unterschiedlichen Aspekten jugendlichen Bewußtseins und Verhaltens veröffentlicht wurden, blieb das Thema Jugend und Gewerkschaft dabei — von wenigen Ausnahmen abgesehen — außerhalb der Betrachtung, was u.a. damit zu tun hat, daß der gesamten Arbeitssphäre im Kontext der Jugendforschung nur relativ geringe Aufmerksamkeit zuteil geworden ist. Dies hat zur Konsequenz, daß in den meisten Jugenduntersuchungen nur wenig theoretisch fundierte und empirisch abgesicherte Anhaltspunkte für die politische Kontroverse um die Probleme zu finden sind, die sich gegenwärtig in der gewerkschaftlichen Jugendarbeit stellen; häufig erweist sich die Jugendforschung mithin genau in den Fragen als defizitär, die für die Weiterentwicklung der gewerkschaftlichen Jugendarbeit von besonderer Relevanz wären.

So wenig sich die Jugendforschung um das Thema Jugend und Gewerkschaft gekümmert hat, so wenig haben die Gewerkschaften in der aktuellen Diskussion um die Verwirklichung des EG-Binnenmarktes ihrerseits jugendspezifische Probleme im Blick. Überhaupt taucht das Thema Jugend in der gewerkschaftlichen Diskussion um die Schaffung des „Sozialraums" Europa nur am Rande auf. Symptomatisch ist in diesem Zusammenhang auch die geringe Bedeutung, die dem Jugendbereich im Europäischen Gewerkschaftsbund (EGB) zukommt; von einer eigenständigen Jugendabteilung etwa, deren finanzielle und personelle Ausstattung es erlauben würde, sich wirkungsvoll länderübergreifend um jugendspezifische Belange zu kümmern, kann kaum gesprochen werden. Obwohl Europa auch unter gewerkschaftspolitischen Aspekten eine immer größere Bedeutung erlangt, drohen sich hier Defizite, die uns auf der nationalen Ebene durchaus nicht unbekannt sind, zu reproduzieren, mit der Folge, daß die Möglichkeiten einer europäisch orientierten Jugendarbeit mehr als begrenzt bleiben. Eher sporadisch sind bislang auch noch die unmittelbaren Kontakte zwischen gewerkschaftlichen Jugendorganisationen in Europa. Ein systematischer Erfahrungsaustausch findet jedenfalls noch nicht statt. Erst recht fehlt es — auch mit Blick auf die deutschen Gewerkschaften — an einer breiten Diskussion über die Möglichkeiten einer gemeinsamen europäischen Jugendpolitik, obwohl deren Notwendigkeit außer Frage stehen sollte.

Vor diesem Hintergrund ging es auf der Tagung darum, eine erste Annäherung an die Frage zu finden, wie sich die Situation in den verschiedenen Ländern darstellt, vor welchen Problemen die Gewerkschaften im Jugendbereich jeweils stehen und welche Gemeinsamkeiten und Differenzen dabei vor allem im Vergleich zur Bundesrepublik gegeben sind. Die Vergleichsperspektiven richteten sich in diesem Zusammenhang auf die zentralen Entwicklungstendenzen und Bedingungen, von denen die Arbeits- und Interessenorientierungen der Jugendlichen — unabhängig von den je spezifischen Ausgangsbedingungen und Traditionen in den einzelnen Ländern — entscheidend bestimmt sind:

— zum einen die strukturellen Veränderungen der Jugendphase und die aus ihnen resultierenden Konsequenzen für die Orientierungen und Verhaltensmuster der Jugendlichen;

— zum anderen die strukturellen und aktuellen Bedingungen des Übergangs Schule — Ausbildung — Beruf/Erwerbsarbeit, und damit verbunden die Frage nach der Situation der Jugendlichen auf dem Arbeitsmarkt und ihrer beruflichen Perspektiven;
— schließlich die Bedingungen, die aus dem System der industriellen Beziehungen und den je spezifischen Gewerkschaftstraditionen resultieren.

Von vornherein war klar, daß diese Dimensionen im Rahmen der Tagung nicht umfassend ausgeleuchtet und systematisch verglichen werden konnten; dieser Anspruch wäre sicherlich auch bei einem mehr als zweitägigen Workshop vermessen gewesen. Sie dienten gleichsam als zentrale Orientierungspunkte für die Frage nach möglichen Gemeinsamkeiten bzw. Differenzen und deren Bedeutung für die Orientierungen und Verhaltensweisen der Jugendlichen in bezug auf Arbeit, Beruf und Gewerkschaft. Auch die Länderauswahl erfolgte in Orientierung an den genannten Dimensionen. Sie sollte zum einen sicherstellen, daß auf der Tagung eine möglichst große Bandbreite jugendspezifischer Entwicklungsbedingungen und Problemlagen repräsentiert war, zum anderen sollte sichergestellt werden, daß die gewerkschaftspolitischen Probleme aus Ländern mit unterschiedlichen Vertretungstraditionen und unterschiedlich stark institutionalisierten Vertretungssystemen zur Sprache kommen. Auf der anderen Seite waren der Auswahl nicht zuletzt aus organisatorischen und finanziellen Gründen relativ enge Grenzen gesetzt. Angesichts der Notwendigkeit, eine relativ enge Auswahl zu treffen, entschieden sich die Initiatoren dafür, den Teilnehmerkreis auf einige wichtige Länder West- und Südeuropas zu beschränken; einbezogen wurden schließlich Italien, Spanien, Frankreich, Großbritannien sowie die Niederlande. Eine Berücksichtigung der osteuropäischen Länder wäre zwar überaus spannend gewesen, hätte den inhaltlichen Zuschnitt der Tagung aber aufgrund der völlig unterschiedlich gelagerten materiellen und historischen Ausgangsbedingungen mit Sicherheit gesprengt. Auch die Anzahl der Referenten war von vornherein begrenzt; ihre Auswahl war zu einem gewissen Teil Ausdruck bereits vorhandener persönlicher und wissenschaftlicher Kontakte und beansprucht nicht, daß alle wissenschaftlichen und politischen Positionen in den jeweiligen Ländern inhaltlich abgedeckt sind.

Die Tagung zu organisieren und durchzuführen hatte zweifellos einen besonderen Reiz — gerade in einer Zeit, in der die Weichen für die Verwirklichung des einheitlichen europäischen Binnenmarktes gestellt werden, der auf Dauer auch die Handlungsbedingungen für gewerkschaftliche (Jugend-)Politik nicht unberührt lassen wird. Auf der anderen Seite ist die Durchführung und Dokumentation einer solchen Tagung immer mit einer Reihe — manchmal ungeahnter — Schwierigkeiten verbunden. Abgesehen von den vielfältigen organisatorischen Problemen ihrer Realisierung, auf die hier nicht näher einzugehen ist, liegen sie in unserem Fall in der eingangs genannten doppelten Zielperspektive begründet: Wie schwer es manchmal bereits ist, Wissenschaftler und Praktiker eines Landes, auch wenn sie mit dem gleichen Gegenstand befaßt sind, in einen fruchtbaren Kommunikationsprozeß miteinander zu bringen, ist hinlänglich bekannt. Die Kommunikation zwischen Jugendforschern und gewerkschaftlichen Jugendfunktionären / -sekretären ist hiervon nicht ausgenommen. Selbst in den Fällen, in denen man den guten Willen, sprich: die Verständigungsbereitschaft der Beteiligten voraussetzen kann, kommt es häufig genug zu enormen Kommunikationsproblemen. Sie haben sowohl mit den unterschiedlichen Erfahrungen und Perspektiven zu tun, die die Beteiligten jeweils mit dem Gegenstand verbinden, als auch mit den je spezifischen Kommunikations- und Funktionszusammenhängen, in denen sie sich in ihrer Rolle als Forscher oder Gewerkschaftsfunktionär bewegen. Durch den Einbezug ausländischer Diskussionspartner potenziert sich das Problem, wobei wir hier garnicht an die sprachlichen Barrieren denken, die eine länderübergreifende Diskussion selbst bei einer glänzenden Übersetzungsleistung in der Regel erheblich erschweren. Sehr viel größer sind die Schwierigkeiten, die daraus resultieren, daß es häufig bereits an den grundlegenden Informationen über die Situation in den jeweils anderen Ländern mangelt; in unserem Fall vor allem an Informationen darüber, welchen Zuschnitt die institutionellen und organisatorischen Voraussetzungen für gewerkschaftliche Jugendarbeit jenseits der nationalen Grenzen jeweils haben. Daß beispielsweise die britischen Gewerkschaften erst seit wenigen Jahren so etwas wie einen allgemeinen Jugendausschuß haben, der die Jugendpolitik auf nationaler Ebene koordiniert, war auf der Tagung für viele Teilnehmer jedenfalls eine neue Information.

Auch dieses Problem ist, soweit es sich lediglich um Informationsdefizite auf der Ebene von Fakten und Zahlen handelt, noch relativ leicht in den Griff zu bekommen — zumindest auf den ersten Blick; spannend wird es allerdings bei der Frage, was in den Fakten zum Ausdruck kommt und in welchem gesellschaftlichen Bedeutungszusammenhang sie stehen. Die Höhe des gewerkschaftlichen Organisationsgrades, die man in internationalen Vergleichen häufig als wichtige Bezugsgröße findet, ist hierfür ein gutes Beispiel. Wie wir bezogen auf die Gewerkschaften in der Bundesrepublik wissen, sagt die formale Organisationszugehörigkeit wenig darüber aus, was die Jugendlichen mit „ihrer" Organisation verbinden, welche Ansprüche und Erwartungen sie haben etc.; sie verweist in erster Linie auf den hohen Institutionalisierungsgrad des bundesdeutschen Systems der industriellen Beziehungen, in dem die Gewerkschaften auch als Mitgliederorganisationen ihren festen Platz haben. Im internationalen Vergleich ist der Aussagewert dieses scheinbar griffigen Indikators, wie etwa das spanische Beispiel zeigt, noch fragwürdiger. Trotz des geringen Organisationsgrades finden wir hier eine Mobilisierungsbereitschaft, die unter den deutschen Gewerkschaftsmitgliedern auch im Jugendbereich nur relativ selten anzutreffen ist.

Solche Phänomene etwas besser zu verstehen, war eines der Ziele der Tagung, die an vielen Punkten auch deutlich werden ließ, wie unterschiedlich die nationalen Interpretations- und Analyseperspektiven in der wissenschaftlichen und politischen Jugenddiskussion jeweils sind. Sie verweisen auf ein durch die nationalen Traditionen und Diskurse geprägtes Vorverständnis, dessen Hintergrund sich Außenstehenden nicht immer von vornherein erschließt. Auch insofern ist auf der Tagung eine wichtige Verständigungsarbeit zu leisten gewesen.

Die vorliegenden Beiträge sind aus der Diskussion heraus erarbeitet worden bzw. im Zusammenhang mit der Tagung entstanden. Mehrheitlich handelt es sich um die überarbeitete Fassung von Referaten und Situationsberichten, die auf dem Workshop präsentiert worden sind. Einige weitere Beiträge haben wir zur Ergänzung später hinzugenommen. Mit der Veröffentlichung der Beiträge verbindet sich vor allem die Intention, einen größeren Kreis von Interessierten darüber zu informieren, wie sich die Situation von Jugendlichen in wichtigen Nachbarländern darstellt, mit welchen Problemen sie auf dem Ausbildungsstellen- und Arbeitsmarkt konfrontiert sind, wie sie mit diesen Problemen umgehen und welche Rolle gewerkschaftliche Interessenvertretung für sie in diesem Kontext spielt. Die Beiträge aus der Jugendforschung, die sich aus unterschiedlicher Perspektive auf diese Fragen beziehen, sind im ersten Teil dieses Bandes zusammengefaßt. Im zweiten Teil kommen die Praktikerinnen und Praktiker aus der gewerkschaftlichen Jugendarbeit zu Wort, um Auskunft darüber zu geben, wie die Gewerkschaften ihrerseits auf die Problemlage im Jugendbereich reagieren und wo sie in ihrer Arbeit die Schwerpunkte setzen. Uns ist bewußt, daß es sich hierbei nicht um eine umfassende Bestandsaufnahme handelt, weder was die länderspezifische Darstellung der Jugendsituation, noch was die Beschreibung der gewerkschaftspolitischen Ansätze im Jugendbereich angeht, zumal sie in den meisten der hier einbezogenen Länder aufgrund der gegebenen Unterschiede in der politischen Ausrichtung der nationalen Gewerkschaftsverbände keineswegs einheitlich ausfallen. Gleichwohl bieten die Beiträge genügend „Stoff“ für eine Vertiefung der Diskussion und, wie wir meinen, auch genügend Anreiz, sich intensiver mit den gewerkschaftlichen Erfahrungen und den Ergebnissen der Jugendforschung innerhalb und außerhalb der nationalen Grenzen zu befassen.

Der Dank der Herausgeber gilt allen Autorinnen und Autoren, die mit ihren Beiträgen zur Entstehung dieses Buches beigetragen haben. Zu danken haben wir auch Bruno Cattero, Sabine Hedinger, Michael Knauf und Sigrun Zühlke, deren Übersetzungen es uns ermöglicht haben, daß wir die Artikel der ausländischen Kolleginnen und Kollegen in einem deutschsprachigen Band veröffentlichen können. In besonderem Maße sind wir schließlich der Hans-Böckler-Stiftung für ihre finanzielle und administrative Unterstützung zu Dank verpflichtet.

Düsseldorf/Brüssel im Februar 1992 *Gudrun Linne/Wolfgang Pelull*

Inhalt

Teil I: Jugend, Arbeit und gewerkschaftliche Interessenvertretung — Befunde aus der Jugendforschung

Martin Baethge / Wolfgang Pelull

Zwischen Individualisierung und Solidarisierung — Entwicklungstendenzen im Verhältnis von Jugendlichen zur Erwerbsarbeit und zu den Gewerkschaften

1. Vorbemerkung

Jede wissenschaftliche und politische Auseinandersetzung mit der Frage, wie sich die Jugendlichen in der BRD auf Erwerbsarbeit beziehen und welche Rolle für sie die Gewerkschaften spielen, muß sich — gerade unter der Perspektive eines internationalen Vergleichs — der besonderen ökonomischen und institutionellen Bedingungen vergewissern, die für die Situation in der BRD kennzeichnend sind. Wir sehen vor allem drei Besonderheiten, die wir vorab zumindest kurz benennen wollen:

— Erstens: Ohne die auch hier gegebenen ökonomischen und sozialen Probleme — etwa der Marginalisierung relevanter Minderheiten auf dem Arbeitsmarkt — herunterspielen zu wollen, kann die (alte) BRD nach internationalen Vergleichsmaßstäben geradezu als Insel ökonomischer Prosperität angesehen werden. Eine konkurrenzfähige Ökonomie, ein relativ hoher materieller Lebensstandard für die Mehrheit der Bevölkerung und ein vergleichsweise weit gespanntes Netz sozialer Absicherungen kennzeichnen ihre Lage. Die aktuelle Situation ist durch (nach wie vor) relativ günstige konjunkturelle Daten, steigende Beschäftigungszahlen und durch eine im internationalen Vergleich relativ niedrige Arbeitslosenquote gekennzeichnet — zumindest in den alten Ländern.

— Zweitens: Das duale System der beruflichen Ausbildung in der BRD hat für viele Länder gleichsam eine Vorbildfunktion. Bei allen Problemen in der Bereitstellung qualifizierter Ausbildungsplätze, die uns keineswegs unbekannt sind, bietet dieses System für den Großteil der nachwachsenden Generation — vor allem für Jugendliche mit einem weiterführenden Schulabschluß — in der Tat vergleichsweise gute Chancen, eine fundierte Berufsausbildung zu erwerben. Dabei haben die konjunkturelle und die demographische Entwicklung in den letzten Jahren dazu beigetragen, vormalige Krisentendenzen auf dem Ausbildungsstellenmarkt erheblich zu entschärfen. Zwar kann nach wie vor nicht davon ausgegangen werden, daß jeder Jugendliche — wenn er nur will — einen Ausbildungsplatz bekommt, der seinen Interessen und Neigungen entspricht, doch haben sich die Arbeitsmarktbedingungen mittlerweile wieder deutlich zugunsten der Jugendlichen verschoben. Dies gilt sowohl für die erste Schwelle des Übergangs von der Schule in die berufliche Ausbildung als auch für die zweite Schwelle des Übergangs von der Ausbildung in die Beschäftigung.

— Eine dritte Besonderheit, die bei einer international vergleichenden Analyse des Verhältnisses Jugendlicher zur Gewerkschaft nicht unberücksichtigt bleiben darf, zielt auf das bundesdeutsche System der industriellen Beziehungen, das in hohem Maße verrechtlicht ist (Betriebsverfassungsgesetz, Mitbestimmungsrechte), und in dessen Institutionengerüst die Gewerkschaften einen festen Platz haben. Diese Rahmenbedingungen gelten auch für den Jugendbereich, in dem wir auf betrieblicher Ebene spezielle, gesetzlich verankerte Vertretungsorgane finden (Jugend- und Auszubildendenvertretungen), deren Aufgabe es ist, die Ausbildungs- und Berufsinteressen von Jugendlichen gegenüber dem Arbeitgeber wahrzunehmen. Sie bilden zugleich — dem Anspruch nach — die Kristallationskerne für die gewerkschaftliche Jugendarbeit im Betrieb.

Im Unterschied zur Situation in einer ganzen Reihe anderer europäischer Länder haben die bundesdeutschen Gewerkschaften also einen festen Platz im gesellschaftlichen Institutionengerüst. Sie sind, um es salopp auszudrücken, ein sicher nicht von allen geliebter, letztlich aber doch anerkannter politischer Faktor, dessen Existenzberechtigung auch in konservativen Politikkonzepten nicht grundsätzlich in Frage gestellt wird. Der hohe Institutionalisierungsgrad der westdeutschen Gewerkschaften ist freilich weder automatisch mit politischer Stärke gleichzusetzen, noch gibt er die Garantie dafür, daß die Gewerkschaften den zukünftigen Herausforderungen, die sich ihnen stellen, politisch und organisatorisch gewachsen sind.

2. Zum Verhältnis von Jugendlichen zur Gewerkschaft (in der alten Bundesrepublik)

Wenn heute in der BRD von einer Krise der Gewerkschaften gesprochen und dabei nicht zuletzt auf Probleme hingewiesen wird, die sich den Gewerkschaften gerade auch im Jugendbereich stellen, so mag dies zunächst einmal erstaunen; denn auf den ersten Blick stehen die Gewerkschaften hier keineswegs schlecht da. So zeigen alle einschlägigen Jugenduntersuchungen, daß es unter der jungen Generation in der BRD einen breiten Grundkonsens hinsichtlich der Notwendigkeit der Gewerkschaften gibt. Von der überwiegenden Mehrheit der Jugendlichen (in unserer Untersuchung sind es ca. 90 %) werden sie als notwendig anerkannt und befürwortet. Nur eine kleine Minderheit steht ihnen grundsätzlich ablehnend gegenüber.

Auch mit Blick auf die Mitgliederzahlen läßt sich zunächst ein durchaus positives Bild zeichnen: So waren im Jahre 1990 knapp 1,1 Millionen jugendliche Arbeitnehmer (bis zu 25 Jahren) in den DGB-Gewerkschaften organisiert. Dies entspricht einem durchschnittlichen Organisationsgrad von etwa 23 %, d.h. beinahe jeder vierte jugendliche Erwerbstätige in der BRD ist in einer DGB-Gewerkschaft organisiert.

Tabelle 1: Jugendliche Mitglieder (bis zu 25 Jahren) in DGB-Gewerkschaften, Organisationsgrad im Jugendbereich

Jahr	Jugendliche Mitglieder	Sozialversicherungspflichtig Beschäftigte bis zu 25 Jahren (in 1000)	Organisationsgrad (in %)
1975	1213234	4966,0*	24,4
1980	1153402	4836,5	23,8
1985	1160974	4654,4	24,9
1986	1160547	4723,8	24,7
1987	1147917	4696,7	24,4
1988	1103440	4611,2	23,9
1989	1067153	4458,7	23,9
1990	1046986	4481,4	23,4

* Erfaßt sind hier alle erwerbstätigen Jugendlichen zwischen 15 und 25 Jahren.

Quellen: Mitgliederstatistik des DGB; Statistische Jahrbücher; eigene Berechnungen.

Dabei ist dieser im internationalen Vergleich ausgesprochen hohe Organisationsgrad seit Mitte der 70er Jahre relativ konstant geblieben; selbst unter den Bedingungen der krisenhaften Zuspitzung auf dem Arbeits- und Ausbildungsstellenmarkt hatte er sich nicht zuungunsten der Gewerkschaften verschoben, was auf eine gewiß nicht zu unterschätzende organisatorische Stabilität hindeutet.

Also kein Grund zur Sorge? Das meinen wir nicht; denn bei genauerer Betrachtung zeigt dieses auf den ersten Blick positive Bild doch deutliche Risse. Es gibt genügend Hinweise darauf, daß die Gewerkschaften nicht nur, aber gerade auch im Jugendbereich vor einer Reihe ungelöster Probleme stehen, die das gewerkschaftliche Organisations- und Vertretungsmodell nachdrücklich in Frage stellen und die in der Konsequenz leicht zu einer tiefgreifenden und dauerhaften Erosion gewerkschaftlicher Gegenmacht führen können.

Erste Probleme werden bereits deutlich, wenn man sich die Organisationszahlen einmal genauer betrachtet und die Mitgliederstruktur auf die Entwicklung ihrer beschäftigungsstrukturellen Voraussetzungen bezieht.

Insgesamt weist die Mitgliederstruktur im DGB sehr große Disproportionalitäten auf, die deutlich werden lassen, wie schwer es den Gewerkschaften fällt, mit dem Strukturwandel der letzten Jahrzehnte Schritt zu halten. Ein Kernproblem ist der mit der Bedeutungszunahme von Dienstleistungsfunktionen und -tätigkeiten verbundene enorme Anstieg der Angestelltenbeschäftigung, dem bis heute nur sehr bescheidene Organisationserfolge der Gewerkschaften im Angestelltenbereich gegenüberstehen. Um dies an einigen Zahlen zu veranschaulichen: Lag der Anteil der Angestellten an den Erwerbstätigen insgesamt 1970 noch bei 35 %, so ist er 1987 auf gut 45 % gestiegen; der Anteil der Arbeiter ist im gleichen Zeitraum von etwa 56 % auf 44 % gefallen. Das heißt, daß heute in der Bundesrepublik Deutschland mehr Angestellte als Arbeiter beschäftigt sind. Die Entwicklung der Mitgliederstruktur der Gewerkschaften hinkt diesem Wandel deutlich hinterher: Nur etwa 23 % der Mitglieder sind Angestellte, 10 % sind Beamte, 67 % der Mitglieder sind Arbeiter. Der gewerkschaftliche Organisationsgrad im Angestelltenbereich liegt derzeit bei etwa 18 %, der Organisationsgrad unter den Arbeitern dagegen bei 50 % (vgl. Baethge u.a. 1988, S. 60f.).

Für den DGB-Jugendbereich liegen keine entsprechenden Zahlenangaben vor, da die Mitgliederstruktur nicht systematisch nach beruflichem Status der Jugendlichen ausgewiesen wird. Gleichwohl gibt es Hinweise darauf, die deutlich machen, wie stark die Disproportionalitäten auch im Jugendbereich sind und wo hier die zentralen Probleme liegen.

Tabelle 2: Gewerkschaftsmitgliedschaft von Jugendlichen in ausgewählten Einzelgewerkschaften des DGB

Jahr	IG Metall	IG Chemie, Papier, Keramik	Gewerkschaft Handel, Banken u. Versicherungen
1975	582 122	85 128	72 674
1980	428 042	98 500	84 376
1985	447 695	101 851	70 986
1989	439 399	106 131	53 743
1990	436 568	105 148	47 685

Quelle: Mitgliederstatistik des DGB.

Abgesehen davon, daß die Tabelle deutlich macht, wie stark die Mitgliederverluste im Jugendbereich der IG Metall als der mitgliederstärksten Einzelgewerkschaft des DGB in den letzten fünfzehn Jahren gewesen sind (wo die Gründe hierfür liegen, wäre gesondert zu untersuchen; es ist aber anzunehmen, daß hier auch die demographische Entwicklung eine Rolle spielt), zeigt sie, daß in den beiden größten Industriegewerkschaften der Bundesrepublik Deutschland zusammen etwa 540000 und damit gut die Hälfte aller im DGB organisierten Jugendlichen organisiert sind. In den verschiedenen Organisationsbereichen dieser Gewerkschaften sind insgesamt schätzungsweise 1,2 Mill. Jugendliche beschäftigt (Stand 1988); dies entspricht einem Anteil von etwa 26 % an der Gesamtzahl der sozialversicherungspflichtig Beschäftigten bis zu 25 Jahren.

Kehrseite dieser Mitgliederkonzentration auf die industriellen Kernsektoren, die aufgrund ihrer Betriebs- und Beschäftigungsstruktur (nach wie vor relativ hohe Arbeiteranteile) sowie auf dem Hintergrund einer mehr oder weniger ausgeprägten Gewerkschaftstradition in den Betrieben, relativ günstige Organisationsvoraussetzungen bieten, ist die mangelnde Gewerkschaftspräsenz in anderen, mittlerweile sehr beschäftigungsstarken Bereichen. Dies gilt insbesondere für den privaten Dienstleistungssektor (Einzel- und Großhandel, Kreditinstitute und Versicherungsgewerbe), in dem immerhin knapp ein Fünftel (ca. 849000) der insgesamt etwa 4,5 Mill. jugendlichen Arbeitnehmer in der Bundesrepublik Deutschland beschäftigt ist. In der Gewerkschaft Handel, Banken und Versicherungen (HBV), die für die Angestellten des privaten Dienstleistungssektors zuständig ist, waren Ende 1990 weniger als 50000 Jugendliche organisiert; dies entspricht einem Organisationsgrad von nicht einmal 6 %.

Der Organisationsschwerpunkt liegt dabei eindeutig im Handel und hier wiederum in den großen Warenhäusern, die in einigen Fällen eine durchaus ähnlich starke Gewerkschaftspräsenz aufweisen wie große Industriebetriebe. Abgesehen davon, daß auch im Handel weite Bereiche nahezu „gewerkschaftsfrei“ sind (hier spielen auch die kleinbetrieblichen Strukturen eine Rolle), liegt die zentrale Schwäche vor allem in den modernen Finanzdienstleistungsbereichen, in denen mehrheitlich schulisch und beruflich gut ausgebildete Jugendliche beschäftigt sind. Zwischen 1980 und 1989 sank die Mitgliederzahl in den Banken und Versicherungen bei einer relativ konstanten Beschäftigung von etwa knapp 180000 Jugendlichen von 16756 auf 11450; mittlerweile dürften diese Zahlen noch weiter zurückgegangen sein.

Die Organisationsprobleme mit jungen Angestellten beschränken sich aber keineswegs nur auf den privaten Dienstleistungssektor. Auch in Teilbereichen der Industrie fällt es den Gewerkschaften offenkundig immer schwerer, die wachsende Zahl der jungen Angestellten zu organisieren und das hier neu entstehende Potential an sich zu binden. So ist in der IG Metall eine „alarmierende Entwicklung“ festzustellen: Von 1981 bis 1987 ist die Gesamtzahl der in der IG Metall organisierten Industrieangestellten im Jugendbereich von knapp 49000 auf unter 37000 gesunken; dies entspricht einem Rückgang von etwa 25 % (IG Metall, Solidarität 2000, Geschäftsbericht zur 13. Angestelltenkonferenz, 2. bis 3. März 1989, S. 25f.).

Erhebliche Disproportionalitäten zeigen sich darüber hinaus, wenn man die Mitgliedschaft im Jugendbereich des DGB nach geschlechtsspezifischen

Merkmalen differenziert und danach fragt, wie weit es gelungen ist, weibliche Jugendliche/junge Frauen für die Gewerkschaft zu gewinnen.

Tabelle 3: Gewerkschaftsmitgliedschaft weiblicher Jugendlicher/junger Frauen (bis zu 25 Jahren) im DGB

Jahr	Jugendliche Mitglieder insgesamt	davon: weibliche Jugendliche absolut	davon: weibliche Jugendliche in %	Organisationsgrad Jugendliche insges.	Organisationsgrad weibl. Jugendliche
1975	1213234	296675	24,4	24,4	—
1980	1153402	329543	28,6	23,8	14,3
1985	1160974	331543	28,5	24,9	14,7
1989	1067153	307053	28,8	23,9	14,0
1990	1046986	304656	29,1	23,4	13,9

Quellen: DGB-Mitgliederstatistik; Statistische Jahrbücher; eigene Berechnungen.

Wie Tabelle 3 zeigt, ist es den DGB-Gewerkschaften seit Mitte der 70er Jahre zwar gelungen, die Mitgliedschaft unter den weiblichen Jugendlichen/jungen Frauen leicht zu erhöhen, doch sind sie — ähnlich wie im Erwachsenenbereich — immer noch deutlich unterrepräsentiert: Ihr Anteil an den jugendlichen Gewerkschaftsmitgliedern insgesamt liegt bei 29 %; ihr Organisationsgrad liegt derzeit bei knapp 14 %. Die wachsende Zahl erwerbstätiger junger Frauen stellt also ein Organisationspotential dar, an dem die gewerkschaftliche Politik und Organisationspraxis bislang offenbar vorbeigegangen ist; zumindest ist es nicht gelungen, hier größere Organisationserfolge zu erzielen.

Schließlich muß im Auge behalten werden, daß der relativ hohe Institutionalisierungsgrad der deutschen Gewerkschaften oftmals nur mit einer bloß formalen Organisationszugehörigkeit der Gewerkschaftsmitglieder korrespondiert. Dies gilt auch für den Jugendbereich: So gelingt es trotz der durch die Novellierung des Betriebsverfassungsgesetzes von 1988 und der damit verbundenen Möglichkeit der Einrichtung von Jugend- und Auszubildendenvertretungen in vielen Bereichen/Betrieben nur schwer, funktionsfähige Vertretungsstrukturen aufzubauen oder aufrechtzuerhalten und so den institutionellen Rahmen auch tatsächlich auszufüllen. Selbst da, wo die Gewerkschaften relativ hohe Organisationszahlen verzeichnen können, ist es keineswegs immer leicht, genügend Kandidaten für die Wahlen zu den gesetzlichen Vertretungsorganen zu finden; noch schwieriger ist es, Jugendliche darüber hinaus auch für eine kontinuierliche Mitarbeit in den gewerkschaftlichen Gremien und Arbeitszusammenhängen (z.B. Jugendgruppen) zu gewinnen. Sofern solche Zusammenhänge überhaupt existieren, sammelt sich hier meist nur ein kleiner Kreis von Interessierten, der bereit ist, die gewerkschaftliche Arbeit verbindlich mitzugestalten. Bei der Mehrheit auch der jugendlichen Mitglieder mangelt es an der Bereitschaft, sich zu engagieren und die gewerkschaftliche Arbeit in den Betrieben aktiv mitzutragen.

Angesichts dieser Diskrepanzen ist zu fragen, welche Bewußtseinsinhalte sich hinter den Organisationszahlen verbergen und was Jugendliche mit der Gewerkschaft verbinden. Dieser Frage haben wir im Rahmen einer von uns durchgeführten Studie zum Verhältnis von Jugendlichen zu Arbeit und Interessenvertretung einen breiten Raum eingeräumt (vgl. Baethge u.a. 1988). Wir haben die Jugendlichen danach gefragt, wie sich ihnen Gewerkschaft heute darstellt, wie sie gewerkschaftliche Interessenvertretung in ihrem unmittelbaren Erfahrungsfeld erleben und vor allem, welche Rolle sie der Gewerkschaft in ihren eigenen Interessen- und Handlungsperspektiven beimessen. Die zentralen empirischen Befunde der Studie sollen im folgenden kurz skizziert werden.

In Übereinstimmung mit anderen Jugenduntersuchungen (vgl. z.B. Feist/ Krieger 1986) kann festgehalten werden, daß es unter der jungen Generation in der Bundesrepublik einen breiten Grundkonsens hinsichtlich der Notwendigkeit von Gewerkschaften gibt: Von etwa 90 % der Jugendlichen, mit denen wir im Rahmen der Untersuchung Gespräche geführt haben, werden sie als notwendig anerkannt und befürwortet. Nur eine kleine Minderheit steht ihnen grundsätzlich ablehnend gegenüber. Zweifellos eine günstige Ausgangssituation — vorausgesetzt, daß die Jugendlichen die Notwendigkeit der Gewerkschaft auch mit sich selbst in Verbindung brächten. Dies indes tun sie nicht. Es ist eher die Anerkennung einer fernen, wenn nicht sogar anonymen Institution, mit der man selbst wenig oder nichts verbindet. Das Wissen um die historischen Verdienste der Gewerkschaft, das bei einem Teil der Jugendlichen durchaus vorhanden ist, bleibt ebenso folgenlos wie die „Einsicht", daß es so etwas wie die Gewerkschaften geben muß, da ansonsten der gesellschaftliche Interessenausgleich nicht gewahrt wäre. Die Anerkennung der Notwendigkeit von Gewerkschaften bleibt abstrakt; sie verbindet sich weder mit großen Erwartungen in deren Schutz- und Gestaltungskraft noch ist sie bei der Mehrheit der Jugendlichen mit der Bereitschaft verbunden, sich selbst gewerkschaftlich zu organisieren oder gar aktiv zu werden.

Die Mehrheit der Jugendlichen hat gegenüber der Gewerkschaft eine gleichgültige oder eine bestenfalls wohlwollend distanzierte Haltung. Viele haben kein Interesse, sich überhaupt näher mit dem Thema Gewerkschaften zu beschäftigen. Entsprechend vage sind die Vorstellungen, die sie mit Gewerkschaft verbinden. Fragt man nach ihrem Gewerkschaftsbild, so zeichnet es sich noch am ehesten unter dem Organisationsaspekt ab: Viele Jugendliche assoziieren mit Gewerkschaft vor allem eine bürokratische Großorganisation, einen Apparat, der für individuelle Bewegungen und Bedürfnisse nur wenig Raum läßt. Im Vordergrund der Wahrnehmung stehen unpersönliche Beziehungen, hierarchische Formen der Entscheidungsfindung, überhaupt wenig Transparenz in den Entscheidungsprozessen und sehr rigide Formen des miteinander Umgehens. Die wenigen konkreten Erfahrungen, die Jugendliche im Verlauf ihrer beruflichen Sozialisation mit Gewerkschaft machen, verstärken dieses Bild eher als daß sie es konterkarieren. Zusätzliche Bestätigung hat es in den letzten Jahren durch eine Reihe handfester Skandale (Neue Heimat, Co op) erhalten, die vor allem von den politisch interessierteren Jugendlichen durchaus als solche registriert worden sind, und die ihre Skepsis gegenüber der Großorganisation nur noch weiter verstärkt haben.

Daß der international vergleichsweise hohe Organisationsgrad unter den Jugendlichen nicht überschätzt werden darf, wird vor allem deutlich, wenn man nach ihrem inneren Verhältnis zur Gewerkschaft fragt und herausarbeitet, welche Rolle sie in ihren persönlichen Interessen- und Handlungsperspektiven einnimmt und welche Motive und Überlegungen hinter der Entscheidung stehen, sich gewerkschaftlich zu organisieren. Wir haben die Befunde in einer Typologie der Nähe und Distanz zur Gewerkschaft zusammengefaßt (vgl. Tabelle 4).

Erfreulich aus der Sicht der Gewerkschaften ist zweifellos, daß die dezidierten Gewerkschaftsgegner (Typ VI) unter den Jugendlichen nur eine Minderheit ausmachen. Zwar ist dieser Typ in einzelnen Beschäftigungsgruppen, vor allem unter den karriereorientierten jungen Angestellten, quantitativ keineswegs zu unterschätzen, doch stellt die dezidierte Gegnerschaft zur Gewerkschaft, insgesamt gesehen, ganz sicher kein zentrales Problem dar, mit dem es gewerkschaftliche Jugendarbeit heute zu tun hat. Die Übersicht macht deutlich, wo die zentralen Probleme liegen: zum einen in der weitverbreiteten Gleichgültigkeit gegenüber Gewerkschaft, wie sie im Typ des Indifferenten (Typ I) repräsentiert wird, zum anderen und vor allem in der ausgeprägt individualistisch-instrumentellen Bezugsweise auf organisierte Interessenvertretung, die wir bei beinahe der Hälfte der Jugendlichen in der einen oder anderen Variante finden (Typ II).

Wie man sich gegenüber der Gewerkschaft verhält, ob man sich organisiert oder nicht, ist bei diesen Jugendlichen keine Frage der inneren Überzeugung, sondern in erster Linie Ausdruck eines rationalen Nutzenkalküls, bei dem die Frage nach den persönlichen Vor- und Nachteilen der gewerkschaftlichen Mitgliedschaft eindeutig im Vordergrund steht. Natürlich spielen auch bei diesen Jugendlichen emotionale Vorbehalte oder Sympathien eine Rolle, sicherlich finden wir auch bei ihnen Momente grundsätzlicher Zustimmung zur oder Ablehnung von Gewerkschaft, entscheidend für ihr Verhalten ist aber etwas anderes: der individuelle Nutzen, den man sich von einer Mitgliedschaft in einer Gewerkschaft verspricht oder eben auch nicht. In die abwägende Betrachtung dieser Jugendlichen gehen sehr unterschiedliche Überlegungen ein, wobei häufig nicht zuletzt der Blick auf die betrieblichen Gegebenheiten (Gewerkschaftspräsenz im Betrieb, betriebliche Gewerkschaftstradition) mitentschei-

Tabelle 4: Typen der Nähe und Distanz zur Gewerkschaft (in %)

Bezugsweisen auf organisierte Interessenvertretung	n =	Gesamt 167*	männlich 87	weiblich 80
Typ I: Die Indifferenten — ohne Bezugsweise auf organisierte Interessenvertretung		20	15	25
Typ II: Die Instrumentellen — individualistische Bezugsweise auf organisierte Interessenvertretung		49	48	51
davon: Variante (a): die Gewerkschaft im individuellen Interessenkalkül nutzen		32	38	26
Variante (b): die Gewerkschaft bringt im individuellen Interessenkalkül keinen Vorteil		17	10	25
Jugendliche mit einem nicht nur individualistischen Verständnis von organisierter Interessenvertretung				
Typ III: Die Interessierten		12	13	11
Typ IV: Die Engagierten		(4)	(6)	(3)
Typ V: Die Enttäuschten		(8)	(9)	(6)
Typ VI: Die Gegner		(7)	(9)	(4)
Total		100	100	100

Wenn wir hier von *Gewerkschaftsnähe* sprechen, so meint dies mehr als die formale Organisationszugehörigkeit und eine unverbindliche Zustimmung zu gewerkschaftlichen Politikinhalten. Gewerkschaftsnähe steht in unserer Typologie für eine Identifikation mit Gewerkschaft als kollektiver Interessenorganisation und verweist auf eine innere Bindung an Gewerkschaft als eine Organisation, in der und mit der man gemeinschaftlich Interessen vertritt. Nähe zur Gewerkschaft umschließt eine zumindest potentielle Unterstützungs- und Engagementbereitschaft in der Perspektive solidarischen Handelns; sie steht für einen Bezug auf Gewerkschaft, der über das zweckrationale Austauschverhältnis eines „zahlenden" Mitglieds zu einer Organisation hinausgeht.

Die *Distanz* von Jugendlichen zur Gewerkschaft ist nicht gleichermaßen eindimensional zu definieren. Sie kann eine völlige Gleichgültigkeit gegenüber der Gewerkschaft beinhalten (die Gewerkschaft ist gewissermaßen aus dem Wahrnehmungs- und Interessenhorizont der Jugendlichen ausgeblendet), oder aber, bei inhaltlich kritischen Positionen, eine bewußte Abgrenzung von Gewerkschaft. Sie kann vielfältig begründet sein, und in durchaus disparaten Verhaltensweisen zum Ausdruck kommen. Sie kann einhergehen mit dem Verzicht auf Mitgliedschaft, braucht dies aber keineswegs, wenn ein individuelles Nutzenkalkül den Eintritt nahelegt.

dend dafür ist, wie man sich gegenüber der Gewerkschaft verhält. Wie auch die Organisationszahlen zeigen, sind es in erster Linie Arbeiterjugendliche in den gut organisierten Großbetrieben, die in die Gewerkschaft eintreten, weil sie sich von der Mitgliedschaft einen Vorteil versprechen (können). Eine

Unterstützungs- oder Engagementbereitschaft ist damit freilich nicht unbedingt verbunden. Nicht das gemeinschaftliche Handeln in und mit einer Organisation, der man sich zugehörig und innerlich verbunden fühlt, kennzeichnet ihr Verhältnis zur Gewerkschaft, sondern das Prinzip der Interessendelegation. Viele von ihnen definieren sich deswegen auch nicht als „Gewerkschafter", sondern als „zahlendes Mitglied", wobei sie für ihren Beitrag erwarten, vom Apparat bzw. den Funktionären angemessen vertreten zu werden.

Auf der anderen Seite kann es nicht überraschen, daß wir unter denjenigen, die sich gegen eine Mitgliedschaft in der Gewerkschaft entscheiden, vor allem viele junge Angestellte aus solchen Beschäftigungsbereichen / Betrieben finden, in denen die Gewerkschaft weit davon entfernt ist, die Rolle eines betrieblichen Machtfaktors ausfüllen zu können. Dies heißt nicht unbedingt, daß sie einer Mitgliedschaft prinzipiell ablehnend gegenüberstehen; entscheidend ist, daß sie sich in bezug auf ihre Interessenlage keine erkennbaren Vorteile versprechen, die eine Mitgliedschaft in der Gewerkschaft sinnvoll erscheinen lassen.

Dies gilt auch für diejenigen jungen Angestellten, die aufgrund der eigenen starken beruflichen Stellung von der „selbstbewußten" Einschätzung ausgehen, persönlich keinen gewerkschaftlichen Schutz nötig zu haben. Harter Kern dieser Gruppe sind die männlichen jungen Fachangestellten, die über eine qualifizierte schulische und berufliche Ausbildung verfügen, von relativ ungefährdeten, ja zum Teil sogar glänzenden beruflichen Perspektiven ausgehen können, und die sich in einem Arbeitsumfeld bewegen, das traditionell durch in hohem Maße individualistische Leistungs- und Karriereorientierungen geprägt ist. Viele von ihnen sind der Überzeugung, ihre beruflichen Interessen selber vertreten zu können und von daher nicht darauf angewiesen zu sein, einer Gewerkschaft beizutreten.

Nur relativ wenige Jugendliche sind bereit, sich näher auf die Gewerkschaft einzulassen und sich auch aktiv zu engagieren (Typ III und IV). Meist handelt es sich dabei um Jugendliche, die aus einem gewerkschaftsnahen Elternhaus kommen und / oder die sich schon in ihrer Schulzeit in irgend einer Form sozial oder politisch engagiert haben. Auch für sie ist es heute keineswegs selbstverständlich, sich an der gewerkschaftlichen Arbeit zu beteiligen. Voraussetzung ist, daß sie von der Sache überzeugt sind, d.h. das Engagement muß inhaltlich begründet sein, und sie müssen die Möglichkeit haben, sich mit ihren eigenen Vorstellungen und Ideen in die Arbeit einbringen zu können. Sind diese Bedingungen nicht erfüllt, so kann es leicht passieren, wie der Typ des Enttäuschten zeigt (Typ V), daß sie sich sehr schnell wieder aus den gewerkschaftlichen Zusammenhängen zurückziehen, zumal dann, wenn sie die Möglichkeit sehen, ihre politischen Ansprüche und Interessen in anderen Zusammenhängen zu realisieren, die aus ihrer Sicht mehr Raum für Eigeninitiative und selbstbestimmtes Engagement bieten.

Auch wenn wir hier nicht das Idealbild des traditionellen, stets einsatzbereiten und opferwilligen Gewerkschaftsaktivisten bemühen wollen, den es in der Realität so wohl niemals gegeben hat, bleibt in historischer Perspektive doch eine wichtige Differenz festzuhalten: Gewerkschaften sind weniger denn je ein selbstverständliches Betätigungsfeld für Jugendliche, dem sie auch dann nicht den Rücken zukehren, wenn sie frustrierende Erfahrungen mit der Organisation machen. Das Engagement wird hinterfragt und es wird leichter aufgegeben, wenn die eigenen Vorstellungen nicht mit der Organistionsrealität übereinstimmen.

Worauf nun ist die Distanz der Jugendlichen zur Gewerkschaft zurückzuführen? Wie wir bereits angedeutet haben, wird man sie nicht in erster Linie als Reaktion auf die aktuelle Politik der Gewerkschaften interpretieren können, was nicht heißt, daß es keine Kritik an dieser Politik gäbe. Es wäre auch zu einfach, einzelne Mißstände oder die bereits erwähnten Skandale als Hauptursache für die weit verbreitete Distanz zu begreifen, selbst wenn sie sicherlich dazu beigetragen haben, das Vertrauen in die Gewerkschaften (weiter) zu unterhöhlen. Die eigentlichen Ursachen liegen tiefer: Sie sind zum einen in dem weitreichenden Strukturwandel der Arbeit zu suchen, der zu einer Erosion des traditionellen gewerkschaftlichen Fundaments geführt hat und damit auch zu einer Veränderung der objektiven Bedingungen des Bezugs auf Gewerkschaft; zum anderen in einem kulturellen Wandel von Arbeitserfahrungen und -ansprüchen, in dessen Folge die traditionellen gewerkschaftlichen Politisierungsmuster nachhaltig in Frage gestellt worden sind. Auf beide Wandlungsprozesse ist im folgenden ausführlicher einzugehen.

3. Zum Strukturwandel der Arbeitswelt

Lange Zeit galt es für die politische Theorie der Gewerkschaften als eine ausgemachte Sache, daß die gesellschaftliche Entwicklung im Kapitalismus zur Entdifferenzierung und nicht zur Vertiefung der Differenzierung führen werde: Immer mehr Menschen würden in den Status abhängiger Beschäftigung gedrängt und innerhalb der abhängig Beschäftigten würde unter dem Zepter einer sich durchsetzenden tayloristischen Arbeitsteilung eine ebenso dequalifizierende wie deklassierende Vereinheitlichung Platz greifen, die auch quer zu den sozialversicherungsstatistischen Kategorien von Arbeitern und Angestellten verlaufen würde. Diese Entdifferenzierung der Belegschaftsstrukturen aufgrund fortschreitender Rationalisierung finden wir bis weit in die 70er Jahre hinein behauptet, wenn wir uns gewerkschaftliche oder gewerkschaftsnahe Schriften zur Rationalisierungsdynamik anschauen. Hierbei bleibt in Erinnerung zu behalten, daß selbst hier Entdifferenzierung nicht unbedingt Proletarisierung im Sinne fortschreitender Verelendung hieß, wohl aber Angleichung auf der Ebene restriktiver Arbeitserfahrungen bedeutete.

Die reale Entwicklung hat diese Vorstellung nicht bestätigt, sie verläuft tendenziell in entgegengesetzter Richtung. Sie führt nicht zur Vereinheitlichung, sondern zur Differenzierung beruflicher und damit auch sozialer Lagen, und zwar in doppelter Weise: horizontal als Ausdifferenzierung beruflicher Felder, vertikal in der Differenzierung von Status- bzw. Belegschaftsgruppen.

Tabelle 5: Beschäftigungsentwicklung nach Sektoren (in Tausend)

	1970	1975	1980	1985	1989	Index 1989 (1970=100)
Primärer Sektor	2370	1726	1437	1262	1039	43,9
Sekundärer Sektor	12797	12070	12174	11095	11337	88,6
Tertiärer Sektor	10164	12164	13262	14269	15367	142,5
Wrtschaft insgesamt	25953	25960	26874	26626	27743	106,9

Quelle: Statistisches Bundesamt: Fachserie 1 Bevölkerung + Erwerbstätigkeit, Reihe 4.1

Wir wollen die Entwicklungslinien dieses Differenzierungsprozesses, die für die Gewerkschaftspraxis wesentlich sind, in wenigen Stichworten in Erinnerung rufen: Nicht zufällig sind die Gewerkschaften in Deutschland Organisationen der Arbeiterbewegung; die Industriearbeiterschaft bildet bis heute ihren Kern. Dieser Kern aber wird, wie oben bereits angedeutet, seit Ende der 60er Jahre kontinuierlich dezimiert, indem zum einen die Beschäftigten des Industriesektors absolut und in ihrem Anteil an der Gesamtzahl der Beschäftigten zugunsten des Dienstleistungssektors zurückgehen (vgl. Tabelle 5) und indem zum anderen selbst unter den Industriebeschäftigten der Anteil der Arbeiter gegenüber den Angestellten rückläufig ist. Die Verschiebungen innerhalb der Belegschaften in der Industrie verlaufen in Richtung auf einen Bedeutungszuwachs höherqualifizierter, nicht mehr unmittelbar produktionsbezogener Arbeitertätigkeiten und auf eine Zunahme höherqualifizierter und besser bezahlter Angestelltengruppen (vgl. Schaubild 1).
Der allgemeine ökonomische Strukturwandel ist zudem von einem Bedeutungsverlust traditioneller Industrien (Kohle, Stahl, Schiffbau etc.) begleitet, die immer hoch organisiert waren. Moderne Industriezweige, die im ökonomischen Reproduktionsprozeß an ihre Stelle getreten sind, weisen demgegenüber nur sehr bescheidene Organisationszahlen auf: In der elektrotechnischen Industrie beispielsweise liegt der gewerkschaftliche Organisationsgrad bei 15 %, in der EDV- und Büromaschinenindustrie bei 12 % (vgl. Bleicher 1988, S. 17).

Ein zweiter wichtiger Strukturwandel betrifft die Betriebsgröße und die funktionale Komplexität von Betrieben. Funktionale Differenzierung und Se-

Schaubild 1: **Veränderung der Beschäftigtenzahlen im metallverarbeitenden Gewerbe[1] nach Funktionsbereichen und Berufsgruppen 1976/1987 (Index 1976 = 100)**

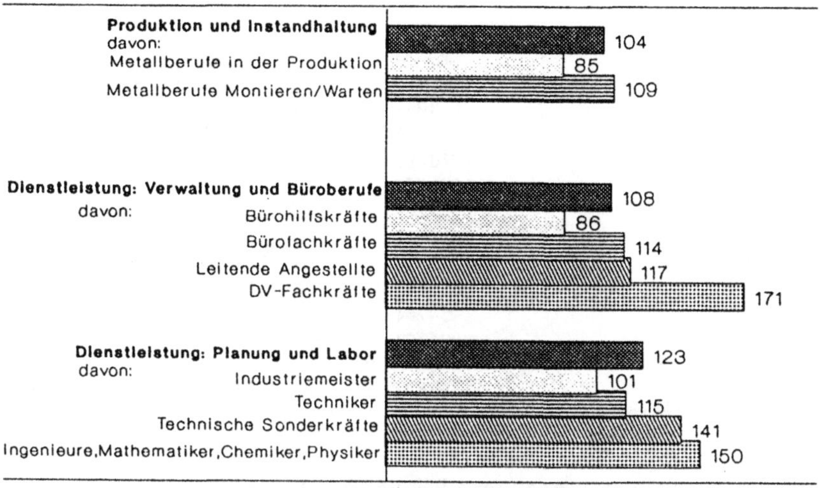

1) ohne Metallerzeugung

Quelle: Bundesanstalt f.Arbeit: Sozialversicherungspflichtig Beschäftigte; nach: D'Alessio,N. und Wittke,V. Metallberufe - Gutachten im Auftrag von CEDEFOP (vorläufige Fassung) Göttingen 1988

parierung verändern die Betriebsgrößen und Belegschaftsstrukturen. Traditionell war der Kristallisationspunkt der gewerkschaftlichen Organisation und Politik der industrielle Großbetrieb, und die an Marx geschulte Erwartung ging in die Richtung auf eine fortschreitende Zentralisierung und Konzentration des Kapitals. Diese Erwartung wird bis heute auch nicht enttäuscht. Nur daß Zentralisierung und Konzentration des Kapitals nicht mehr räumliche Bündelung und Vereinheitlichung der Unternehmensstrukturen und -kulturen heißt, sondern mit zunehmender Dezentralisierung der funktionalen Einheiten und der Zergliederung der großen Unternehmen einhergehen kann. Dies stellt das Neue dar. Im industriellen Großbetrieb mit dem quantitativen Übergewicht der Produktionsarbeiter ist das politische Gewicht der Gewerkschaften groß gewesen. Sie stellen noch heute das eigentliche Machtzentrum der Gewerkschaften dar.

In den 80er Jahren hat sich in der BRD eine Entwicklung vollzogen, innerhalb derer der Anteil der in Großbetrieben beschäftigten Arbeitnehmer zugunsten von solchen in Klein- und Mittelbetrieben zurückgegangen ist und die zu einer funktionalen Differenzierung der Industriebetriebe führt (vgl. Tabelle 6). Bestimmte Funktionsbereiche wie z.B. Forschung und Entwicklung, Vertrieb

Tabelle 6: Beschäftigte 1970 und 1987 nach Beschäftigungsgrößenklassen

Arbeitsstätten mit ... bis ... Beschäftigten	Beschäftigte 1970 Anzahl	%	1987 Anzahl	%	Veränderung 1987 gegenüber 1970
1	618053	2,5	650235	2,4	+5,2
2-4	2628682	10,8	2811625	10,4	+7,0
5-9	2310489	9,5	3190979	11,8	+38,1
10-19	2083668	8,5	2808343	10,4	+34,8
20-49	2992201	12,3	3425401	12,7	+14,5
50-99	2400361	9,8	2628278	9,7	+9,5
100-199	2387538	9,8	2551991	9,5	+6,9
200-499	3081549	12,6	3296334	12,2	+7,0
500-999	1958264	8,0	2038904	7,6	+4,1
1000 und mehr	3936797	16,1	3570843	13,2	-9,3
Insgesamt	24397602	100	26972933	100	+10,6

Quelle: WiSta 11 / 1989

und Marketing u.a. werden räumlich und institutionell aus dem Verbund mit der Produktion herausgelöst und als eigenständiger Betrieb organisiert, der zumeist ein reiner Angestelltenbetrieb ist und eine eigene Unternehmenskultur entwickelt, die in der Regel weniger gewerkschaftsfreundlich und -nah sind, als in Betrieben, bei denen die Verknüpfung mit der Produktion unmittelbar gegeben ist.

Ein drittes Merkmal im Wandel der Beschäftigungsstruktur betrifft das zunehmende Gewicht der weiblichen Erwerbsarbeit. Der Anteil der Frauen hat sich unter den Erwerbstätigen seit 1970 kontinuierlich erhöht (vgl. Schaubild 2).

Gleichzeitig wissen wir, daß der gewerkschaftliche Organisationsgrad unter den weiblichen Beschäftigten erheblich niedriger ist als derjenige der Männer. Das muß nicht an den Frauen liegen und auch nicht heißen, daß Frauen nicht organisierbar wären. Aber offensichtlich haben die Gewerkschaften, die von ihrer Tradition her ähnlich patriarchalische Organisationen sind wie die Unternehmen, bisher keine Wege gefunden, die spezifischen Interessenlagen und Bedürfnisse von erwerbstätigen Frauen in ihrer Politik und Programmatik überzeugend zu verankern.

Schließlich muß an dieser Stelle auf den Wandel in der Rationalisierungsdynamik, den wir in den 80er Jahren in den bundesrepublikanischen Unternehmen beobachten können, eingegangen werden. Wir haben diese neuen Konzepte der Rationalisierung als „neue Produktionskonzepte“ (Kern / Schumann

Schaubild 2: Erwerbstätige 1970 - 1986 nach Männern und Frauen

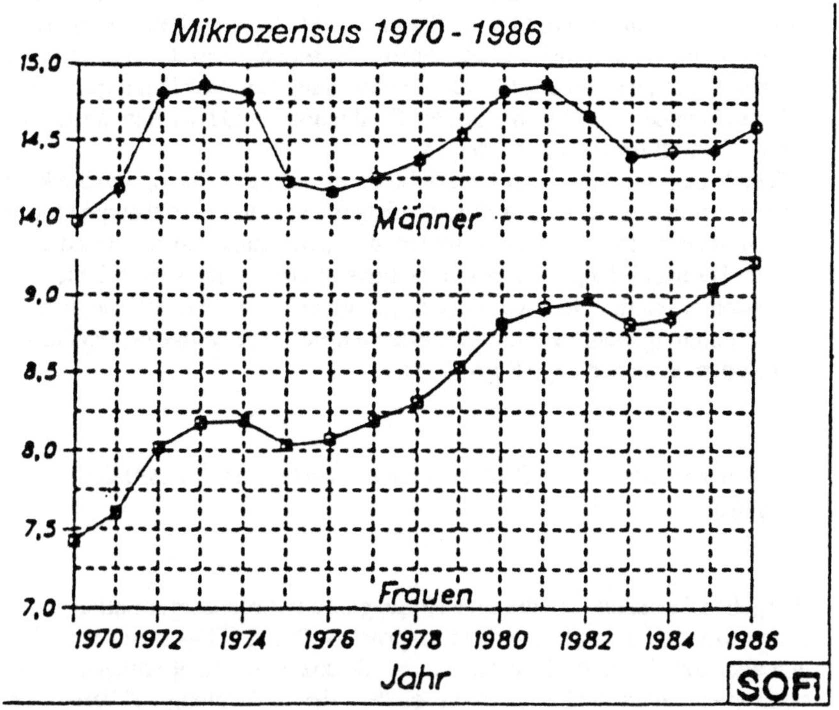

1984) bzw. als systemische Konzepte der Rationalisierung (Baethge / Oberbeck 1986) charakterisiert. Auf dem Hintergrund einer breiten, international ausgewiesenen empirischen Forschung interpretieren wir die gegenwärtig sowohl im industriellen als auch im Dienstleistungssektor vor sich gehenden Rationalisierungsprozesse, die sich nicht zuletzt mit dem verstärkten Einsatz der neuen Technologien verbinden, nicht mehr als eine Fortsetzung tayloristischer Arbeitsorganisation. Vielmehr zeichnet sich in ihnen die Möglichkeit und der Anfang für einen Paradigmenwechsel in der Arbeitsorganisation in zentralen Feldern der Arbeit — nicht in allen — ab, weg von hochgradig fragmentierter Arbeit hin zu stärker ganzheitlichen und integrierten Arbeitsprozessen, die auch der beruflichen Qualifikation eine neue Zukunft einräumen.

Freilich muß man sich davor hüten, diese im Ansatz praktizierten Formen von komplexerer Arbeit bereits als beschlossene Sache und generelle Tendenz für alle gesellschaftlichen Arbeitsprozesse hinzustellen. Ohne Frage bleiben noch beträchtliche Unterschiede in den Arbeitsorganisationskonzepten zwischen Wirtschaftsbereichen und Betriebstypen bestehen. Sie sind nicht vorschnell wissenschaftlich zu planieren und als nur zufällige oder aus verbohrtem Mißmanagement verursachte Rückständigkeit zu interpretieren. Aber es gibt eine Reihe plausibler Gründe (besondere Stellung der BRD-Wirtschaft in der internationalen Arbeitsteilung, Vorhandensein eines großen Fachkräftereservoirs) dafür, daß der angedeutete arbeitsorganisatorische Paradigmenwechsel gute Chancen hat, sich in zentralen Produktions- und Dienstleistungssektoren in Zukunft weiter durchzusetzen.

Behält man im Auge, daß Unterschiede in der Entwicklungsdynamik von Arbeitsformen zwischen den Wirtschaftsbereichen und Betriebstypen fortbestehen, dann wird verständlich, warum die neuen Rationalisierungskonzepte mit der Herausbildung neuer Segmentationslinien innerhalb der Arbeiter- und Angestelltenschaft („Rationalisierungsgewinner" und „Rationalisierungsverlierer") einhergehen, die einer einheitlichen Interessenvertretung tendenziell den Boden entziehen (vgl. Kern 1988).

4. Zum Wandel von kulturellen Erfahrungen und Ansprüchen an Arbeit

Wir gehen davon aus, daß die neuen Strategien der Arbeitsorganisation und die Entwicklung zu komplexeren und anspruchsvolleren Tätigkeiten Auswirkungen auch auf das Selbstbewußtsein und die sozialen Orientierungen der Beschäftigten haben, und zwar einen solchen, der in Richtung auf Verstärkung individualistischer Verhaltensmuster und Wertorientierungen gehen. Gleichwohl erscheint es uns fraglich, ob diese Muster in der Sphäre der Erwerbsarbeit hervorgebracht werden. Sehr viel wahrscheinlicher ist, daß sie durch langfristige gesellschaftliche Veränderungsprozesse angelegt und in der Sozialisation vermittelt sind. Aber sie werden heute sicherlich für relevante Gruppen von Beschäftigten in der Erwerbsarbeit bestätigt, und die positiven Erfahrungen dieser Gruppen dürften insgesamt normbildend wirken.

Für die zunehmende Individualisierung von sozialen Erfahrungen und den von ihnen ausgehenden kulturellen Interpretationsmustern sind in den Sozialwissenschaften unterschiedliche Entwicklungen verantwortlich gemacht worden:

1. Die wohlfahrtsstaatliche Modernisierung nach dem Zweiten Weltkrieg, wie sie sich im Ausbau des Bildungswesens, des Kranken- und Sozialversicherungssystems und der Arbeitsmarktregulierung ausdrückt, haben in Verbindung mit einem hohen materiellen Lebensstandard zu einer zunehmenden Herauslösung der Individuen aus traditionellen Bindungen der Klasse oder der sozialen Großgruppe bei der Sicherung der materiellen Re-

produktion geführt. Diese Entwicklungen haben Arbeitsrisiken und -konflikte existenziell entdramatisiert. Wohl in wenigen Bereichen kann man so eindeutig sagen wie hier, daß die Gewerkschaften von ihrer eigenen Politik eingeholt worden sind, da wir ja die wohlfahrtsstaatliche Entwicklung in einem wesentlichen Teil als Erfolg gewerkschaftlicher Politik verbuchen können.
Die wohlfahrtsstaatlich bedingte Enttraditionalisierung wird begleitet von einer weitgehenden Auflösung der traditionellen Sozialmilieus der Arbeiterschaft, in denen die Gewerkschaften immer ihren festen Platz hatten. Mit dem Strukturwandel verlieren sie nicht nur ihre stärksten Bataillone, sie stehen zudem in der Gefahr, auch das Hinterland zu verlieren, aus dem sie ihre Ressourcen bezogen haben und von dem aus sie operieren konnten.

2. Darüber hinaus zieht die wohlfahrtsstaatliche Regulation der Daseinsvorsorge eine ambivalente Interpretation für fortbestehende soziale Ungleichheit nach sich. Wenn nicht zuletzt aufgrund des hohen Stellenwerts von Bildung und Qualifikation die berufliche Stellung immer mehr von individuellen Leistungskriterien abhängig wird, ist es schwer, soziale Ungleichheit noch in Kategorien kollektiver Betroffenheit und struktureller Verursachung zu begreifen. Individuelle Zuschreibung von Erfolg und Mißerfolg wird zunehmend zum Interpretations- und darüber hinaus zum Orientierungs- und Verhaltensmuster (vgl. Beck 1986).
3. Schließlich wird man anführen müssen, daß die normative Kraft der Arbeitswerte im Sozialisationsprozeß der heranwachsenden Generation abnimmt. Die durchschnittliche Verlängerung der Schul- und Ausbildungszeit um mehr als zwei Jahre in den letzten 20 Jahren hat die Begegnung mit der Normwelt der Arbeit für die Jugendlichen weit hinausgeschoben und sie in altershomogenen Gruppen Werte und Orientierungen entwickeln lassen, die sie nun an die Arbeit herantragen und von denen her sie die Auseinandersetzung mit der Arbeit und ihren Institutionen, einschließlich der Gewerkschaften, beginnen.

Es ist keine Spekulation, daß diese strukturellen Veränderungen ihre Wirkungen in den subjektiven Verhaltensdispositionen und Wertorientierungen gezeitigt haben. In unserer Untersuchung über das Verhältnis von Jugendlichen zu Arbeit und Gewerkschaften wird dies unmißverständlich deutlich. Zwar zeigt sich, daß nicht jene von den Wertewandel-Theoretikern behauptete Abwendung der Jugendlichen von Arbeit als einem möglichen Identifikationszentrum und einer Perspektive für ihre eigenen Lebenskonzepte stattgefunden hat. Wir können im Gegenteil feststellen, daß die Jugendlichen der Erwerbsarbeit und Berufstätigkeit für ihre Identitätsentwürfe eine hohe Bedeutung zusprechen, vielleicht sogar eine höhere als in der Vergangenheit. Dies aber heißt nicht, daß sich nicht Gravierendes im Verhältnis der Jugendlichen zur Arbeit veränändert hätte und daß in ihrem Bewußtsein die Arbeit immer noch jene alte Politisierungspotentialität besäße, von der die Arbeiterbewegung in der Vergangenheit vielfach gelebt hat.

Schauen wir uns die Ansprüche an, mit denen Jugendliche an ihre alltägliche Arbeit herantreten und die sie in ihr erfüllt sehen wollen, dann wird deutlich, was sich verändert hat. In unserer auf das erfaßte Berufsspektrum hin breit angelegten Jugendstudie finden wir bei männlichen und weiblichen Arbeitern und Angestellten ganz unterschiedlicher Berufe und selbst in Un- oder Angelernten-Positionen, daß bei drei Viertel von ihnen subjektbezogene Ansprüche an Arbeit dominieren, die sich entweder auf den Tätigkeitsinhalt oder auf das kommunikative Beziehungsgeflecht der Arbeit beziehen (letzteres verstärkt, aber nicht ausschließlich bei Frauen; vgl. Tabelle 7): Man will innerlich an der Arbeit beteiligt sein, sich als Person in sie einbringen können und über sie eine Bestätigung eigener Kompetenzen erfahren. Man will sich in der Arbeit nicht wie ein Jedermann, sondern als Subjekt mit besonderen Fähigkeiten, Neigungen und Begabungen verhalten können und die Tätigkeit in der Dimension persönlicher Entfaltung und Selbstverwirklichung interpretieren können. Sätze wie: „Die Arbeit soll mir persönlich etwas bringen“, „sie soll mir Spaß machen“ oder „sie soll etwas mit mir zu tun haben“ bilden häufig die Quintessenz ihrer Erzählungen über ihre Arbeit (vgl. Baethge u.a. 1988, S. 166 ff.).

Tabelle 7: Dominante Anspruchsdimensionen an Arbeit (in %)

Dominante Anspruchsdimension		Gesamt	Männlich	Weiblich
	n =	166*	85	81
Arbeitsinhaltliche Aspekte / Selbstbestätigung in der Tätigkeit		42	47	37
Kommunikative Aspekte / soziale Integration		24	13	37
Statuserwerb / Karriere		(7)	11	(2)
Arbeitsbedingungen: Belastungen / Arbeitszeiten / betriebliche Leistungsansprüche		(7)	(9)	(4)
Materielle Sicherheit / Einkommen		20	20	20
Total		100	100	100
Sinnhaft-subjektbezogene Ansprüche		73	71	76
Materiell-reproduktionsbezogene Ansprüche		27	29	24
Total		100	100	100

Der markanteste Zug des subjektiven Verhältnisses der Jugendlichen zur Erwerbsarbeit besteht in dem starken Rückbezug auf die eigene Emotionalität und Persönlichkeitsentfaltung, in der Offenheit, mit der sie ihr Bedürfnis nach Selbstdarstellung auch in der Arbeit reklamieren. Natürlich vergessen sie dabei nicht, daß sie mit der Arbeit auch Geld verdienen wollen. Auf dem Niveau relativ guter und für die Mehrheit auch sicher erscheinender Einkommen kann dieser Basisanspruch an Arbeit aber in den Hintergrund treten.

Es ist nicht einfach, auf einen Begriff zu bringen, was sich hier als neuer Sozialcharakter der Arbeit andeutet und von traditionellen Vorstellungen abhebt. Von außengesteuerter Pflichtmoral ist dies ebenso entfernt wie von unverbindlichem Hedonismus gegenüber der Arbeit. Vielleicht trifft der von M. Maccoby geprägte Typus-Begriff des „self-developer“ die neue Motivations- und Verhaltensdisposition gegenüber der Arbeit noch am ehesten. Maccoby charakterisiert damit die neue Generation vor allem von Angestellten in den Dienstleistungsberufen, welche die guten, in der vorberuflichen Sozialisation angeeigneten intellektuellen und kommunikativen Fähigkeiten nun in der Arbeit anwenden sollen, die als ganze Person und nicht nur als Rollen-Spieler behandelt werden wollen und sachlich nicht begründete Autoritätsverhältnisse ablehnen, die die Arbeit auch als Gelegenheit ansehen, etwas Neues zu lernen, sich weiterzuentwickeln und ein Gefühl der Kompetenz und Unabhängigkeit zu gewinnen und die zugleich sehr genau kalkulieren, wie weit sie sich auf welche Arbeit einlassen, die sich von der Arbeit nicht auffressen lassen wollen, da ihnen auch ein befriedigendes Privatleben wichtig ist (vgl. Maccoby 1988, S. 20 und S. 167 ff.). Die Vereinbarkeit von Ansprüchen auf Entfaltung ihrer Subjektivität in der Arbeit wie im Privatleben treffen wir auch in unseren Untersuchungen, gegenwärtig noch mehr bei Frauen als bei Männern; sie zielt vor allem auf bedürfnisgerechtere Zeitdispositionen in der Arbeit.

Neu ist nicht, daß derartige subjektbezogene Ansprüche an Arbeit artikuliert werden; bei bestimmten Berufs- und Beschäftigtengruppen haben sie immer eine große Rolle gespielt. Neu erscheint uns die Breite ihrer Streuung, die Offenheit und Selbstverständlichkeit ihrer Artikulation und die Verbindlichkeit, mit der sie individuell sowohl als Lebensperspektive als auch gegenüber der betrieblichen Arbeitsumwelt verfolgt werden. Die hohe Handlungsverbindlichkeit, die eine subjektiv auch in biographischer Perspektive als sinnvoll und sinnstiftend erlebbare Erwerbstätigkeit für die eigene Lebensplanung hat und die sich beispielsweise in zeitaufwendigen Weiterbildungs- und Umorientierungsaktivitäten auch außerhalb der Arbeit niederschlägt, stellt jene Annahme in Frage, die Beck Mitte der 80er Jahre in Eintracht mit großen Teilen der soziologischen Theorie in dem Hinweis zusammenfaßte, daß sich „persönliche Identität aus der Berufsrolle herauszulösen (beginne)“ (Beck 1984, S. 57). Für große Gruppen von Jugendlichen, nicht zuletzt für junge Frauen, scheint heute eher eine entgegengesetzte Dynamik zu gelten. Es spricht vieles dafür, daß die Berufsrolle weiterhin eine integrale Funktion für die persönliche Identitätskonstruktion wie für deren Stabilisierung hat bzw. sogar neu gewinnt.

Anhand sozialstruktureller Merkmale in der Verteilung der unterschiedlichen Anspruchstypen läßt sich zeigen, daß die Arbeitsorientierungen weder altersspezifisch zu sein scheinen noch auf temporäre Entwicklungen oder Erfahrungen, z.B. der Krise, zurückgehen, sondern langfristigen Entwicklungstendenzen der Gesellschaftsstruktur folgen. Wir wollen hier nur auf drei solcher Faktoren hinweisen: auf die soziale Herkunft, die Schulbildung und die berufliche Stellung der Jugendlichen (vgl. Tabelle 8).

Tabelle 8: Dominante Anspruchsdimensionen an Arbeit nach sozialer Herkunft (Beruf des Vaters), Schulbildung, Stellung im Beruf (in %)

Sozialstrukturelles Merkmal	Dominante Anspruchs-dimension n	Sinnhaft subjekt-bezogene Ansprüche	Materiell-reproduktions-bezogene Ansprüche	Insgesamt
Soziale Herkunft				
Un- und angelernte Arbeiter	38	63	37	100
Facharbeiter, einfache Angestellte	71	74	26	100
Angestellte u. Beamte in höheren Positionen / Selbständige	51	87	13	100
Schulbildung				
Hauptschule (mit und ohne Abschluß)	60	52	48	100
Realschulabschluß	86	86	14	100
Hochschulreife	20	85	15	100
Beruflicher Status				
Arbeitslose, Teilnehmer an einer Reha- o. Fördermaßnahme	27	67	33	100
Un- und Angelernte	31	29	71	100
Facharbeiter	30	87	13	100
Einfache Angestellte	16	69	31	100
Fachangestellte	62	94	(6)	100

* Zeilenprozente ergänzen sich auf 100

Die Jugendlichen mit dominant sinnhaft-subjektbezogenen Ansprüchen an Arbeit kommen überwiegend aus Angestellten-, Beamten- und Selbständigen-Familien, auch wenn nicht zu verkennen ist, daß selbst unter den Jugendlichen aus Familien von Ungelernten der Anteil mit derartigen Ansprüchen recht groß ist, was darauf verweist, daß auch herkunftsunabhängige Faktoren, also solche, die im allgemeinen Wandel des kulturellen Klimas und der Ideologie begründet liegen, eine Rolle spielen.

Die Verteilung der dominanten Ansprüche an Arbeit nach Schulabschluß der Jugendlichen deckt den Zusammenhang mit der Bildungsexpansion auf.

Es sind in erster Linie — quantitativ gesehen — die Realschulabsolventen und Abiturienten, die subjektbezogene Ansprüche reklamieren, während die Hauptschulabsolventen noch deutlich stärker materielle Sicherheitsaspekte bevorzugen. Der Prozeß der Ausweitung von Bildung aber ist schwerlich zurückzudrehen, wird eher in die Richtung einer weiteren Anhebung des durchschnittlichen Bildungsniveaus gehen. Damit aber werden die im nichtbetrieblichen Bereich notwendigerweise produzierten Ansprüche an Sinnstiftung über inhaltlich und sozialkommunikativ befriedigende Tätigkeiten ihr Gewicht behalten.

Schließlich verweist auch die Verteilung der Ansprüche an Arbeit nach beruflichem Status auf langfristige Entwicklungstrends. Die Jugendlichen mit dominant subjektbezogenen Ansprüchen sind deutlich häufiger Facharbeiter und Fachangestellte, während materielle Aspekte zum überwiegenden Teil von un- und angelernten Kräften in den Vordergrund gestellt werden. Die ersteren Gruppen aber werden in Zukunft die Hauptgruppen der Beschäftigten ausmachen. Wenn unsere empirischen Untersuchungen über den Wandel der Arbeitsstrukturen im Produktions- und Dienstleistungsbereich stimmen (s.o. Kern / Schumann 1984 und Baethge / Oberbeck 1986), prämieren die fortschrittlicheren Unternehmen dieses neue Arbeitsverständnis zunehmend und festigen es.

Alle drei Faktoren — Bildungsstand, Herkunft, beruflicher Status — verweisen auf relativ tiefgreifende sozialstrukturelle Veränderungsprozesse, die ihren Niederschlag auch im gesellschaftlichen Wertesystem und in den ansozialisierten Anspruchs- und Verhaltensmustern nicht verfehlen können.

Die beobachtbare Angleichung der Lebenskonzepte und der Anspruchshaltungen von Männern und Frauen tut ein übriges. Wir denken, sie läßt sich mit Blick auf ihre inhaltliche Struktur so interpretieren, daß sich die Geschlechtsrollenstereotype aufzulösen beginnen; und das heißt für die Arbeit, daß das Stereotyp des beruflich erfolgreichen Mannes mit Lockerung der traditionellen innerfamilialen Arbeitsteilungsmuster langsam aufweicht. Anders ausgedrückt: Wenn der junge Mann, um sexuell erfolgreich zu sein, nicht mehr so sehr seinen beruflichen Status und Erfolg einsetzen muß, kann er sich auch in der Arbeit freier bewegen, muß eben nicht mehr verinnerlichten Karrierezwängen folgen, kann seinen inhaltlichen Interessen an Arbeit größeren Raum geben und eine neue Einstellung zur Arbeit gewinnen. Wo der traditionelle Zusammenhang von Geschlechtsidentität, Berufsidentität und Familienidentität bei den Männern durchbrochen wird, verändert sich mit Notwendigkeit das Verhältnis zur Arbeit.

5. Die Bedeutung (arbeits)kultureller Wandlungstendenzen für gewerkschaftliche Jugendpolitik

Das Problem des jugendlichen Arbeitsverständnisses liegt in der unübersehbaren Tendenz, die Identitätsrelevanz der Arbeit auf die persönliche Identität zu konzentrieren und kaum noch Momente für eine soziale Identität zu bieten, die über die unmittelbare betriebliche Arbeitssituation und Arbeitsgruppe hinauswiese. Insofern ist dieses Arbeitsverständis schwer politisierbar, auch wenn es durchaus kritisch gegenüber unbefriedigenden Arbeitsverhältnissen ist. Ihre praktische Wendung erfährt Kritik aber in erster Linie in individuellen Aktivitäten zur Korrektur: Man verweigert sich, wendet sich ab, versucht, sich umzuorientieren und gegebenenfalls weiterzubilden, schaut sich nach einer anderen Stelle um. Und solche Aktivitäten stärken, sofern sie erfolgreich verlaufen, erneut das Selbstbewußtsein, werden als Bestätigung der eigenen Kraft verbucht.

Mit dieser starken Individualisierungs-Option droht die Arbeit ihres Vergesellschaftungspotentials verlustig zu gehen. Wenn die Arbeit nicht mehr in erster Linie von ihren allgemeinen Momenten her — von den materiellen Arbeitsbedingungen, vom Lohn, von der Verausgabung von Kraft und Zeit — betrachtet und beurteilt wird, sondern wenn die konkreten Momente ihres Tätigkeitsinhalts, die ihre subjektive, individuelle Qualität ausmachen, für große und größer werdende Gruppen von Jugendlichen im Vordergrund von Wahrnehmung und Interesse stehen, dann ist schwer zu sagen, wie ein derartiges Interesse kollektiv gebündelt und in gemeinsame politische Interessenperspektiven umgesetzt werden soll.

Das Problem spitzt sich unseres Erachtens noch weiter zu: Auf der Ebene der kollektiven Regulierung der Arbeitsverhältnisse im Betrieb zeichnet sich tendenziell ein Machtverlust der betrieblichen Vertretung der Gewerkschaften ab, wenn es ihr nicht gelingt, ihre bisherigen Formen der Politik auf die neuen Ansprüche umzustellen, und dies ist — wie gesagt — nicht leicht. Verlief in der Vergangenheit die Hauptlinie der Auseinandersetzung um die Arbeit innerhalb des Betriebes zwischen Management und den Vertretungen der Arbeitnehmer und ging sie in erster Linie um eine Verbesserung der Arbeitsbedingungen, so scheint diese Kampflinie sowohl aufgrund der neuen Ansprüche an Arbeit als auch aufgrund der neuen Rationalisierungsstrategien immer mehr an Schärfe zu verlieren, zumindest in den großbetrieblichen Teilen der Kernsektoren von Produktion und Dienstleistung. Je mehr die Ansprüche auf die inhaltliche und kommunikative Seite der Arbeit gehen, desto mehr individualisieren sich auch die Durchsetzungsformen für diese Ansprüche. Dies wird in den Gesprächen mit den Jugendlichen unmißverständlich deutlich. Bei allen Problemen, die sie in ihrem Arbeitsalltag haben, kommen sie eigentlich gar nicht auf die Idee, Betriebsräte oder Gewerkschaften einzuschalten. Sie sind sich in den Fragen, die sich auf die Durchführung ihrer Arbeit, ihre Qualifikation und die Kommunikation beziehen, ihrer eigenen Stärke durchaus bewußt und suchen Regelungen im unmittelbaren Kontakt mit Vorgesetzten und Kollegen. Dies ist sicherlich nicht ganz neu und hat es auch früher unter den qualifizierten Arbeitskräften gegeben. Das Neue ist, daß sich dieser Typus von innerbetrieblicher Regulation von Arbeitsinteressen zunehmend verallgemeinert.

Dies ist weder für die Gewerkschaften eine besonders glückliche Situation noch für die Unternehmensleitung. Denn auch für sie war es ja einfacher, einen Ansprechpartner zu haben, der gebündelte Interessen ihr gegenüber vertrat. Wie weit die Erosion traditioneller betrieblicher Regulierungsinstrumente gegenwärtig bereits vorangeschritten ist, ist schwer zu sagen. Daß sich hier Probleme andeuten, die eine Suche nach einem neuen Gleichgewicht zwischen individueller und kollektiver Interessenvertretung und Durchsetzung im Betrieb nötig machen, scheint uns aber unbestreitbar.

Ob sich das subjektzentrierte Arbeitskonzept erneut zu einem Kristallisationspunkt auch sozialer Identität und politischer Organisierung machen läßt, muß im Augenblick offen bleiben. Da es in dem gattungseigenen Bedürfnis nach Subjekthaftigkeit wurzelt, könnte die moralische Qualität der Arbeit — das meint: die Berücksichtigung von Sinnbezügen im gattungsmäßigen Interesse am Erhalt der inneren und äußeren Natur, und die Herstellung diskursiver Kommunikationsformen in der Arbeit — ein derartiger Kristallisationspunkt sein, der soziale und politische Identität möglicherweise jenseits herkömmlicher Klassenformationen schafft. Dies setzt allerdings voraus, daß die Gewerkschaften in der Bundesrepublik in diesen Fragen (z.B. ökologischer Umbau der Gesellschaft, Gleichberechtigung der Frau, neue kommunikative Kultur innerhalb und außerhalb der Erwerbsarbeit) Terrain gewinnen. Gegenwärtig jedenfalls sind die weit davon entfernt, auf diesen Feldern die politische Meinungsführerschaft zu haben; sie zu erlangen, dürfte auch nicht einfach sein, da ihnen (nicht nur) im Bewußtsein der Jugendlichen in allgemeineren politischen und kulturellen Belangen nur sehr begrenzt ein Mandat zugesprochen wird.

Den Wandel im Arbeitsverständnis der Jugendlichen konzeptionell aufzunehmen und die genannten Felder mit überzeugenden Interpretations- und Handlungsangeboten zu besetzen, ist aber nur eine der zentralen Herausforderungen, denen sich die gewerkschaftliche Jugendpolitik gegenübersieht. Mit Blick auf die Kritik der Jugendlichen an den vorfindlichen Kommunikations- und Organisationsstrukturen wird es auch darauf ankommen, innerhalb der Gewerkschaften selbst neue, lebendige Formen der Beteiligung und der Mitsprache zu entwickeln, in denen sich die Jugendlichen mit ihren kommunikativen Ansprüchen wiederfinden, und die es ihnen erlauben, ihre Bedürfnisse nach selbstbestimmter Aktivität zu realisieren.

Insofern stellt heute und wohl auch zukünftig jeder Versuch, Jugendliche gewerkschaftlich zu politisieren, gleichermaßen hohe Anforderungen an inhaltliche Konzepte wie an die interne gewerkschaftliche Organisationskultur; denn stärker als in früheren Jugendgenerationen haben wir es heute mit Jugendlichen zu tun, die nicht nur in der Arbeit ihr Interesse an Selbstverwirklichung realisiert sehen wollen, sondern diesen Anspruch auch und gerade an politische Arbeit stellen.

Literaturverzeichnis

Baethge, M. / Oberbeck, H. (1986): Zukunft der Angestellten. Neue Technologien und berufliche Perspektiven in Büro und Verwaltung, Frankfurt / M. 1986

Baethge, M. / Hantsche, B. / Pelull, W. / Voskamp, U. (1988): Jugend: Arbeit und Identität, Opladen 1988

Beck, U. (1984): Perspektiven einer kulturellen Evolution der Arbeit, in: MittAB 1 / 1984, S. 52-62

Beck, U. (1986): Risikogesellschaft. Auf dem Weg in eine andere Moderne, Frankfurt 1986

Bleicher, S. (1988): Das Neue muß den ganzen Menschen haben. Ansätze zur Erneuerung der Angestelltenpolitik der IG Metall, in: Steinkühler, F. / Bleicher, S. (Hrsg.): Zwischen Aufstieg und Rationalisierung, Hamburg 1988

Feist, W. / Krieger, H. (1986): Jugendliche und Gewerkschaften — zwischen struktureller Organisationslücke und aktueller Vertrauenskrise, in: Gewerkschaftliche Monatshefte 2 / 1986

IG Metall (1989): Solidarität 2000. Geschäftsbericht zur 13. Angestelltenkonferenz, 2. / 3. März 1989, Frankfurt 1989.

Kern, H. / Schumann, M. (1984): Das Ende der Arbeitsteilung? München 1984

Kern, H. (1988): Anforderungen an die Tarifpolitik von morgen, in: IG Metall (Hrsg.): Tarifpolitik im Strukturwandel. Materialband Nr. 6 der Diskussionsformen „Die andere Zukunft: Solidarität und Freiheit“, Köln 1988

Maccoby, M. (1988): Why Work? Motivating and Leading the New Generation, New York 1988

Paolo Segatti

Jugend und Gewerkschaften in Italien*

1. Vorbemerkung

Die 80er Jahre waren für die italienischen Gewerkschaftsverbände (CGIL-CISL-UIL) schwierig. Sie begannen mit der Niederlage der Gewerkschaften im sogenannten „Fiatstreik" und am Ende dieses Jahrzehnts schien die Prognose einer Krise des gewerkschaftlichen Interessenvertretungsmonopols mehr als bloßes Gerede zu sein. Ein deutlicher Ausdruck der Probleme, mit denen sich die italienischen Gewerkschaften in dieser Zeitspanne konfrontiert sahen, waren die geringen Organisationserfolge unter den jungen Arbeitnehmern bzw. ihre geringe Bereitschaft, sich gewerkschaftlich zu engagieren. Gerade im Rückblick auf die insgesamt hohe Mobilisierungsbereitschaft der Belegschaften in den 70er Jahren und die in diesem Jahrzehnt erreichte Stärke der italienischen Gewerkschaften muß die heute konstatierbare Distanz ihres Klientels den Gewerkschaften als ein krasser Bruch erscheinen.

Es wäre jedoch verkürzt, diese Entwicklung einfach als Tiefpunkt eines „normalen" Zyklus gewerkschaftlicher Partizipation[1] zu interpretieren. Vielmehr offenbart sich hier ein strukturell neues Problem gewerkschaftlicher Politik, das nicht einzig in Italien, sondern auch in anderen europäischen Ländern zu beobachten ist: Die Schwierigkeiten der Gewerkschaften, die Jugendlichen an sich zu binden, sind möglicherweise Folge eines tiefgreifenden gesellschaftlichen Wandels, der sowohl den gesellschaftlichen Stellenwert der Arbeit verändert hat, als auch die Art und Weise des kulturellen und politischen Engagements. Daß häufig die Jugendlichen die Protagonisten solcher Veränderungen sind bzw. veränderte gesellschaftliche Normen gerade in ihren Verhaltensweisen manifest werden, ist nicht untypisch. Dennoch weist das italienische Beispiel für das veränderte Verhältnis der Jugendlichen zu den Ge werkschaften einige Besonderheiten auf, die sowohl aus dem jeweiligen spezifischen gesellschaftlichen Verlauf des Veränderungsprozesses und seiner Intensität resultieren als auch aus den sozialen Besonderheiten gewerkschaftli-

* Übersetzung aus dem Italienischen von Bruno Cattero. Bearbeitung der deutschen Fassung von Gudrun Linne.

cher Bindungen und Traditionen in Italien. Um die verschiedenen Bedingungen erfassen zu können, die für die heute offensichtlich werdende Distanz junger Arbeitnehmer zu den Gewerkschaften bedeutsam sind, muß man eine doppelte Perspektive anlegen: Sie hat sich erstens auf die Arbeitsmarktbedingungen zu richten, auf die die Jugendlichen in Italien treffen. Zweitens gilt es, die politischen und sozialen Faktoren in den Blick zu nehmen, die das Verhältnis der Jugend zu den Gewerkschaften prägen bzw. traditionell geprägt haben.

Vorab ist es sinnvoll, sich zunächst kurz den gewerkschaftlichen Organisationsgrad unter den jungen Arbeitnehmern zu vergegenwärtigen. Allerdings gibt es darüber keinerlei zuverlässige Daten. Selbst die Gewerkschaften verfügen nicht über entsprechende systematische Statistiken. Wir können uns deswegen nur auf die stichprobenartigen Ergebnisse einzelner Untersuchungen beziehen, die das Thema des gewerkschaftlichen Organisationsgrades und seiner Veränderungen häufig nur streifen. Aus dieser bruchstückhaften Datenlage ergibt sich — kurz zusammengefaßt — das Bild, daß in der Gruppe der Jugendlichen bzw. jungen Erwachsenen unter 24 Jahren der gewerkschaftliche Organisationsgrad Mitte der 80er Jahre die Marke von 10 % kaum übersteigt und in einzelnen regionalen Analysen sogar weit darunter liegt. Erst in der Altersgruppe der Dreißigjährigen steigt die Organisationsquote deutlich an (je nach regionalem Bezugspunkt um das zwei- bis dreifache).

Nimmt man den gewerkschaftlichen Organisationsgrad als Indikator, so sind die jungen Arbeitnehmer ganz offensichtlich nicht die einzige Problemgruppe für die Gewerkschaften. So mußten beispielsweise nach den Schätzungen Ettore Santi's (vgl. Santi 1988) die drei Gewerkschaftsverbände CGIL, CISL und UIL von 1980 bis 1986 insgesamt erhebliche Mitgliederverluste hinnehmen. (Der gewerkschaftliche Organisationsgrad ist in diesem Zeitraum von 44,3 % auf 36,3 % zurückgegangen.) Dennoch stehen die italienischen Gewerkschaften in internationaler Perspektive gar nicht so schlecht da und können gegenwärtig eine Mitgliederquote halten, die mit der anderer europäischer Länder vergleichbar ist. Um so mehr aber stellt sich die Frage, warum im Jugendbereich die Probleme so kraß auftreten, warum gerade hier die Organisationserfolge so extrem gering sind. Um diese Frage zu erhellen, gehe ich zunächst auf die Arbeitsmarktchancen und Arbeitsbedingungen der Jugendlichen in Italien ein.

2. *Die Arbeits- und Arbeitsmarktsituationen Jugendlicher in Italien und ihre Auswirkungen auf das Verhältnis der Jugendlichen zu den Gewerkschaften*

Mit Blick auf die Probleme, die sich heute den Gewerkschaften stellen, sind es m.E. vor allem drei Aspekte der Arbeits- und Arbeitsmarktsituationen Jugendlicher in Italien, die sich auf ihr Verhältnis zu den Gewerkschaften auswirken und die in der Diskussion über die Beziehungen zwischen Jugendlichen und Gewerkschaften berücksichtigt werden müssen:

1. Die typischen Merkmale der Beschäftigungsbereiche, in denen junge Arbeitnehmer überwiegend arbeiten.
2. Die unterschiedlichen Arbeitsverhältnisse und Arbeitsbedingungen in formellen Wirtschaftsbereichen und in der sogenannten Schattenwirtschaft, auf die die Jugendlichen jeweils stoßen.
3. Die Suchstrategien der Jugendlichen auf dem Arbeitsmarkt und ihre Haltungen gegenüber dem Arbeitsangebot.

Jeder dieser Aspekte steht in einem inneren Zusammenhang mit dem Bedeutungswandel der Arbeit, der sich — wie bereits angesprochen — nicht einzig in Italien vollzieht. Parallele Prozesse sind auch in anderen entwickelten, modernen Gesellschaften zu beobachten und haben eine breite wissenschaftliche Diskussion über Ursachen und Richtungen des wirtschaftlichen und sozialen Wandels ausgelöst. Dennoch weist das italienische Beispiel einige Besonderheiten auf, die auf die unterschiedlichen ökonomischen Situationen innerhalb Italiens, das heißt auf die ökonomische Kluft zwischen den „entwickelten“ Regionen Nord- und Mittelitaliens und den in Relation dazu „weniger entwickelten“[2] des Mezzogiorno zurückzuführen sind. Diese regionalen Disparitäten sind entscheidend dafür, daß sich innerhalb Italiens stark differenzierte Arbeitsmarktsituationen herausgebildet haben, die sich letztlich auch in den Suchstrategien und Haltungen der Jugendlichen gegenüber der Arbeit niederschlagen.

Tabelle 1 zeigt die unterschiedlichen Arbeitsmarktsituationen Nord- bzw. Mittelitaliens und Süditaliens Mitte der 80er Jahre. In den Folgejahren hat sich diese Differenz noch verstärkt. So zeigt sich beispielsweise Ende 1989 anhand der Neuzugänge auf dem Arbeitsmarkt und ihrer Beschäftigungschancen, daß Ende der 80er Jahre in vielen nördlichen Regionen Italiens beinahe Verhältnisse der Vollbeschäftigung geschaffen sind, während sich im Süden das Problem der Jugendarbeitslosigkeit nicht entscheidend verringert hat.

Betrachten wir nun, in welchen Beschäftigungsbereichen die jungen Arbeitnehmer überwiegend Arbeit finden, so fallen deutliche Verschiebungen zwi-

Tabelle 1: Arbeitsmarktsituationen

	Vergleich zwischen Mittel- und Norditalien und Süditalien im Jahr 1986 (in Prozent)	
	Süd	Mittel-Nord
Beschäftigte	28,7	42,5
Arbeitslose	4,7	4,8
Erstmalig Arbeitssuchende	14,4	8,7
„inoccupati"*	12,1	4,3
Studenten	40,2	40,0
Insgesamt (in 1000)	1066	2067

* „inoccupati" bedeutet hier Jugendliche, die weder studieren noch eine Arbeit suchen

Quelle: IARD

schen dem sekundären und tertiären Sektor auf: Seit Anfang der 80er Jahre verringert sich die Beschäftigungsquote junger Arbeitnehmer in der Industrie kontinuierlich. Dies drückt sich deutlich in einer Umfrage von IARD aus. Danach machten in den Regionen Mittel- und Norditaliens die Jugendlichen 1983 in Industriebetrieben noch über 50 % der Beschäftigten aus. Drei Jahre später war dieser Anteil bereits auf 38,4 % gefallen. Heute bündeln sich die Beschäftigungschancen Jugendlicher eindeutig im Dienstleistungssektor, und dort besonders im Bereich privater Dienstleistungen. Dieses gilt gleichermaßen für die Regionen Mittel- und Norditaliens wie für den Mezzogiorno. Doch trotz dieser Entwicklungen wäre es ein vorschneller Schluß, daraus einen unaufhaltsamen Untergang der industriellen Arbeit abzuleiten. Nach Untersuchungen von IRES (Instituto di Ricerche Economiche e Sociali) waren 1989 beispielsweise noch 36,8 % der zwanzigjährigen Arbeitnehmer in der Lombardei industrielle Jedermannsarbeiter.

Aus denselben Untersuchungen geht hervor, daß die überwiegende Mehrheit der Jugendlichen in Kleinbetrieben (1 - 14 Beschäftigte) arbeitet. Nach den Daten von IRES (1986) stellen die Jugendlichen zugleich einen äußerst bedeutsamen Anteil der Beschäftigten in solchen kleinbetrieblichen Strukturen dar. (So sind beispielsweise in der Lombardei nach den Recherchen von IRES fast die Hälfte der Arbeitnehmer in Betrieben mit weniger als zehn Beschäftigten um die zwanzig Jahre alt).

Bedeutsam für die Arbeitssituationen der Jugendlichen in Italien ist weiterhin, daß gerade die jungen Berufsanfänger überproportional mit den unsicheren Beschäftigungsperspektiven befristeter Arbeitsverhältnisse konfrontiert werden. Dies ist der zweite der eingangs erwähnten Aspekte, der für die Arbeitsmarkt- und Arbeitssituationen Jugendlicher charakteristisch ist.

1989 arbeiteten 41,1 % der Jugendlichen in der Lombardei in befristeten Arbeitsverhältnissen. Anders ausgedrückt: Nur etwas mehr als der Hälfte der Jugendlichen dieser Altersgruppe, die Arbeit suchen, gelingt es, einen unbefristeten Arbeitsvertrag zu bekommen. Bei den über Dreißigjährigen sind es dagegen bereits 10 % mehr, die unbefristet arbeiten. Es besteht also die Gefahr, daß die Form des Arbeitsvertrages bzw. die Dauer des Arbeitsverhältnisses die Erwerbsverläufe der Jugendlichen prägen und es innerhalb der Gruppe der Jugendlichen und jungen Erwachsenen ein starkes Segmentierungsproblem gibt (vgl. dazu für Spanien Paul-Kohlhoff / Argimon Maza in diesem Band). Allerdings ist schwer einzuschätzen, ob und inwieweit diese Gefahr von den Jugendlichen als ein echtes Risiko wahrgenommen wird. Dem widerspricht zumindest tendenziell, daß die mit einem befristeten Arbeitsvertrag beschäftigten Jugendlichen recht optimistisch sind, am Ende ihres befristeten Arbeitsverhältnisses wieder eine neue Arbeit zu finden. In diesem Zusammenhang muß auch erwähnt werden, daß die Tendenz zu einer Flexibilisierung des Arbeitsmarktes und der Beschäftigungsverhältnisse, die in den 80er Jahren offensichtlich wird, nicht einzig durch ein einseitiges Diktat der Unternehmen bzw. der Arbeitgeberseite ausgelöst, sondern auch von den Gewerkschaften mit ausgehandelt, zumindest mitgetragen worden ist (vgl. Negrelli 1990). Darüber hinaus werden zumindest bestimmte Formen *flexibler Arbeitszeiten* (Teilzeitarbeit und job-sharing) gerade von jüngeren Beschäftigten und Arbeitssuchenden auch nachgefragt. Verschiedene Formen und Möglichkeiten einer Verkürzung der Wochenarbeitszeit sind für eine Mehrheit der jungen Arbeitnehmer attraktiver als die Umsetzung der Arbeitszeitverkürzung durch eine Verlängerung des Jahresurlaubs (vgl. IARD 1986).

Allerdings differieren die Arbeitszeitwünsche der jungen Arbeitnehmer abhängig von ihrem Beschäftigtenstatus bzw. ihrem Arbeitsumfeld. Die Jugendlichen, die in industriellen Kleinbetrieben (anfangen zu) arbeiten, sind vor allem Männer, die unmittelbar nach Ablauf der Schulpflicht (d.h. im Alter von etwa 14 Jahren) die Schule verlassen haben und als Un- bzw. Angelernte beschäftigt werden. (In Nord- und Mittelitalien sind dies 53,6 % und im Süden 54 % der jungen Beschäftigten.) In den Dienstleistungssektor treten hingegen die Jugendlichen mit einem höheren Bildungs- und Ausbildungsabschluß ein. Es scheint, daß zeitlich flexible Arbeitsverhältnisse überwiegend in der letztgenannten Gruppe gewünscht werden.

Wenn man von den unterschiedlichen Arbeitsbedingungen und Arbeitsverhältnissen der Jugendlichen in Italien spricht, so muß man insbesondere berücksichtigen, daß sich neben den Beschäftigungsbereichen und -verhältnissen des formellen Arbeitsmarktes ein informeller Sektor, die sogenannte Schattenwirtschaft („economia sommersa") entwickelt hat. Arbeitsaktivitäten in der Schattenwirtschaft sind in Italien keine Marginalie. Dafür spricht, daß weit mehr Jugendliche eine (bezahlte) Arbeit haben, als es die offiziellen Beschäftigungsstatistiken erkennen lassen. Dies gilt in Nord- und Mittelitalien in gleicher Weise wie im Süden. Es liegt in der Natur der Sache, daß man den Umfang der Aktivitäten in der Schattenwirtschaft nicht exakt erfassen kann. Eine Umfrage von IARD (1986) unter Jugendlichen ermöglicht jedoch eine etwaige Einschätzung dieses Phänomens. Die folgenden Tabellen veranschaulichen vor allem, daß fehlende Arbeitserfahrungen Jugendlicher in formellen Wirtschaftssektoren (bzw. auch in unbefristeten Arbeitsverhältnissen) nicht unbedingt mit insgesamt fehlenden Arbeitserfahrungen dieser Jugendlichen gleichgesetzt werden können. Gerade anhand der Gruppe der jungen Leute, die per definitionem noch nicht über Erfahrungen fremdbestimmter Lohnarbeit verfügt (vgl. Tabelle 2), wird deutlich, daß die Grenze zwischen formellen und informellen Formen der Arbeit nicht so klar gezogen ist.

Tabelle 2: Arbeitserfahrung unter den Studenten, den erstmalig arbeitssuchenden Jugendlichen und den Arbeitslosen nach geographischen Gebieten (in Prozent)

	Mittel-Nord			Süd		
	A	B	C	A	B	C
Arbeitserfahrungen	15,2	23,1	14,6	14,4	25,5	9,3
Hat mit verschiedenen Arbeiten Geld verdient	2,1	8,7	3,4	1,2	6,5	4,7
Hatte eine „echte" Arbeit	6,1	0,0	44,9	5,3	0,0	22,5
Insgesamt (in 1000)	808	173	89	418	153	129

Anmerkung: A = Student, B = erstmalig Arbeitssuchende, C = nicht aktiv
In die Tabelle sind die Prozentanteile derjenigen, die keine Arbeit gehabt haben, nicht eingegangen.

Tabelle 3: Typen der Arbeitserfahrung (Basis: Jugendliche, die in Mittel- und Norditalien, im Süden und auf den Inseln leben)

	Mittel-Nord	Süd
Beschäftigte	28,7	42,5
gelegentliche bzw. befristete Arbeit	4,7	4,8
Hat schon eine „echte" Arbeit gehabt	14,4	,7
Hat Arbeitserfahrungen, aber nur gelegentliche	12,1	,3
Hat durch Arbeiten Geld verdient	40,2	40,0
Insgesamt (in 1000)	1066	2067

Viele Studenten und viele junge Leute, die nach der offiziellen Statistik neu auf den Arbeitsmarkt treten, haben im Laufe ihre Lebens schon gearbeitet. In dieser Hinsicht besteht praktisch kein Unterschied zwischen den beiden Gebieten, in die das Land wirtschaftlich geteilt ist. Differenzen gibt es allerdings hinsichtlich der Arbeitslosenquoten in Nord- und Mittelitalien und im Süden. Die prozentual höhere Arbeitslosenquote im Süden wird allerdings nicht einzig durch die schlechteren Arbeitsmarktchancen in dieser Region verursacht; sie hängt auch mit kulturellen Orientierungen zusammen: Noch ist im Süden Italiens die Tradition verbreitet, daß Mädchen und junge Frauen bis zur Hochzeit „im (Eltern-)Haus" bleiben und nicht ein eigenes Erwerbseinkommen erzielen. Dies erklärt die überproportionale Arbeitslosigkeit junger Frauen im Süden.

Die Tabelle 4 veranschaulicht, daß es auch hinsichtlich der Beschäftigungsmodalitäten ein Gefälle zwischen Nord- und Mittelitalien und dem Süden gibt. (Auch hier stammen die Daten aus der Umfrage von IARD 1986.)

Tabelle 4: Art des Arbeitsverhältnisses unter den Jugendlichen mit einem qualifizierten Schulabschluß, Beschäftigte und nicht Beschäftigte, nach geographischen Gebieten (in Prozent)

	Mittel-Nord	Süd
Nur eine regelmäßige Arbeit	55,6	30,6
Zwei oder mehrere Arbeiten, davon eine regelmäßig	15,7	18,1
Nur gelegentliche Arbeiten	8,4	14,8
Keine Arbeit	20,3	36,4
Insgesamt (in 1000)	1255	648

Zusammengefaßt lassen sich die Arbeitsmarkt- und Arbeitssituationen der Jugendlichen in Süditalien folgendermaßen charakterisieren: Im Vergleich zu den Jugendlichen Nord- und Mittelitaliens sind die im Süden lebenden Jugendlichen unterproportional in einem Arbeitsverhältnis beschäftigt, das hinsichtlich der Dauer der Beschäftigung und der Arbeitszeit einem „Normalarbeitsverhältnis" entspricht. Vergleichsweise häufiger arbeiten sie dagegen in kurzfristigen, gelegentlichen Beschäftigungsverhältnissen. Man kann davon ausgehen, daß ein Teil dieser Arbeitsverhältnisse dem informellen Sektor zuzurechnen ist. Zugespitzt bedeutet dies:

1. Wir können in Italien eine deutliche Zunahme bezahlter Tätigkeiten beobachten, die einen „Jobcharakter" haben. Diese Entwicklung weist auf die Ausdehnung eines informellen Sektors hin, der sich parallel zu den formellen Wirtschaftsbereichen „etabliert". Mit den Veränderungen der normativen Rahmenbedingungen von Arbeit verbindet sich eine Diversifizierung von Beschäftigungsformen, -perspektiven und Arbeitsbedingungen, die nicht folgenlos für die Einstellungen zur bzw. Erwartungen an Arbeit

bleibt. Gallino (1987) hat darauf aufmerksam gemacht, daß man angesichts dieser Tendenzen von einem Prozeß der Entdifferenzierung sprechen kann. Insoweit sind die in Italien zu beobachtenden Wandlungsprozesse mit denen anderer europäischer Länder vergleichbar.

2. In Italien sind die Übergänge zwischen der Schattenwirtschaft (oder anders ausgedrückt zwischen der Grauzone des Arbeitsmarktes) und den formellen Wirtschaftsbereichen so fließend, wie es wohl nirgendwo anders der Fall ist. Ursächlich dafür sind zum einen die unterschiedlichen ökonomischen und kulturellen Entwicklungen, die die Regionen Italiens in der Nachkriegszeit durchgemacht haben. Zum anderen ist dies eine Folge des andauernden Ungleichgewichts zwischen Nord- und Mittelitalien und dem Mezzogiorno. Konkret bedeutet dies, daß zum Beispiel eine befristete, gelegentliche Arbeitstätigkeit für einen Jugendlichen aus Mailand oder Bologna eine völlig andere Bedeutung haben kann, als für einen Gleichaltrigen aus Neapel oder Bari. Für ersteren handelt es sich möglicherweise nur um eine Übergangssituation, die mit hoher Wahrscheinlichkeit in ein „geregeltes“ Arbeitsverhältnis einmündet. Sich auf einen „Job“ einzulassen, bedeutet in diesem Fall also keineswegs den Anfang einer diskontinuierlichen Erwerbsbiographie. Im Gegenteil: Es bietet die Möglichkeit, Geld zu verdienen, Arbeitserfahrungen zu sammeln und Kompetenzen zu erwerben. Der zweite — also der Jugendliche aus dem Süden — macht dagegen häufig eine völlig andere Erfahrung: Nach einer Gelegenheitsarbeit folgt — bestenfalls — eine weitere usw. Dieser Jugendliche hat kaum eine Chance, den Teufelskreis einer diskontinuierlichen — und häufig unqualifizierten — Erwerbsbiographie zu durchbrechen. Nicht unwesentlich für diese unterschiedlichen Folgen befristeter Arbeit in Nord- und Mittelitalien und dem Mezzogiorno sind möglicherweise Unterschiede im Bildungsniveau der betreffenden Jugendlichen. Beispielsweise haben wesentlich mehr junge Leute, die in Nord- und Mittelitalien in einem gelegentlichen, befristeten Arbeitsverhältnis arbeiten, ein höheres schulisches Bildungsniveau als die Vergleichsgruppe im Süden.

Man könnte erwarten, daß diejenigen Jugendlichen, die am schlimmsten von Arbeitslosigkeit oder von negativen Arbeitssituationen und Erwerbsperspektiven betroffen sind, auch die größten Anstrengungen unternehmen, um ihre Lage zu verbessern. Diese Überlegung trifft für die Jugendlichen Nord- und Mittelitaliens auch weitestgehend zu. Im Mezzogiorno stellt sich die Situation differenzierter dar: Das Arbeitsangebot ist hier so ungünstig, daß es die Jugendlichen schon von vornherein zu demotivieren droht und ihr Suchverhalten auf dem Arbeitsmarkt negativ beeinflußt. So sind es gerade die Jugendlichen, denen trotz Krisenerfahrungen ein „Einstieg“ in den Arbeitsmarkt gelungen ist, die aktiv versuchen, ihre Beschäftigungsperspektiven zu konsolidieren. Andere Jugendliche, die solche „Erfolgserlebnisse" nicht für sich verbuchen konnten, drohen weit eher in Resignation zu verfallen. Es ist bereits deutlich geworden, daß diese Gefahr für die Jugendlichen aus Süditalien weit häufiger besteht.

Doch trotz der deutlichen Unterschiede in den regionalen Arbeitsmarktchancen, die, wie gezeigt, auf die Suchstrategien der jungen Italiener auf dem Arbeitsmarkt zurückwirken, dürfen Übereinstimmungen im Verhalten der Jugendlichen auf dem Arbeitsmarkt nicht verwischt werden. Ihr Suchverhalten wird schließlich nicht einzig von der objektiven Arbeitsmarktsituation beeinflußt, sondern zugleich von ihren subjektiven Ansprüchen an Arbeit geprägt. Und dies ist der dritte Aspekt, der näher betrachtet werden muß, wenn man die Schwierigkeiten der Gewerkschaften, die Jugendlichen an sich zu binden, verstehen will. So fällt beispielsweise auf, daß — selbst wenn Arbeit knapp ist — nicht unbedingt das erstbeste Arbeitsangebot von den Jugendlichen wahrgenommen wird. Sie haben ein Selbstbewußtsein entwickelt, das es ihnen erlaubt, ihren individuellen Präferenzen bei der Arbeitssuche einen höheren Stellenwert zu geben, anstatt sich bedingungslos zu unterwerfen. Das ist zumindest eine von Accornero und Carmignani (1986) vertretene These. Wesentlich für ihre Argumentation ist, daß die Arbeitslosigkeit in Italien, trotz aller bestehenden Unterschiede zwischen den lokalen Arbeitsmärkten, mittlerweile einen anderen Charakter angenommen hat, als er traditionellerweise mit diesem Zustand assoziiert wird. Arbeitslos zu sein, bedeutet heute nicht mehr in jedem Fall, an den Rand ökonomischer und gesellschaftlicher Existenz gedrängt zu sein. Maßgeblich dafür sind besonders zwei der von den genannten Autoren angeführten Gründe: Zum einen wird der ökonomische Druck, der üblicherweise durch Arbeitslosigkeit entsteht, heute durch soziale Sicherungssysteme gemildert. Dies ermöglicht es den Betroffenen in einem bestimmten Umfang, verlängerte Suchzeiten für sich in Anspruch zu nehmen. Zum anderen haben sich positive Anspruchshaltungen an Arbeits- und Lebenssituationen gegenüber einer zwangsweise verordneten Arbeitsmoral durchgesetzt. Deutlicher Ausdruck dafür ist zum Beispiel, daß die Jugendlichen aus dem Süden, selbst wenn sie arbeitslos sind, nicht ohne weiteres ihre gesamten Lebensverhältnisse zur Disposition stellen und in reichere Regionen oder ins Ausland abwandern.

Jeder der angesprochenen drei Aspekte beeinflußt das Verhältnis zwischen den Jugendlichen und den Gewerkschaften. Oder anders ausgedrückt: In doppelter Hinsicht sind heute für die Gewerkschaften die Bedingungen erschwert, die Jugendlichen anzusprechen und für ihre Ziele zu gewinnen: Einerseits weil sich — kurz zusammengefaßt — Jugendarbeit nicht gerade in den gewerkschaftlichen Organisationszentren konzentriert und andererseits, weil die Jugendlichen ihre Erwartungen an Arbeit, an ihre Arbeitssituationen, in der gewerkschaftlichen Politik nicht hinreichend abgebildet sehen.

Um mit dem ersten anzufangen: Es ist plausibel, daß es für die Gewerkschaften nicht leicht ist, jemanden zu organisieren, der in einem Kleinbetrieb arbeitet und womöglich noch befristet beschäftigt ist oder dort im Rahmen der neuen Arbeits- und Ausbildungsverträge (contratti di formazione lavoro) arbeitet. Nach der Umfrage EURISKO von 1986 gaben nur 40 % der Beschäftigten unter 24 Jahren an, daß die Gewerkschaft in ihrem Betrieb präsent sei.

Chiesi hat versucht, anhand der Untersuchungen von IRES über die lombardischen Arbeitnehmer (IRES 1990) die Eigenschaften zu identifizieren, die einen gewerkschaftlich organisierten Arbeitnehmer von einem unorganisierten unterscheiden. Seine Analyse ergibt folgendes Bild (vgl. Chiesi 1990, S. 20-21): Der organisierte lombardische Arbeitnehmer ist männlich, gering qualifiziert und er hat kaum Aufstiegschancen und Mobilitätsneigungen. Darüber hinaus ist es ein weiteres, wenn nicht sogar wesentliches Merkmal des organisierten Arbeitnehmers, daß er im formellen Sektor und in einem Arbeitsverhältnis arbeitet, das eine längerfristige Beschäftigungsmöglichkeit und damit Betriebszugehörigkeit eröffnet. Nach den voranstehenden Ausführungen ist es offensichtlich, daß gerade dieses letzte und wesentliche Kriterium in Italien stark generationsabhängig ist. Es zeichnet sich also ein Bild über die Voraussetzungen der gewerkschaftlichen Organisierbarkeit von Arbeitnehmern, dessen Konturen mit den Arbeitsbedingungen der Jugendlichen kaum übereinstimmen.

Die zweite Dimension, in der sich die Krise zwischen Jugend und Gewerkschaft ausdrückt, ist schwerer zu erfassen. Aber sie ist deswegen nicht weniger deutlich wahrnehmbar, wenn man sich die Arbeitserfahrungen der Jugendlichen und ihre Arbeitsorientierungen vor Augen ruft. Weiter oben wurde die wachsende Bedeutung des informellen Sektors bereits angesprochen und entwickelt, welche ambivalenten Wirkungen die in ihm dominanten Arbeitsprofile für die Arbeitsbiographien der Jugendlichen einerseits und auf ihre Haltungen und Orientierungen andererseits haben. (Gleiches gilt im übrigen für Beschäftigungsverhältnisse, die zwar im formellen Sektor angesiedelt sind, jedoch hinsichtlich der Dauer des Beschäftigungsverhältnisses, der Arbeitszeit usw. vom Normalarbeitsverhältnis abweichen): Alle einschlägigen Untersuchungen belegen, daß die Arbeit in der Werteskala der Jugendlichen einen hohen Stellenwert hat. Dabei scheinen es einerseits rein instrumentelle Aspekte (Einkommen, Sicherheit, Karriere) zu sein, die zu dieser Bewertung führen. (Es überrascht nicht, daß derartige Begründungen in Mezzogiorni besonders häufig anzutreffen sind, wo die Akzeptanz unbefriedigender Arbeitssituationen mehr eine Notlösung als ein Ausdruck von positiv besetzten Orientierungen ist.) Andererseits sind zunehmend Orientierungen unter den Jugendlichen beobachtbar, die den arbeitsinhaltlichen Aspekten einen hohen Stellenwert einräumen und Ausdruck von Ansprüchen der Selbstverwirklichung sind (vgl. dazu für die BRD Baethge / Pelull in diesem Band). Interessant ist, daß solche qualitativen Arbeitsansprüche sich zwischen 1983 und 1986 ausgerechnet im Süden und vor allen unter den jungen Frauen durchgesetzt haben, also innerhalb einer der schwächsten Gruppen des Arbeitsmarktes. Angesichts der hier deutlich werdenden Diskrepanz zwischen dem Wunschbild von der Arbeit und dem, was die objektive Situation bieten kann, ist nicht auszuschließen, daß auch ein wenig Selbstbetrug in die Formulierung der Arbeitsansprüche einfließt. Aber das darf uns nicht dazu verleiten, die Bedeutung solcher Ansprüche zu unterschätzen oder sie gar zu negieren. Denn hinter diesen qualitativen Arbeitsansprüchen stehen die Kräfte eines kulturellen Wandels, die sich auf die Haltungen und Orientierungen der jungen Arbeitssuchenden in einer Krisenregion nicht minder auswirken, als auf die derjenigen, die sich in einem relativ günstigen Arbeitsmarktumfeld bewegen. Inwieweit solche qualitativen Arbeitsansprüche von dem einzelnen Jugendlichen jeweils übernommen werden, hängt also nicht unbedingt von den regionalen Arbeitsmarktstrukturen ab. Entscheidend ist vielmehr das jeweilige schulische Bildungsniveau der Jugendlichen.

Fassen wir vorläufig zusammen: Die Jugendlichen haben einerseits wenig Gelegenheit, mit den Gewerkschaften in Kontakt zu kommen, und andererseits scheinen sich neue Einstellungen zur Arbeit herauszubilden, die von traditionellen gewerkschaftlichen Orientierungen abweichen. Vor diesem Hintergrund ist nicht auszuschließen, daß die Jugendlichen den Gewerkschaften (lediglich) die Funktion einer Rechtsschutzinstanz bzw. eines Dienstleistungsservices zuschreiben. Die Vorstellung von einer „Dienstleistungsgewerkschaft" (sindicato delle prestazioni)[3] scheint unter den Jugendlichen sehr verbreitet zu sein. Das meint, daß sich die Gewerkschaft zwar um die kollektiven Sicherungen des Arbeitsverhältnisses kümmern soll, daß sie aber gleichzeitig auch Spielräume für individuelle Verhandlungen offenlassen und eine größere individuelle Flexibilität bei der Gestaltung der Arbeitszeiten garantieren soll. Zwar haben die Gewerkschaften im letzten Jahrzehnt bereits eine Verhandlungspolitik eingeschlagen, die darauf hinausläuft, auf dem Arbeitsmarkt eine höhere zeitliche und funktionale Flexibilität zu schaffen. Aber offensichtlich reichen diese neuen Ansätze nicht aus, das traditionelle Bild der Gewerkschaften zu verändern. In der Wahrnehmung der Jugendlichen erscheinen die Inhalte und Ziele der Gewerkschaftspolitik als inkompatibel mit ihren eigenen Interessen und Bedürfnissen. Sicher hängt diese Einschätzung auch damit zusammen, daß die Jugendlichen kaum mit den Gewerkschaften in Berührung kommen und wenig Gelegenheit haben, ihre Voreinschätzungen zu überprüfen. Aber das ist nicht der einzige Grund. Wie Scamuzzi (cit. S. 172) zutreffend formuliert, ist die Bindung der Jugendlichen an die Gewerkschaften zunehmend mehr „vergleichbar mit der, die zwischen einem Meinungswähler (voto di opinione) und einer Programmpartei (partio di programma)" besteht. Meines Erachtens ist damit eines der prägnantesten Merkmale in der Beziehung zwischen der jungen Generation zu den Gewerkschaften beschrieben.

Um diesen Aspekt näher ausleuchten zu können, soll im folgenden ein Perspektivwechsel dahingehend vorgenommen werden, daß wir zunächst danach fragen, was in der Vergangenheit die Bindekraft an die Gewerkschaft ausgemacht hat und warum die dafür relevanten Faktoren heute erodieren.

3. Die Krise der politischen und sozialen gewerkschaftlichen Bindungsfaktoren

Wenn ich von der Krise der politischen Bindungsfaktoren spreche, dann beziehe ich mich damit nicht auf die Krise des „Primats der Politik in den industriellen Beziehungen". Eine Krise in diesem Sinne begann schon Ende der 50er Jahre, als ein Modell der industriellen Beziehungen erodierte, das auf einer engen parteipolitischen Bindung der Gewerkschaften basiert und eine zentralisierte, globale Programmpolitik zur Folge gehabt hat. Aber diesen Prozeß meine ich in diesem Zusammenhang nicht. Unter einer Krise der politischen Bindungsfaktoren verstehe ich vielmehr die fortschreitende — und gerade im letzten Jahrzehnt — allgemeine Auflösung politisch-ideologischer Orientierungen, die eine gewerkschaftliche Sozialisation gefördert haben. Die gewerkschaftliche Sozialisation war eng mit schichtenspezifischen oder subkulturellen Sozialisationsmustern verknüpft, weshalb man sie zugespitzt als „antizipierte" Sozialisation bezeichnen kann. Antizipierte Sozialisation meint, daß sich die Identifikation mit einer Gewerkschaft quasi naturwüchsig durch das Aufwachsen in bestimmten sozialien Milieus und in der Regel weit vor dem Eintritt in die Arbeitswelt entwickelt hat.

Im selben Maße, in dem sich die Orientierung auf die Gewerkschaft mit der Zugehörigkeit zu einer Subkultur verknüpfte, wurden hier auch die Weichen gestellt, ob man sich mit der CGIL, der CISL oder der UIL verband. In der jeweiligen Zugehörigkeit zu einer der drei Richtungsgewerkschaften drückte sich die soziale Herkunft und politische Orientierung aus. Das ganze System der industriellen Beziehungen wurde von der Logik der politisch-religiösen Richtungskämpfe beherrscht, die sich die Gewerkschaften vor allem in den 50er Jahren — nach der Gewerkschaftsspaltung und zur Zeit des Kalten Krieges — lieferten.

Vieles hat sich seit damals verändert und auch im System der industriellen Beziehungen hat — wie oben kurz angesprochen — ein gewaltiger Umbruch stattgefunden. Dennoch hat das Muster einer „antizipierten" Gewerkschaftssozialisation noch lange überlebt. Es ist erst viele Jahre später in die Krise geraten als das vom „Primat der Politik" geprägte System der industriellen Beziehungen. Noch Ende der 70er Jahre, also etwa zehn Jahre nach den breiten betrieblichen Kampfaktionen, die das System der industriellen Beziehungen in Italien, die Verhandlungsstrategien und -gegenstände sehr stark verändert haben, war nach der Analyse Romagnoli's (1980) die Zugehörigkeit zu einer sozialen und politischen Subkultur der entscheidende Bindungsfaktor an die Gewerkschaften. Und tatsächlich zeigen noch die Ergebnisse einer Jugendstudie aus dem Jahr 1986 (vgl. IARD 1986), daß ein gewerkschaftliches Engagement in den Regionen Italiens besonders ausgeprägt ist, in denen die PCI eine Vormachtstellung hat. Hier trifft man — trotz der zum Teil gleichzeitigen kleinbetrieblichen Strukturen, die an sich ja gerade nicht zu den gewerkschaftlichen Organisationszentren zählen — auf hohe gewerkschaftliche Organisationsquoten.

Dennoch ist nicht zu übersehen, daß in den 80er Jahren familiale und soziale Sozialisationsprozesse nicht mehr dieselben Wirkungen wie früher zeigen. Folgt man den Ergebnissen neuerer Studien, so scheint die gewerkschaftliche Identifikation nach dem Muster der „antizipierten Sozialisation" heute der Vergangenheit anzugehören. Gerade die jungen Leute, die einen höheren Bildungsabschluß haben und in den Metropolen bzw. in großstädtischen Strukturen leben, werden von solchen sozialen und lebensweltlichen Kulturen nicht mehr erreicht. Deutlich wird dies beispielsweise in einer Umfrage von IARD (1986): Danach ist bei der Mehrheit der Jugendlichen kein signifikanter Zusammenhang mehr zwischen der Mitgliedschaft in einer der Massenparteien (DC, PCI, PSI) und ihrem sozialen Herkunftsmilieu festzustellen (Segatti 1990). Eine Ausnahme bilden die Jugendlichen aus Arbeiterfamilien, die ihre jeweilige Parteimitgliedschaft explizit mit ihren Sozialisationserfahrungen begründen.

Wenn man über Untersuchungen verfügen würde, die die Einstellungen und Orientierungen der verschiedenen jugendlichen Beschäftigtengruppen miteinander vergleichen, dann würde man wahrscheinlich sehen, daß innerhalb der Gruppe der jungen Leute, die einen Studienabschluß haben und im tertiären Sektor beschäftigt sind, der Auflösungsprozeß einer gewerkschaftsnahen Sozialisation bereits weiter vorangeschritten ist. Nicht vergessen werden darf dabei, daß in den nördlichen Regionen Italiens auch die jungen Frauen in dieser Gruppe sehr stark repräsentiert sind. Ihre zunehmende Erwerbsbeteiligung ist ein weiterer Grund für die problematischen Beziehungen zwischen den Gewerkschaften und der jungen Arbeitnehmergeneration.

Ich komme nun zu einem weiteren Aspekt, der mir für die krisenhafte Entwicklung gewerkschaftlicher Partizipation bedeutsam erscheint: Die *strukturelle Schwäche* kollektiver Identität und Handlungsstrategien in Italien. Bei diesem Stichwort habe ich noch nicht einmal den Mezzogiorno vor Augen, denn in diesem Teil Italiens waren kollektive Orientierungen und Aktionen noch nie ein verbreitetes Verhaltensmuster. Die Strategie, die eigene Lebenslage zu verbessern bzw. bestimmte Ziele zu erreichen, ist hier schon traditionell individualistisch geprägt. Sie fußt auf einem engen Netz des distributiven Austausches. Üblicherweise bezeichnet man die hier vorherrschenden Strukturen als „klientelistisch“. Jedoch auch unabhängig von den spezifischen sozialen Strukturen des Mezzogiornos vertrete ich die These, daß auch dort, wo kollektive Aktionen zu den Handlungsstrategien der sozialen Akteure zählten und wo es hohe gewerkschaftliche Organisationsquoten gab, die Basis dafür in Italien immer schon brüchiger war als in anderen europäischen Ländern.

Betrachten wir zunächst die sozialen Bedingungen, die für die Entwicklung einer kollektiven Identität notwendig sind: Das wichtigste Element ist ein stabiler Kern der Arbeiterklasse, der in der Lage ist, nachwachsende Generationen zu sozialisieren und die klassenspezifische Kultur, ihre Orientierungen und Werte am Leben zu erhalten. Um beantworten zu können, inwieweit diese Voraussetzungen in Italien gegeben sind bzw. gegeben waren, nehme ich die soziale Mobilität als Parameter. Meine Aussagen stützen sich sowohl auf verschiedene neuere empirische Untersuchungen zu diesem Thema aus den 70er und 80er Jahren, als auch auf sozialhistorische Daten aus den 20er und 30er Jahren.

Obgleich Detailaussagen zur sozialen Mobilität je nach den angewendeten Untersuchungsmethoden differieren, ist das Gesamtbild alles in allem recht stimmig. Danach stammten Anfang der 60er Jahre 46 % der Arbeiter aus Arbeiterfamilien, Anfang der 70er Jahre lag ihr Anteil bei 39 % und Ende der 80er Jahre wieder bei 47 % (Barbagli 1988a; De Lillo 1988). Ursächlich für diese jeweils unterschiedliche Zusammensetzung der Arbeiterschaft sind die — gerade in den letzten zehn Jahren starken — Mobilitätsprozesse zwischen dem primären und dem sekundären Sektor. Unter der Voraussetzung, daß diese Mobilitätsprozesse wieder abflachen, ist nicht auszuschließen, daß die Homogenität der Arbeiterschaft hinsichtlich ihrer sozialen Herkunft wieder ansteigt. Ob sich deswegen aber ein soziales Milieu herausbilden wird, das die Anziehungskraft der Gewerkschaften begünstigt, ist schwer vorauszusagen. Viel spricht zumindest nicht dafür, wenn man in Rechnung stellt, daß sich ein solches soziales Milieu, das man gleichermaßen als „Nährboden“ der Gewerkschaften bezeichnen könnte, in Italien auch in der Vergangenheit nicht dauerhaft entwickeln konnte; sei es wegen der notwendigen Integration von Bevölkerungsschichten in die Arbeiterschaft, die jenseits einer traditionellen Arbeiterkultur sozialisiert worden sind, sei es wegen des insgesamt zwar geringen, aber dennoch nicht unbedeutenden sozialen Aufstiegs von Mitgliedern aus der Arbeiterschaft. Die städtische Integration der Arbeiter, das heißt, ihre soziale Integration in das Stadtleben und in die städtische Kultur, hat dabei eine wichtige Rolle gespielt bzw. — wie es der Sozialhistoriker Gribaudi ausdrückt — als „sozialer Lift“ gewirkt. Das gilt für die 20er und 30er Jahre ebenso wie für die späten 70er Jahre. Vor allem aber gilt es für die Arbeiter, die einerseits, weil sie seit langem in der Stadt leben, das nötige Selbstvertrauen entwickelt haben, um aus der uniformierenden Realität der Arbeiterviertel zu fliehen, und die sich andererseits nicht aufgrund von Vorurteilen abgeschottet haben. Ein derartiges Rückzugsverhalten war gerade unter den Arbeitern, die aus dem Süden in die Städte kamen, sehr verbreitet (vgl. Baldissera 1984).

Die Schlußfolgerungen der genannten Studien lassen sich zugespitzt so formulieren: Trotz der verbreiteten marxistischen Kultur in Italien und trotz der Anziehungskraft der Idee, daß die Arbeiterklasse Träger des gesellschaftlichen Umgestaltungsprozesses sei, ist eine Klassenkultur in Italien sozialstrukturell seit jeher wenig verwurzelt. (Im Vergleich etwa zur Sozialstruktur der englischen Arbeiterklasse fallen die Unterschiede deutlich auf.)

Um dieses Phänomen zu verstehen, ist es hilfreich, sich ins Gedächtnis zu rufen, wie schnell sich der ökonomische und soziale Wandel in Italien von einem in den 50er Jahren noch überwiegend agraischem Land zu einer modernen Industriegesellschaft vollzogen hat, die heute bereits den Weg in eine postindustrielle Zukunft eingeschlagen hat. Entsprechend hoch war die soziale Mobilität. Nach De Lillo (1988) gehören heute 62 % der Italiener einer anderen Sozialschicht an als ihre Eltern. Jedoch auch innerhalb einer Generation scheint sich der klassische Typ der Arbeiterfamilie aufzulösen. Nicht zuletzt durch die steigende Erwerbsbeteiligung der Frauen vermischen sich Arbeiter- und Angestelltenstatus innerhalb einer Familie (z.B. arbeitet der Mann als Arbeiter, die Frau als Angestellte). Nach den Schätzungen Barbagli's (1988b) gilt dies 1986 beispielsweise in Emilia für 45 % der Familien. Welche Auswirkungen solche Familienstrukturen, in denen die Auflösung sozialer Homogenität sinnfällig wird, für die Überlebensfähigkeit der Gewerkschaften haben, ist nicht klar auszumachen, selbst wenn einige Wissenschaftler deswegen bereits den Untergang des gewerkschaftlichen Machtpotentials prognostizieren (Heath 1990).

Vor dem Hintergrund dieser Ausführungen wird deutlich, daß die Gewerkschaften heute weniger denn je auf die Gemeinsamkeiten von Lebenszusammenhängen und eine ökonomisch-soziale Homogenität bauen können, die eine problemlose Rekrutierung der Mitgliedschaft begünstigen. Diese Feststellung bedeutet nicht, die soziale und kulturelle Bedeutung der Arbeitskämpfe und kollektiven politischen Aktionen der letzten zehn Jahre zu unterschätzen. Gerade in der Zusammenschau zeigt sich, daß wir es mit einem zum Teil gegenläufigen Prozeß zu tun haben: Einerseits brechen zunehmend Disparitäten auf und die Bedingungen für eine kollektive Identität verschlechtern sich; andererseits eröffnen sich immer wieder Erfahrungs- und Handlungsräume, in denen sich ein kollektives Bewußtsein und kollektive Handlungsstrategien durchsetzen. Dennoch ist nicht zu übersehen, daß sich infolge des sozial-strukturellen Wandels, differenzierter Arbeits- und Lebensverhältnisse und vielfältiger Chancen für den einzelnen das Gewicht bereits zugunsten individueller Handlungsstrategien verschoben hat. Außerdem wurde die Anziehungskraft individueller Strategien auch dadurch gefördert, daß sie — auch unter den Linken — zu einem oft genutzten Mittel der Politik geworden sind. Zu diesem Schluß kommt Pizzorno (1980) bei seinen Reflexionen über die Frage, was die Ausdehnung der Mittelschichten für das politische Handeln bedeutet. So gesehen ist es wahrscheinlich, daß auch die lokalen politischen Akteure zunehmend von diesem Handlungsmodell Gebrauch machen werden.

Die, wie wir gesehen haben, in Italien schon historische Instabilität einer auf der Klasseneinheit basierenden kollektiven Handlungsstrategie muß außerdem im Zusammenhang mit den spezifischen Charakteristika gesehen werden, die einige der territorialen politischen Subkulturen aufweisen (kommunistische ebenso wie die katholischen). Die Zugehörigkeit zu einer Subkultur hat früher — wie oben gezeigt — den Weg in eine der politischen Strömungen der drei Gewerkschaftsverbände gleichermaßen vorgezeichnet. Dennoch hat dieser typische Sozialisationsprozeß, den ich begrifflich als „antizipierte Sozialisation" gefaßt habe, hinsichtlich der Stabilität der Identifikation mit den Gewerkschaften durchaus unterschiedliche Effekte gezeigt. Dies wird verständlich, wenn man die unterschiedlichen Charakteristika der jeweiligen Subkulturen betrachtet. Teil einer subkulturellen Gemeinschaft zu sein, bedeutete in einigen Gegenden des Landes nicht nur, daß man eine gemeinsame politisch-ideologische Vision teilte. Es schloß auch ein, daß man in einer ökonomischen und politischen Binnenstruktur lebte, die ihre eigenen Regulationsmechanismen hatte (Bagnasco 1988). Die Subkulturen Nord-Ost- und Zentralitaliens sind dafür prägnante Beispiele. Hier haben sich sehr enge Netzwerke zwischen den sozialen, ökonomischen und politischen Akteuren herausgebildet, die auf kooperativen Austauschbeziehungen basieren. Insgesamt ist es diesen Akteuren gelungen, ökonomische und soziale Unsicherheiten zu bewältigen. Nicht unwesentlich für diese besonderen Austauschbeziehungen ist allerdings, daß miteinander kooperierende Klein- und Mittelbetriebe einerseits die Pfeiler sind, und andererseits finden wir hier noch besondere Familienstrukturen, in denen die Familie noch den Charakter einer Großfamilie hat und als wirtschaftliche Basis fungiert. Obgleich die hier skizzierten Strukturen nur auf der Basis von Gegenseitigkeit funktionieren, sind sie dennoch ein Nährboden für individuelle Orientierungen und Verhaltensmuster. Die gleichwohl vorhandenen Bindungen an politische Organisationen und an die Gewerkschaften laufen unter solchen Bedingungen Gefahr, zu einer bloßen Gewohnheitsbindung zu verkommen. Daß solche Formen gewerkschaftlicher Bindungen höchst instabil sind und leicht aufbrechen können, liegt auf der Hand. Die jungen Leute, die in diesen Strukturen aufwachsen, haben also bereits Erfahrungen damit, persönliche Lebensziele individuell durchzusetzen, Netzwerke zur Realisierung ihrer subjektiven Interessen zu nutzen. Das gilt auch für die Jugendlichen, die aus Arbeiterfamilien kommen. Und selbst wenn es ihnen noch an eigenen Erfahrungen fehlt, so haben sie dennoch in ihrer Familie oder innerhalb der Verwandtschaft Beispiele vor Augen, nach denen ein individueller sozialer Aufstieg erfolgreich gelingen kann. Es ist wahrscheinlich, daß Erfahrungen dieser Art prägend für ihre Erwartungen sind.

Ich fasse zusammen: Die sozialstrukturellen Merkmale der italienischen Gesellschaft der Nachkriegszeit zeigen, daß eine ökonomisch-soziale Homogenität und Kohärenz, die eine kollektive Identität fördern, nur schwach ausgeprägt waren. Anders ausgedrückt: Immer schon schwach waren diejenigen Motivationen, einer Gewerkschaft beizutreten, die aus dem Bewußtsein einer gemeinsamen Klassenlage und eines Klassenschicksals entsprangen. Später wurden auch die Gewerkschaftsbindungen brüchig, die den Charakter politisch-ideologischer Wahlverwandtschaften hatten und die über lange Zeit das Fehlen einer Klassenbindung an die Gewerkschaften kompensiert hatten. Eher in diesen Konstellationen und Entwicklungen als in den Veränderungen der Beschäftigungsstrukturen liegen die zentralen Ursachen dafür, daß die Gewerkschaften im Leben der jungen Arbeitnehmer — und zwar auch in dem der jungen Arbeiter — heute kaum noch einen Stellenwert haben.

Die Gewerkschaften befinden sich gegenüber der Jugend in einer schwierigen Situation: Sie können nicht warten, bis wieder ein sozialer Prozeß in Gang kommt, der zur Herausbildung einer „neuen kollektiven Identität" beiträgt, ein Prozeß, der völlig neue Anreize für eine gewerkschaftliche Partizipation schaffen könnte. Statt dessen müssen sie Wege finden, auf denen sich individuelle und kollektive Orientierungen und Handlungsmuster miteinander verbinden. Es ist zwar richtig, daß es immer schon eine zentrale gewerkschaftliche Aufgabe war, Solidarität und individuelle Interessen zusammenzufügen; jedoch unterliegen die Konzepte, die die Gewerkschaften dafür anbieten, heute mehr denn je der kritischen Prüfung. An der Frage, ob die Gewerkschaften diese Prüfung bestehen, entscheidet sich, ob es ihnen gelingen wird, die Jugendlichen zu gewinnen. Denn auf eine selbstverständliche Hinwendung der Jugendlichen zur Gewerkschaft — sei es aufgrund sozialer Bindungen, sei es aufgrund einer politischen Affinität — können sie ganz sicher nicht mehr vertrauen.

Einige meinen, daß die Gewerkschaft ein neues Verständnis von Solidarität schaffen sollte. Eines, das gewissermaßen zwischen dem „alten" Solidaritätsbegriff (der auf eine gemeinsame soziale Lage rekurriert bzw. der nach einer Klassentheorie formuliert war) und einem neuen Solidaritätsverständnis liegt, das differenzierte Interessen und individuelle Präferenzen als legitim anerkennt. Gerade vor dem Hintergrund des problematischen Verhältnisses zwischen Jugend und Gewerkschaft ist die Relevanz einer solchen Perspektive offensichtlich, und zwar selbst dann, wenn die Tragweite dieses Problems für die Zukunft der Gewerkschaften nicht genau einzuschätzen ist. Eine Schwierigkeit, diese Vorstellungen auch umzusetzen, besteht sicher darin, ohne daß es sozial definierte Kriterien gibt, zu entscheiden, welche individuellen Interessen und Bedürfnisse in dem Sinne als legitim gelten sollen, daß sie auch in der praktischen Politik der Gewerkschaften verfolgt werden. Doch trotz solcher Probleme ist es m.E. sinnvoll, solche Überlegungen weiter zu verfolgen. Zeigen sich hier doch Ansatzpunkte, wie die Gewerkschaften jenen Erwartungen gerecht werden können, die unter den jungen Arbeitnehmern verbreitet zu sein scheinen.

Anmerkungen

1 Unter gewerkschaftlicher Partizipation verstehe ich, wenn nicht anders spezifiziert, ausschließlich die Mitgliedschaft in der Gewerkschaft. Regalia (1987) unterstreicht zu Recht, daß der Begriff gewerkschaftliche Partizipation auch — ohne Mitglied zu sein — die Teilnahme an einem von den Gewerkschaften geführten Streik, die Teilnahme an den Wahlen der betrieblichen Interessenvertretung und schließlich die Unterstützung von verschiedenen Aktivitäten, die von den Gewerkschaften initiiert worden sind, umfassen kann.

2 Ich habe die Anführungszeichen gesetzt, um auf das Risiko analytischer Irrtümer hinzuweisen. Die ökonomische Kluft in Italien führt nicht zu einem radikalen Dualismus. Zunächst ist es eine Vereinfachung, die mit Vorsicht zu genießen ist, wenn man die Regionen Mittel- und Nord-Ost-Italiens mit den Regionen Nord-West-Italiens zusammenfaßt. Denn die Unterschiede in der Arbeitssituation der Jugend, in der Geschichte und der Rolle der gewerkschaftlichen Organisationen sind nicht unerheblich. Ferner ist nicht der gesamte Mezzogiorno eine unterentwickelte Region.

3 Der Begriff stammt von Scamuzzi 1988. Aus der Untersuchung, die er zusammen mit Sciolla und Ricolfi über die Jugend in Turin durchgeführt hat, geht hervor, daß 60 % der Befragten ein solches Bild der Gewerkschaften entwerfen.

Literatur

Accornero, A. e Carmignani, F., *I paradossi della disoccupazione*, Bologna, Il Mulino, 1986

Allum, P. e Diamanti, I., *'50 / '80, vent'anni*, Roma, Edizioni Lavoro, 1986

Bagnasco, A., *La costruzione sociale del mercato*, Bologna, Il Mulino

Baldissera, A., *Alle origini della politica della disequaglianza nell'Italia degli anni '80: la marcia dei quarantamila* in Quadrni di Sociologia, Vol. XXXI, N. 1, 1984

Barbagli, M. *Da una classe all'altra* in Polis, anno II, N. 1, 1988a

Barbagli, M. *Quando in famiglia ci sono due classi* in Polis, anno II, N. 1, 1988b

Calvi, G., (a cura di), *Indagine Sociale Italiana*, Milano, Franco Angeli, 1987

Cavalli, A. e de Lillo, A., *Giovani anni '80*, Bologna, Il Mulino, 1988

Cavalli, A., (a cura di), *I giovani nel Mezzogiorno*, Bologna, Il Mulino, 1990

Chiesi, A., *Indagine de moscopica sui lavoratori dipendenti lombardi*, Ires-CGIL, Milano, 1990

de Lillo, A., *La mobilità assoluta* in Polis, anno II, N. 1, 1988

Duverger, M., *Les partis politiques*, Paris, Arman Colin, 1958

Gallino, L., *Dell'ingovernabilità*, Milano, Comunità, 1987

Gribaudi, M., *Mondo operaio e mito operaio*, Torino, Einaudi, 1987

Giovannini, P., *Culture del lavoro e cultura politica* in Stato e Mercato, N. 26, 1989

Heath, A., *Social Mobility*, London, Fontana, 1981

Lumley, R., *States of Emergency*, London, Yerso, 1990

Negrelli, S., *Flessibilità economica e solidarietà sociale* in Stato e Mercato, N. 3, 1990

Negri, N., *I nuovi torinesi: immigrazione, mobilità struttura sociale* in Martinotti (a cura di) *La città difficile*, Milano, Franco Angeli, 1982
Pizzorno, A., *I sindacati nel sistema politico Italiano: aspetti storici* in Pizzorno *I soggetti del pluralismo*, Bologna, Il Mulino, 1980
Pizzorno, A., *I ceti medi nei meccanismi del consenso* in Pizzorno *I soggetti del pluralismo*, Bologna, Il Mulino, 1980
Regalia, I., *Partecipare al sindacato. Forme, modelli, i potesi di lavoro* in Quaderni di Sociologia, Vol. XXXIII, N. 9, 1987
Ricolfi, L., Scamuzzi, S., Sciolla, L., *Essere giovani a Torino*, Rosemberg e Sellier, 1988
Romagnoli, G., *La sindacalizzazione tra ideologia e pratica*, Roma, Edizioni Lavoro, 1980
Santi, E., *Un decennio di sindacalizzazione (1977 - 1988)* in Quaderni di Sociologia, vol. XXXIV, N. 11, 1988
Segatti, P., *Nuovi movimenti sociali, nuove forme di impegno pubblico. Un passo verso una maggiore equaglianza politica?* in Rassegna Italiana di Sociologia, N. 4, 1990
Trigilia, C., *Grandi partiti e piccole imprese*, Bologna, Il Mulino, 1986

Angela Paul-Kohlhoff, Georgina Argimon Maza

Gewerkschaften und Jugendliche in Spanien

0. Einleitung

Unser Beitrag basiert auf einem Forschungsprojekt, das wir in Spanien und der Bundesrepublik zum Thema „Jugendliche beim Übergang zum Erwerbsleben und in die Selbständigkeit als Gegenstand gewerkschaftlicher Politik in Europa" durchgeführt haben.[1] Unsere Untersuchung verfolgte eine doppelte Zielsetzung: Zum einen sollte analysiert werden, unter welchen Bedingungen die Gewerkschaften beider Länder eine spezifische Jugendpolitik entwickeln. Zum anderen sollte es die international vergleichende Perspektive dieses Projektes ermöglichen, exemplarisch an den untersuchten Fällen zu überprüfen, welche Konsequenzen die Gewerkschaften angesichts der Verwirklichung des europäischen Binnenmarktes im Sinne einer gemeinsamen europäischen Perspektive im Bereich der Jugendpolitik ziehen müssen und welche Probleme und Chancen damit verbunden sind.

Die Verwirklichung des Ziels einer gemeinsamen europäischen Jugendpolitik der Gewerkschaften setzt dabei unsere Erachtens voraus, daß über die unterschiedlichen Bedingungen in jedem Land genaue Kenntnisse vorhanden sind, damit eine gemeinsame Politik die unterschiedlichen Voraussetzungen und damit die unterschiedlichen Effekte gemeinsamer Strategien auf der nationalen und der europäischen Ebene zugleich berücksichtigen kann.

Um die Probleme und die Bedingungen der Entwicklung einer europäischen gewerkschaftlichen Jugendpolitik besser verstehen zu können, müssen die Arbeits- und Lebenssituationen der Jugendlichen in den verschiedenen Ländern analysiert werden. Schließlich hängen auch der Erfolg oder Mißerfolg der gewerkschaftlichen Jugendpolitik im großen Maße davon ab, wie die Jugendlichen in ihrem Lebenszusammenhang von den Gewerkschaften angesprochen werden und ob die Jugendlichen selbst sich mit der gewerkschaftlichen Aktion identifizieren und sich an ihr beteiligen können. Die Anlage unserer Untersuchung versucht, diesem Bedingungszusammenhang gerecht zu werden: In Expertengesprächen (mit Funktionären der Jugendabteilungen der Gewerkschaften und in den Betrieben mit Betriebsräten) haben wir uns sowohl der Perspektive der gewerkschaftlichen Jugendpolitik zugewandt als auch versucht, in Gruppengesprächen mit Jugendlichen in unterschiedlichen Lebenslagen ihre subjektive Sicht herauszuarbeiten.

Der folgende Beitrag bezieht sich nur auf die spanische Situation, ohne die vergleichende Perspektive mit einzubeziehen, wobei wir uns schwerpunktmäßig auf das Verhältnis der Jugendlichen zur Gewerkschaft in bezug auf ihre subjektiven Orientierungen beziehen.

1. Die Arbeitsmarkt- und Beschäftigungssituation der spanischen Jugendlichen

Nach der langandauernden ökonomischen Krise in Spanien in den siebziger Jahren bis in die Mitte der achtziger Jahre, während derer die Betriebe fast keine Jugendlichen beschäftigten — Jugendliche als ArbeitnehmerInnen also fast gar nicht vorkamen —, kann ab Mitte der achtziger Jahre wieder ein langsamer, aber bedeutender Anstieg von Beschäftigungsverhältnissen Jugendlicher beobachtet werden. Um diese Entwicklung beurteilen zu können, sind aber nicht nur die Steigerungsraten der Beschäftigungsverhältnisse für Jugendliche interessant, sondern vor allem die *Bedingungen*, unter denen Jugendliche arbeiten.

Die Kategorie „Jugendliche Erwerbspersonen" umfaßt die Gruppe von Jugendlichen im Alter zwischen 16 und 29 Jahren, die entweder beschäftigt oder arbeitslos ist. Insgesamt sind nach der Encuesta de Población Activa (EPA), der offiziellen Befragung der Erwerbspersonen, im Jahre 1988 38,8 % der jugendlichen Erwerbspersonen als arbeitslos registriert. Allerdings sind die Arbeitslosenquoten in den verschiedenen Teilaltersgruppen sehr unterschiedlich. Während sie in der Altersgruppe der 16 - 19jährigen bei den männlichen Jugendlichen 42 % und bei den jungen Frauen 55,5 % betragen, sinken sie bei der Altersgruppe der 25 - 29jährigen insgesamt auf 21,3 % und bei den Frauen auf 34,4 %. Die Beschäftigungsmöglichkeiten verbessern sich also mit zunehmendem Lebensalter. Dies hängt einerseits mit den von den Betrieben verlangten Qualifikationen als Voraussetzung für den Eintritt in das Erwerbsleben zusammen[2] und zum anderen, was die männlichen Jugendlichen betrifft, mit der Tatsache, daß diese kaum vor Absolvierung ihrer Wehrpflicht einen Arbeitsplatz finden können.

Betrachtet man nun genauer den Teil der Jugendlichen, der in einem betrieblichen Beschäftigungsverhältnis steht, so ist ein Faktum für die Beschreibung ihrer Arbeitsbedingungen von großer Bedeutung: Nach der Untersuchung des Instituto de la Juventud (dem spanischen Jugendinstitut, das dem spanischen

Ministerium für Soziales zugeordnet ist) befinden sich 34 % der Jugendlichen im Alter zwischen 16 und 24 Jahren in *rechtlich nicht korrekten Beschäftigungsverhältnissen;* und insgesamt 27 % aller Jugendlichen, die arbeiten, besitzen keinen Arbeitsvertrag.[3] Nach dieser repräsentativen Untersuchung beträgt der Anteil der Erwerbspersonen in der Altersgruppe zwischen 16 und 29 Jahren 58,1 %; einer Arbeit gehen 45,9 % nach, und zwar 53,8 % der Männer und 37,5 % der Frauen. Als arbeitslos bezeichnen sich selbst 12,3 %;33,5 % sind Schülerinnen und Studierende und „häuslicher Tätigkeit" gehen insgesamt 6,3 % der Jugendlichen nach (aber 13 % der jungen Frauen).

Vergleicht man diese Daten mit der offiziellen Statistik des gleichen Quartals aus der EPA, dann wird offenkundig, daß nach eigenen Angaben mehr Jugendliche sich in irgendeiner Form von Beschäftigungsverhältnis befinden, als nach der offiziellen Arbeitslosenstatistik vermutet werden muß. Es gibt also ganz offenkundig eine große Gruppe von Jugendlichen, die ohne Vertrag arbeiten, aber gleichzeitig arbeitslos gemeldet sind. Hinzu kommt eine Gruppe von Studenten, die gleichfalls in der Arbeitslosenstatistik enthalten sind, obgleich sie dem Arbeitsmarkt wegen ihres Studiums nicht unbedingt zur Verfügung stehen.

Unter dem Terminus *„beschäftigt"* verbergen sich nun allerdings ganz unterschiedliche Arbeitsverhältnisse: Wenn man z.B. als erstes Kriterium die Kontinuität der Arbeit betrachtet, so stellt sich heraus, daß unabhängig von der Art des Vertrages nur 62 % der Jugendlichen angeben, kontinuierlich beschäftigt zu sein. 23 % aller Beschäftigungsverhältnisse sind dagegen geringfügige oder gelegentliche und 15 % sind saisonal. Das Merkmal Kontinuität beinhaltet allerdings nicht, daß es sich hier um feste Verträge handelt, vielmehr haben nur 17,5 % der jugendlichen Erwerbspersonen eine feste Anstellung; das heißt im Gesamt der lohnarbeitenden Jugendlichen sind dies weniger als ein Drittel, nämlich 31 %. Frauen schneiden dabei noch einmal ungleich schlechter ab als Männer: 27 % der Frauen aber 33 % der Männer haben einen festen Vertrag.

Die staatlichen Beschäftigungsprogramme[4], die im wesentlichen darauf hinauslaufen, daß bei der Beschäftigung von Jugendlichen mit befristeten Verträgen die Beiträge der Unternehmer zur Sozialversicherung reduziert werden können und in einigen Fällen auch ein niedrigerer Lohn gezahlt werden kann, werden nicht im von der Regierung erwünschten Ausmaß genutzt. Nur 5,1 % der beschäftigten Jugendlichen arbeiten unter solchen Vertragsverhältnissen.

Sporadische Arbeitsverhältnisse finden sich sowohl bei den Lohnarbeitsverhältnissen wie auch im Bereich „häuslicher Arbeiten" und den „Arbeiten auf eigene Rechnung". Erstaunlich ist, daß bei der „Arbeit auf eigene Rechnung" der größte Teil kontinuierlicher Arbeit zu finden ist, was allerdings nichts anderes heißt, *als daß solche Typen von Arbeiten leicht zum dauerhaften Provisorium werden können.* Mit „Arbeit auf eigene Rechnung" ist der Versuch der Jugendlichen beschrieben, die vergeblich ein Lohnarbeitsverhältnis gesucht haben, dennoch Geld zu verdienen, wie z.B. durch „Unterricht geben“, „Kinderbetreuung“ oder ähnliches.

„Häusliche Hilfe“ meint jenen Typ von Arbeit, bei dem die Jugendlichen im elterlichen Geschäft oder in der Landwirtschaft mitarbeiten, ohne dadurch selbständig Geld zu verdienen bzw. ein regelmäßiges Erwerbseinkommen zu erzielen. Diese „unbezahlten“ Arbeiten werden vor allem von Frauen, Studenten und Arbeitslosen übernommen. Wichtig ist, daß dieser Typ von Arbeit sich in den letzten Jahren erheblich ausgeweitet hat, was zeigt, daß die spanische Familie (erneut) nicht nur eine Konsumgemeinschaft, sondern häufig auch eine Produktionsgemeinschaft ist.

Nach Berufen oder Arbeitsbereichen differenziert, befinden sich die meisten Jugendlichen in Tätigkeiten wie „Schreibkräfte“ (12,4 %), Verkaufsberufen (8,5 %), KellnerInnen (5,3 %) und bei den TextilarbeiterInnen (5 %). Nach Beschäftigungsbereichen sind die meisten Jugendlichen in der Industrie beschäftigt (21 %), gefolgt vom Dienstleistungsbereich mit 15,7 %. Nach den Ergebnissen der bereits zitierten Jugenduntersuchung muß man davon ausgehen, daß die meisten Jugendlichen zunächst Tätigkeiten ausüben, die geringe (formale) Qualifkationen erfordern.

Die hier ausschnitthaft wiedergegebenen Daten über die Beschäftigungssituationen der Jugendlichen zeigen, daß trotz des Anstiegs der Beschäftigungsverhältnisse in den letzten fünf Jahren die Arbeitssituation der spanischen Jugendlichen insgesamt als prekär eingeschätzt werden muß, wobei die Lage der jungen Frauen noch einmal schwieriger ist als die der jungen Männer. Der Übergang ins Erwerbssystem ist für die Mehrheit der spanischen Jugendlichen also bis heute charakterisiert durch Diskontinuität, Wechsel zwischen Arbeit, Ausbildung und Arbeitslosigkeit. (Für Italien vergleiche dazu auch Segatti in diesem Band.)

2. Die Situation der gewerkschaftlichen Jugendpolitik in Spanien

Generell muß für Spanien von einer niedrigen Mitgliedsquote in den Gewerkschaften ausgegangen werden. Nicht mehr als 15 % aller Erwerbstätigen sind Mitglied einer Gewerkschaft. Und bei den Jugendlichen sind es sogar weniger als 10 % aller Beschäftigten unter 25 Jahren, wobei das aktive Engagement der Jugendlichen noch weitaus niedriger anzusetzen ist.[5]

Auch wenn sich in diesen Zahlen eine Distanz zu den Gewerkschaften ausdrückt, bedeutet dies nicht — und dies ist insgesamt für die gewerkschaftlichen Verhältnisse in Spanien charakteristisch — daß die Gewerkschaften auch über ein geringes Mobilisierungspotential verfügen. Eindrucksvoller Beleg dafür ist der Generalstreik am 14. Dezember 1988, an dem nach Berechnungen der

Comisiones Obreras (CC.OO.) 95 % aller Beschäftigten teilnahmen. Dabei ging es auch um die Durchsetzung jugendpolitischer Forderungen, vor allem um die Zurücknahme des „Plan de Empleo juvenil“ (Jugendbeschäftigungsplan der Regierung). Gegen diesen hatte bereits am 1. 12. 1988 eine eindrucksvolle Jugenddemonstration in Madrid stattgefunden. Der „Plan de Empleo juvenil“ sah als eine Maßnahme zur besseren Integration der Jugendlichen in das Erwerbssystem die Einführung eines neuen Vertragstyps für Jugendliche im Alter zwischen 16 und 25, die noch nie oder nicht mehr als drei Monate in den letzten beiden Jahren gearbeitet hatten, vor: den sogenannten „contrato de inserción“ (Eingliederungsvertrag). Der Vertrag sollte mindestens eine Dauer von sechs Monaten haben und maximal 18 Monate dauern. Der Lohn sollte auf den zwischenberuflichen Mindestlohn festgelegt werden.[6] Die Verhinderung dieses Plans der Regierung war eines der Motive der beiden großen Gewerkschaften UGT (Unión General de los Trabajadores) und CC.OO. für den Generalsteik am 14. Dezember 1988. Statt dessen sollte die Regierung gezwungen werden, eine aktive Beschäftigungspolitik zur Verbesserung der Arbeitsbedingungen und zur Belebung des Arbeitsmarktes zu entwickeln.[7]

Als Konsequenz der Mobilisierung durch den Generalstreik haben die beiden großen Gewerkschaften sich auf ein gemeinsames Prioritätenprogramm geeinigt, die Propuesta Sindical Prioritaria (PSP), die in Verhandlungen mit der Regierung Schritt für Schritt umgesetzt werden soll. Hierin sind auch wichtige jugendpolitische Forderungen zur Berufsausbildung, zur Vertragsgestaltung und zur stärkeren Beteiligung der Sozialpartner an der Gestaltung der beruflichen / betrieblichen Einmündungsprozesse der Jugendlichen enthalten. Mit dem PSP arbeiten die beiden großen Gewerkschaften zum ersten Mal in der Geschichte der spanischen Gewerkschaftsbewegung auf der Grundlage einer gemeinsamen Plattform zusammen. Allerdings ist dabei zu beachten, daß diese gemeinsame Strategie sich weniger auf die direkte Einflußnahme im Betrieb, sondern mehr auf politische Aushandlungsprozesse auf staatlicher Ebene bezieht.

Jugendarbeit stellt sich in beiden großen Gewerkschaften (CC.OO. und UGT) als eine relativ *neue Aufgabe.* Zwar haben sich die Gewerkschaften in ihren politischen Deklarationen und Forderungen schon seit Jahren mit der Arbeitsmarktsituation von Jugendlichen kritisch auseinandergesetzt, aber als *Organisationsproblem* ist die Jugendfrage nicht viel länger als seit ungefähr zwei Jahren präsent.

Wie aus der kurzen Übersicht über die Beschäftigungssituationen der Jugendlichen deutlich geworden ist, ist der späte Aufbau eines eigenen gewerkschaftlichen Jugendbereichs vor allem dem Umstand geschuldet, daß Jugendliche noch bis vor einigen Jahren kaum in betrieblichen Arbeitsverhältnissen zu finden waren und erst langsam in den letzten Jahren ein Anstieg ihrer Beschäftigung zu verzeichnen ist. Aus einer traditionell auf den Organisationsbereich Betrieb gerichteten Gewerkschaftsperspektive stellte sich also lange Zeit die Frage nach der Mitgliedschaft von Jugendlichen gar nicht. Heute dagegen, wo wieder eine nennenswerte Anzahl von Jugendlichen in betrieblichen Arbeitsverhältnissen anzutreffen ist, gibt es direkte organisationspolitische Anknüpfungspunkte für eine gewerkschaftliche Jugendarbeit. Allerdings entspricht die Verteilung der Beschäftigungsverhältnisse von Jugendlichen nicht der der gewerkschaftlichen Organisationszentren. Die meisten der beschäftigten Jugendlichen finden sich im klein- und mittelbetrieblichen Sektor, wo die gewerkschaftliche Präsenz schwach ist.

Was die Arbeitsbedingungen der Jugendlichen im Betrieb heute wohl mehrheitlich charakterisiert, ist die Befristung Ihrer Arbeitsverhältnisse. Im Zentrum der gewerkschaftlichen Jugendarbeit beider Gewerkschaften steht daher die Frage nach der arbeitsvertraglichen Absicherung der Beschäftigung Jugendlicher, insbesondere die Überführung befristeter Arbeitsverhältnisse in unbefristete.

Die spanischen Gewerkschaften rechnen Personen bis zum Alter von 30 Jahren zu den Jugendlichen. In Spanien haben Auszubildende aber keinen Vertrag mit Betrieben; wer einen Vertrag mit einem Betrieb hat, wird dort also nicht ausgebildet, sondern als ArbeiterIn oder Angestellte(r) beschäftigt.

Ein besonderer Jugendarbeitsschutz existiert nur bis zum 18. Lebensjahr. Ein zunehmende Anzahl von Jugendlichen, die von den Betrieben angestellt wird, hat das Abitur oder den Universitätsvorbereitungskurs bereits durchlaufen oder die Jugendlichen verfügen über eine abgeschlossene Berufsausbildung, die sie außerhalb der Betriebe in einem Berufschulzentrum absolviert haben. Der spanischen Gewerkschaftsbewegung bzw. ihrer Jugendpolitik stellt sich also die schwierige Frage, was eine Definition von Jugend sein kann, die eine eigene gewerkschaftliche Politik rechtfertigen würde, da der Eintritt in den Betrieb zugleich bedeutet, daß ihre Situation von der der Erwachsenen nicht mehr eindeutig und abgrenzbar unterschieden ist.

3. Subjektive Orientierungen der Jugendlichen zur Gewerkschaft

3.1 Jugendliche in schulischer Ausbildung und ihr Verhältnis zu den Gewerkschaften

In Spanien wird die Berufsausbildung der Jugendlichen überwiegend in schulischer Form durchgeführt, die Jugendlichen haben bis auf einzelne betriebliche Praktika während dieser Zeit kaum Kontakte zur betrieblichen Arbeitswelt.[8]

Für Jugendliche also, die noch nicht arbeiten, sondern sich in einer schulischen Ausbildung, sei es im Gymnasium, sei es in der Berufsausbildung, befinden, ist Gewerkschaft *kein* Thema. In unseren Befragungen in Abschlußklassen des Gymnasiums und in den Zentren der Berufsausbildung konnten wir immer wieder feststellen, daß die Jugendlichen weder Kenntnisse über die Gewerkschaften *noch* Interesse an diesem Thema hatten. Für ihre alltägliche Lebensorganisation in der Schule oder im privaten Bereich können sie keine Beziehung zur Gewerkschaft herstellen. Das gleiche gilt für ihre sich an die Schulausbildung unmittelbar anschließenden Perspektiven und Wünsche für den Übergang in das Erwerbsleben.

Die fehlenden oder unzureichenden Kenntnisse der Jugendlichen über die Gewerkschaften verwundern zunächst, weil die Gewerkschaften in Spanien in den öffentlichen Medien außerordentlich präsent sind und dies ihrem realen Einfluß auf die politischen Entscheidungen der Regierung auch entspricht.[9] Trotz ihrer realen Macht und trotz der Veröffentlichung ihrer Erfolge in den öffentlichen Medien wissen die Jugendlichen aber über die Bedeutung der Gewerkschaften wenig.

Nun könnte man dies einfach damit erklären, daß die Jugendlichen eben keine Zeitung lesen und das Thema „Gewerkschaften" auch im Schulunterricht keine Rolle spielt. Dies ist sicherlich ein Erklärungsgrund, der nach unserer Einschätzung allerdings nicht hinreichend ist. Wir sehen das mangelnde Interesse der Jugendlichen an der Gewerkschaft auch darin begründet, daß die Gewerkschaften ihr erfolgreiches Handeln auf der *politischen* Ebene damit bezahlen, daß sie *in den unmittelbaren Handlungs- und Lebensbezügen der Jugendlichen* nicht präsent sind bzw. keine Rolle spielen. Gewerkschaften tragen in der Sicht der Jugendlichen zur Lösung der Probleme von Jugendlichen beim Übergang in das Erwerbsleben *in ihren Handlungsbezügen* nichts bei. Insofern ist die Gewerkschaft als handlungsmächtiger Akteur zur Bewältigung der Probleme des jugendlichen Lebenszusammenhangs nicht präsent, und die Jugendlichen können von sich aus auch keine Anknüpfungspunkte entwickeln.

Mit einer Verankerung des Themas „Gewerkschaften" in den Curricula der Schulen, insbesondere in der Berufsausbildung, wäre also, so wichtig uns dies erscheint, nur ein Teil des Problems der mangelnden Kenntnis und des mangelnden Interesses der Jugendlichen an der Gewerkschaft zu lösen.

3.2. Jugendliche Arbeiter/innen und ihr Verhältnis zur Gewerkschaft

Bei den Jugendlichen, die in einem betrieblichen Beschäftigungsverhältnis sind, konnten wir eine größere Offenheit gegenüber dem Thema „Gewerkschaften" feststellen, das heißt aber zunächst einmal nur, sie waren interessierter, im Interview über die Gewerkschaften zu diskutieren. Allerdings konnten wir bei diesen Jugendlichen bezogen auf die unterschiedlichen Vertragsformen wichtige Unterschiede beobachten: *Je prekärer das Beschäftigungsverhältnis der Jugendlichen war, um so distanzierter war ihr Verhältnis gegenüber den Gewerkschaften.* Gewerkschaft wurde häufig nur für diejenigen als nützlich angesehen, die einen festen Vertrag haben, aber das ist die Minderheit der jugendlichen Arbeiter und Arbeiterinnen in Spanien. Wie wir bereits ausgeführt haben, arbeiten nur 17,5 % aller jugendlichen Erwerbspersonen mit einem unbefristeten Vertrag, dagegen aber 27 % aller jugendlichen Beschäftigten ganz ohne Vertrag. Darüber hinaus finden wir viele Jugendliche, die sporadisch arbeiten und dies häufig im Bereich des „grauen Arbeitsmarktes" oder die auf die Arbeitsmarktkrise mit „Selbstbeschäftigung" reagieren, also Arbeiten wie „Stunden geben", Babysitting oder ähnliches machen.[10]

Für die Regulierung der Arbeitsbeziehungen im Betrieb, wenn sie denn einmal gesichert sein sollten, sehen die Jugendlichen die Gewerkschaft und ihre betrieblichen Repräsentanten durchaus als sinnvoll an, und viele der von uns befragten Jugendlichen konnten sich auch vorstellen, daß sie in einem gesicherten Arbeitsverhältnis Mitglied einer Gewerkschaft werden würden. Demgegenüber werden Gewerkschaften und ihre betrieblichen Repräsentanten nicht als mögliche Ansprechpartner wahrgenommen, wenn es darum geht, von einer befristeten Beschäftigung in ein unbefristetes Arbeitsverhältnis „aufzusteigen". Dies scheint uns mit zwei zentralen Punkten zusammenzuhängen: einmal mit dem realen Gewerkschaftsverhalten im Betrieb und zum zweiten mit den subjektiven Arbeitsorientierungen der Jugendlichen selbst:

Zum ersten: Für die Jugendlichen im Betrieb ist gewerkschaftliches Handeln, das unmittelbar und für sie nachvollziehbar Einfluß auf die Gestaltung der Arbeit nimmt, kaum erkennbar. Allenfalls die Mitglieder — oder noch eingeschränkter — die betrieblich engagierten Mitglieder können Veränderungen und Verbesserungen der Arbeitssituation als Resultat der Einflußnahme der Gewerkschaften wahrnehmen, weil sie entsprechende Aushandlungsprozesse im Betrieb erleben. Für alle anderen bleibt dies schwierig und wenig erkennbar. Aber selbst wenn es den Gewerkschaften gelänge, eine größere Einflußnahme zu erreichen und darüber größere Transparenz im Betrieb herzustellen, wäre es nicht einfach unter den gegenwärtigen Bedingungen, ein größeres Interesse der Jugendlichen für gewerkschaftliches Engagement zu wecken. Dies hängt — und das ist der zweite Aspekt — mit der subjektiven Arbeitsorientierung der Jugendlichen zusammen: Unter den Bedingungen von Arbeitsplatzknappheit für Jugendliche und den konkreten vertraglichen und qualitativen Bedingungen des Arbeitsangebotes begreifen die Jugendlichen ihre aktuelle Arbeitssituation in einem hohen Maße als *transitorisch.* Das heißt, unterwertige Arbeit bezogen auf das Qualifikationsniveau, mit zeitlich befristeten Verträgen unter schlechten Arbeitsbedingungen wird akzeptiert, um auf dieser

Grundlage eine andere, anspruchsvollere Arbeit, möglicherweise auch in einem anderen Betrieb bekommen zu können. Das bedeutet aber, daß ein großer Teil der Jugendlichen diese Phase der Beschäftigung als vorübergehend ansieht und eine Entscheidung für eine gewerkschaftliche Mitgliedschaft auf die Zeit verschiebt, wenn in ihrer subjektiven Perspektive „alles geregelt" ist. In unserem Zwischenbericht (vgl. oben, Anm. 7) haben wir die spanischen Jugendlichen als „moderne Nomaden" bezeichnet, für die es charakteristisch ist, daß sie zwischen verschiedenen Lebens- und Arbeitsformen und Arbeitslosigkeit wechseln. Unter dieser Perspektive gehört für die Jugendlichen die Gewerkschaft eher zu den Institutionen, die für die Zeit der „Seßhaftigkeit" von Bedeutung sein können.

Wichtig scheint uns also für die Diskussion des Verhältnisses der Jugendlichen zur Gewerkschaft zweierlei zu sein: die mangelnde Erfahrbarkeit konkreter und nachvollziehbarer gewerkschaftlicher Strukturen und Handlungen im Betrieb *und* die in Auseinandersetzung mit der aktuellen Beschäftigungssituation für Jugendliche entwickelte subjektive Arbeitsorientierung der Jugendlichen selbst.

Eine weitere Schwierigkeit bezüglich des Verhältnisses zwischen Gewerkschaft und Jugendlichen kommt in Spanien hinzu. Die Existenz verschiedener politischer Richtungsgewerkschaften ist nach unseren Interviews für viele Jugendliche ein Grund, weswegen sie nicht Mitglied einer Gewerkschaft werden.[11] Sie müssen sich nicht nur für eine Gewerkschaft entscheiden, sondern zugleich auch eine politische Richtungsentscheidung treffen. Dies wollen und/oder können viele Jugendliche nicht. Dies wollen viele von ihnen auch gerade deshalb nicht, weil sie die historisch bedingte enge Verbindung von Politik und Gewerkschaft kritisch sehen. Ihr eher insgesamt als distanziert zu bezeichnendes Verhältnis zur offiziellen Politik und die sie vertretenden Parteien wird auf die Gewerkschaften übertragen.[12] Darüber hinaus ist es in der konkreten betrieblichen Situation häufig auch schwierig, die Unterschiede zwischen den Gewerkschaften bezogen auf die Politik im Betrieb zu erkennen, wenn mehr als eine Gewerkschaft im Betrieb vorhanden ist.

Besondere Schwierigkeiten haben die Jugendlichen in den Klein- und Mittelbetrieben, wo die gewerkschaftliche Repräsentanz insgesamt sehr schwach ausgeprägt ist. In den Großbetrieben dagegen, wo eine Mehrheitsgewerkschaft sich durchgesetzt hat, hängt die Entscheidung der Jugendlichen von den konkreten Aktionen und dem Erfolg dieser Gewerkschaft ab.

3.3. Junge Frauen und ihr Verhältnis zur Gewerkschaft

In unseren Befragungen sowohl in den Schulen als auch in den Betrieben konnten wir feststellen, daß die jungen Frauen ein distanzierteres Verhältnis zu den

Gewerkschaften haben als die jungen Männer. In der Formulierung ihrer Lebens- und Arbeitsperspektiven hat die Gewerkschaft keinen Platz. Dies scheint uns nach ihren eigenen Schilderungen vor allem daran zu liegen, daß sie Arbeit und Beruf häufig nur als Übergangsphase begreifen. Sie haben also nicht nur ein *transitorisches* Verhältnis zu der jeweils aktuellen Beschäftigungssituation, sondern zur Arbeit überhaupt. Zwar nicht bei einer Heirat, wohl aber bei der Geburt des ersten Kindes sehen die meisten keine Möglichkeit mehr, weiterzuarbeiten *und* sie wollen dies auch nicht.[13] Als Jugendliche sehen sie ihre zukünftigen Lebensperspektiven allenfalls realisierbar in einem „Drei-Phasen-Modell": Berufstätigkeit — Mutter und Hausfrau — Wiedereinstieg in die Arbeit. Unter dieser Prämisse sehen sie die Gewerkschaften für sich als bedeutungslos an. Ein Bewußtsein von einer spezifischen Diskriminierung der Frauen auf dem Arbeitsmarkt haben sie überwiegend nicht. Ausdrücklich betonen sie, daß sie als junge Frauen die gleichen (schlechten) Chancen haben wie die jungen Männer. Insofern können sie auch in dem Umstand der gesellschaftlichen Benachteiligung von Frauen im Arbeitsleben keinen Anknüpfungspunkt zur Gewerkschaft sehen.

Völlig anders sieht das bei den jungen Frauen aus, die Mitglied einer Gewerkschaft sind. Hier konnten wir beobachten, daß sie in einem höheren Maße als die jungen Männer bereit sind, aktiv und engagiert in der Gewerkschaft zu arbeiten. Dies gilt für die beiden großen Gewerkschaften UGT und CC.OO. in gleicher Weise.

Wenn Frauen für die Gewerkschaften gewonnen werden können, dann stellen sie ein wichtiges gewerkschaftliches Aktivitätspotential dar. Im Zeitbudget ihrer privaten Lebensorganisation haben sie ihre gewerkschaftliche Beteiligung voll eingeplant. Wie erklärt sich das?

Wenn man unsere vorherigen Ergebnisse einbezieht wird deutlich, daß der Beitritt zu einer Gewerkschaft für die Frauen ein *unkonventionellerer* Schritt ist, als für die jungen Männer. Der Beitritt zur Gewerkschaft bedeutet für diese Frauen zugleich, daß die Arbeitsperspektive außerhalb des Hauses im Lebenszusammenhang eine *zentrale Bedeutung* gewinnt. Nicht unbedingt die aktuelle Arbeit, aber außerhäusliche berufliche Tätigkeit überhaupt. Damit rücken sie deutlich von der traditionellen gesellschaftlichen Lebensplanung der Frauen ab.

Darüber hinaus drückt sich im Gewerkschaftsbeitritt von Frauen auch aus, daß sie in den Gewerkschaften eine Organisation sehen, die einen Beitrag zur Durchsetzung ihrer Emanzipationsinteressen leisten kann. Denn die Gewerkschaften haben zumindest formal die Gleichberechtigung der Geschlechter als ein zentrales Ziel, für das sie sich einsetzen, in ihre Programmatik aufgenommen. Insofern verwundert es auch nicht, daß für die gewerkschaftlich organisierten Frauen die Frage der geschlechtsspezifischen Diskriminierung oder Gleichbehandlung der Geschlechter ein wichtiges Thema ist. Dies zeigte sich auch in unseren Diskussionen mit Gewerkschaftsmitgliedern: Hier war das Thema der unterschiedlichen Behandlung von Frauen im Arbeitsleben und in der Gewerkschaft ein engagiert und heftig geführter Diskussionsgegenstand. Die Frauen sahen dabei weitaus mehr Benachteiligungen, als die Männer bereit waren zuzugeben. Weibliche junge Gewerkschaftsmitglieder stellen also ein wichtiges Potential für eine engagierte gewerkschaftliche Politik dar. Ihr Engagement wird aber auf Dauer davon abhängen, ob in der Gewerkschaft selbst die Gleichberechtigung zwischen den Geschlechtern nicht nur formal, sondern auch materiell verwirklicht wird.

4. Zusammenfassung

Wenn man sich die Situation anschaut, in der sich die spanischen Gewerkschaften beim Aufbau ihrer Jugendarbeit befinden, so werden große Schwierigkeiten bei der Gewinnung von jugendlichen Mitgliedern und Aktiven deutlich. Gleichzeitig hängt aber die Zukunft der Gewerkschaften in entscheidendem Maß davon ab, ob sie bei der Werbung um neue Mitglieder erfolgreich sind. Aufgrund der subjektiven Orientierungen, die die Jugendlichen in Auseinandersetzung mit ihren Lebensverhältnissen entwickelt haben, ist es schwierig, sie für die Gewerkschaftsarbeit zu motivieren. Neben dem späten und ungesicherten Eintritt von Jugendlichen in ein betriebliches Arbeitsverhältnis scheint uns dafür vor allem die transitorische Orientierung der Jugendlichen ein wichtiger Grund zu sein. Wenn die Gewerkschaften für Jugendliche interessant werden wollen, müssen sie sie auf dem Weg zu einer anspruchsvolleren und gesicherten Beschäftigung aktiv — und für die Jugendlichen erfahrbar — unterstützen. Dies erfordert aber eine Gewerkschaft, die sowohl auf der politischen Ebene Einfluß auf die Gestaltung der Arbeits- und Lebensverhältnisse nimmt, als sie auch in den täglichen Auseinandersetzungen in den Lebens-und Arbeitsbereichen der Jugendlichen eine aktive Rolle spielen muß. Die spanischen Gewerkschaften stehen unseres Erachtens in einer Situation, in der es darum geht, die reale gesellschaftliche Einflußnahme ihrer Organisationen mit Aktivitäten zu verknüpfen, die in der Lebenswelt der Jugendlichen angesiedelt sind und die von ihnen mitgetragen werden können.

Ihr konkreter Umgang mit dem Problem der Gleichberechtigung von Männern und Frauen als gelebtes Prinzip in der eigenen Organisation wird dabei entscheidend über ihre Zukunft mitbestimmen.

Anmerkungen

1 Dieses Projekt wurde von der Hans-Böckler-Stiftung und der EG im Programm PETRA gefördert und wurde als Kooperationsprojekt zwischen der sfs Dortmund und dem CIREM (Centre d'initiatives y recerques europees al la mediterrània) Barcelona durchgeführt.
2 In Spanien vollzieht sich langsam, aber evident, ein Wandel bezüglich der Qualifikationsanforderungen der Betriebe, bezogen auf Neueinstellungen und der innerbetrieblichen Qualifizierung. Siehe zu diesen Tendenzen: O. Homs, W. Kruse et al., Cambios de Qualificación en las Empresas Españolas. Una Perspectiva desde la República Federal de Alemania, hrsg. von Fundación IESA, Madrid, 1987
3 vgl.: De Zarraga, J.L. Informe Juventud en España 1988, hrsg. vom Ministerio de Asuntos Sociales, Instituto de La Juventud, Madrid 1989
4 Zur genaueren Darstellung der staatlichen Beschäftigungsprogramme und ihrer Effekte vgl.: Espina, A. Empleo, democracia y relaciones industriales en España, hrsg. vom: Ministerio de Trabajo y Seguridad Social, Madrid 1990 y Perez Infante, J.I. „La polıfica de empleo juvenil en España: Regulación y resultados" in: Economía y Sociología del Trabajo, Nummer 1/2, Madrid 1988
5 Je nach Quelle werden unterschiedliche Zahlen über die Mitgliedsquoten angegeben. Nach Zufiaur, El sindicalismo español en la transición y la crisis, in: Papeles de Economía, Nr. 22/1985 sind 27 % Mitglied einer Gewerkschaft, allerdings wird in einem Colloquium der Comisiones Obreras (OCOO) 1989 von einer Mitgliedsquote zwischen 7 % und 15 % ausgegangen. Nach unseren eigenen Expertengesprächen mit Gewerkschaftsfunktionären erscheint uns diese letzte Zahl eher realistisch. Für die Jugendlichen entstammen die Zahlen einer Repräsentativbefragung des spanischen Jugendinstituts: Rafael Prieto Lacaci, La participación social y política de los jóvenes. Informe Juventud en España, Madrid 1985.
6 Der zwischenberufliche Mindestlohn betrug 1989 für Jugendliche über 18 Jahren 1284 Pesetas täglich (das sind ungefähr 20,— DM).
7 Ausführlicher vgl.: Georgina Argimon Maza, Wilfried Kruse, Angela Paul-Kohlhoff, Jugendliche beim Übergang in das Erwerbsleben und zur Selbständigkeit als Gegenstand gewerkschaftlicher Politik, Zwischenbericht, Barcelona/Dortmund 1990, Seite 103 ff.
8 Zum besseren Verständnis des Berufsausbildungssystems in Spanien vgl. W. Kruse, L. Pries, Die Berufsausbildung Jugendlicher in Spanien — Besonderheiten und Entwicklungen, in: CEDEFOP — Berufsausbildung, 1/1986
9 Die mangelnde Präsenz der Gewerkschaften in den Betrieben und ihre Einflußstärke auf der generellen politischen Ebene wird treffend charakterisiert in: Andreu Lope, Jacint Jordana, Pilar Carrasquer, La nova etapa de l'acció sindical a Espanya: Transformacions laborals i canvis estraègics, in: Papers. Revista de Sociologia, Universitat Autònoma de Barcelona, Nr. 32, Seite 98
10 Eine genaue Übersicht über die verschiedenen Typen der Beschäftigung und der Vertragsbedingungen von Jugendlichen liefert: J.L. De Zarraga, op cit.
11 In Spanien haben bis heute die beiden großen Gewerkschaften, UGT und CCOO, eine enge Verbindung zu den politischen Parteien. Allerdings sind hier seit dem „14. Dezember" Änderungen eingeleitet worden. Darüber hinaus haben die beiden Gewerkschaften eine Aktionseinheit gebildet, die allerdings durch die gerade ablaufenden Gewerkschaftswahlen wieder empfindlich gestört ist.
12 vgl. hierzu: Prieto, a.a.O., S. 130 ff
13 Es soll ausdrücklich betont werden, daß dies die Perspektive relativ junger Frauen ist und daß sich in dieser Perspektive zunächst einmal nur ihre momentanen Wünsche ausdrücken, die spätere Realität aber ganz anders aussehen kann.

Paul Blyton

Junge Arbeitnehmer und gewerkschaftliche Interessenvertretung in Großbritannien*

Wie in den anderen Ländern, die in diesem Band mit Beiträgen vertreten sind, stehen auch die Gewerkschaften in Großbritannien[1] vor der schwierigen Aufgabe, junge Menschen stärker als bisher in ihre Politik einzubinden. Um dem Mitgliederschwund, der in den letzten zehn Jahren stattgefunden hat, entgegenzuwirken, müssen die Gewerkschaften darauf hinarbeiten, solche Gruppen von Arbeitnehmern zu gewinnen, die bisher wenig Interesse gezeigt haben, sich gewerkschaftlich zu organisieren. Dabei stellt gerade die Gruppe der jungen Arbeitnehmer ein bedeutendes Mitgliederpotential dar. Um dieses Potential auszuschöpfen, müssen die Gewerkschaften in Großbritannien allerdings nicht nur ihren Einsatz in den neueren Industriezweigen und Sektoren verstärken, sondern sich auch den Interessen und Einstellungen junger Menschen gegenüber aufgeschlossener zeigen. Die Vorteile einer stärkeren Vertretung junger Menschen in den Gewerkschaften wären allerdings erheblich: Sie bedeuten nicht nur eine Verbreiterung der Basis, sondern stellen auch den Nachwuchs für die Funktionärsebene und die Führungsspitze.

Einleitung

Nach Schätzungen der Regierung sind Ende des Schuljahres 1990/91 681000 junge Menschen von Großbritanniens Schulen abgegangen. Annähernd ein Drittel von ihnen (235000) wird seine Ausbildung fortsetzen, während zwei Drittel (447000) auf den Arbeitsmarkt strömen. Infolge der demographischen Entwicklung ist diese Gruppe von Schulabgängern zahlenmäßig viel geringer als ihr Äquivalent in den frühen 80er Jahren. 1982/83 gab es in Großbritannien noch über 900000 Schulabgänger. Die rückläufige Entwicklung seither dürfte sich noch bis 1993/94 fortsetzen; zu diesem Zeitpunkt wird die absolute

* Übersetzung aus dem Englischen von Sabine Hedinger.

Zahl von Schulabgängern um ein Drittel auf 618 000 gesunken sein; zwei Fünftel weniger werden dem Arbeitsmarkt zur Verfügung stehen. Für die Zeit nach 1993/94 deuten Schätzungen auf einen leichten Anstieg bei der Anzahl von Schulabgängern hin; der Stand von 1990/91 dürfte 1996/97 wieder erreicht werden (Department of Employment 1990).

Die Mehrzahl der Schulabgänger von 1991 wird in das staatlich organisierte Ausbildungsprogramm, das Youth Training programme (ehemals Youth Training Scheme oder YTS) eintreten. 1988 setzten fast sechs von zehn Schulabgängern in Großbritannien ihre Ausbildung im YTS fort (Peck 1990). Das YTS trat 1983 an die Stelle früherer Programme, die in Reaktion auf die steigende Jugendarbeitslosigkeit eingerichtet worden waren. 1986 wurde das — zunächst einjährige — YTS noch erheblich verbessert und zu einem Zwei-Jahres-Programm ausgebaut; seit 1990 läuft es unter dem Namen Youth Training (YT). Das YT, das allen Schulabgängern gleichermaßen offensteht, wurde von der Regierung als ein Langzeitprogramm eingerichtet, das berufliche Bildung vermittelt, das heißt allgemeine wie auch berufsspezifische Grundlagen, gekoppelt mit praktischen Arbeitserfahrungen. Bei diesem zweijährigen Programm muß mindestens ein Fünftel der Ausbildungszeit (20 Wochen) in der arbeitstheoretischen Ausbildung verbracht werden. Die Teilnehmer am YT haben in ihrer großen Mehrheit keine Arbeitsverträge mit den Unternehmen, für die sie tätig sind, sondern Ausbildungsverträge mit den Leitern ihres Programms (den sogenannten Managing Agents). Ryan (1991) bemerkt, daß 1991 weniger als ein Viertel (23 %) aller Auszubildenden als Arbeitnehmer geführt wurde.

Obgleich zwischen Ende der 80er und Anfang der 90er Jahre ein deutlicher Rückgang bei der Anzahl von Schulabgängern zu verzeichnen war, die dem Arbeitsmarkt zur Verfügung standen, sind diese Berufsanfänger und die jungen Arbeitnehmer insgesamt von besonderer Bedeutung für Großbritanniens Gewerkschaften, und zwar unter zwei Aspekten: Der erste betrifft die gewerkschaftlichen Reaktionen auf die Jugendausbildungsprogramme, der zweite die Probleme bei der Rekrutierung junger Arbeitnehmer für die Gewerkschaften. Hinsichtlich des ersten Punktes, der staatlichen Ausbildungsprogramme für Schulabgänger, gab es unterschiedliche Reaktionen. Während eine Reihe von Gewerkschaften generell die Bereitschaft gezeigt hat, Jugendausbildungsprogramme zu akzeptieren, machten andere Vorbehalte gegen eine Zusammenarbeit mit den verschiedenen Programmen geltend und äußerten sich höchst kritisch sowohl über die Qualität der Ausbildungsangebote als auch über die Tendenz einiger Arbeitgeber, diese Programme als eine Möglichkeit zu nutzen, billigere und leichter kündbare Arbeitskräfte für Tätigkeiten einzusetzen, die bislang von besser bezahlten ganztags Beschäftigten verrichtet worden waren. Die gewerkschaftlichen Reaktionen auf Jugendausbildungsprogramme in Großbritannien sind an anderer Stelle (Ryan 1990, 1991) ausführlich untersucht worden. Daher soll im folgenden Abschnitt der zweite Aspekt — die gewerkschaftliche Organisierung junger Arbeitnehmer — im Mittelpunkt stehen. Doch zunächst wollen wir einen kurzen Überblick über den Stand gewerkschaftlicher Organisation in Großbritannien sowie dessen Entwicklung in den letzten zehn Jahren geben. Vor diesem Hintergrund lassen sich aktuelle Trends besser bewerten und gleichzeitig wird auch die entscheidende Bedeutung einer stärkeren Einbindung junger Arbeitnehmer in die Gewerkschaften für deren zukünftige Einflußmöglichkeiten deutlich.

Gewerkschaftliche Organisation in Großbritannien — ein Rückblick

Betrachtet man den Stand gewerkschaftlicher Organisation im Rückblick, so ist zunächst festzustellen, daß Großbritanniens Gewerkschaften in den letzten zehn Jahren einen erheblichen Mitgliederschwund hinnehmen mußten. Diese Verluste folgten auf eine Phase stetigen Wachstums in den 70er Jahren. 1979 gehörten über 55 % aller Arbeitnehmer einer Gewerkschaft an — das bedeutet einen Anstieg von fast 3 Millionen Mitgliedern innerhalb nur eines Jahrzehnts (Tabelle 1). Anfang der 80er Jahre kehrte sich der Trend allerdings um: Nach einem zunächst starken Einbruch sank die Zahl der gewerkschaftlich Organisierten das ganze Jahrzehnt über kontinuierlich weiter. Nach Schätzungen des Labour Force Survey 1990 ist der Trend weiter rückläufig und könnte einen Tiefstand gewerkschaftlicher Organisation von 37 % bei den Männern und 30 % bei den Frauen erreichen (Department of Employment 1991).

Tabelle 1: Gewerkschaftlicher Mitgliederstand 1969 - 1988

Jahr	Mitgliederzahl (in Tausend)	Organisationsgrad (in Prozent)
1969	10497	45,3
1971	11135	48,7
1973	11456	49,3
1975	12026	51,0
1977	12846	53,4
1979	13447	55,4
1981	12182	51,0
1983	11337	47,2
1985	10716	43,0
1987	10475	—
1988	10238	—

Dieser Mitgliederschwund ist in erster Linie das Ergebnis einer Reihe von strukturellen Veränderungen, die die Wirtschaft Großbritanniens in diesem Zeitraum durchlaufen hat. Dazu gehören:

- höhere Arbeitslosenzahlen in den 80er Jahren als im Jahrzehnt zuvor;
- ein Beschäftigungsrückgang in Industriezweigen, die als traditionelle Hochburgen der Gewerkschaften galten — zum Beispiel Kohle, Stahl, Schiffbau und Werftarbeit;
- ein Beschäftigungsanstieg in der Privatwirtschaft, wo der gewerkschaftliche Organisationsgrad erheblich niedriger ist;
- eine eher generelle Verlagerung von der ‚Hand'- zur ‚Kopf'-Arbeit (und damit weg von den klassischen Gewerkschaftsdomänen);
- ein Zuwachs von Arbeitnehmern mit Teilzeitbeschäftigung (eine Gruppe, deren gewerkschaftlicher Organisationsgrad in der Vergangenheit unter dem Durchschnitt lag);
- außerdem ein Zuwachs an Selbständigen;
- eine abnehmende Tendenz in bezug auf die Durchschnittsgröße von Unternehmen (wobei der gewerkschaftliche Organisationsgrad in größeren Unternehmen höher ist);
- eine Standortverschiebung in der Industrie weg von den großen industriellen Ballungszentren (wo gewerkschaftliche Traditionen breit verankert sind) hin zu kleineren Orten und halbländlichen Gegenden, wo gewerkschaftliche Traditionen weniger weit entwickelt sind.

Diese Aufzählung ließe sich noch weiterführen — zum Beispiel, wenn man die Auswirkungen einer wenig gewerkschaftsfreundlichen Haltung der britischen Regierung seit 1979 berücksichtigt oder die damit einhergehende Bestätigung unternehmerischer Macht gegenüber der Arbeiterschaft. Auf diesen Aspekt kann an dieser Stelle nicht weiter eingegangen werden. Eines jedoch ergibt sich deutlich aus diesem kurzen Überblick: Großbritanniens Gewerkschaften stehen vor der dringlichen Aufgabe, ihren Mitgliederschwund durch verstärkte Aktivitäten wettzumachen, und zwar sowohl in den Industriezweigen, in denen sie derzeit nur schwach verankert sind, als auch bei den sozialen und Berufsgruppen, deren gewerkschaftlicher Organisationsgrad bisher unter dem Durchschnitt liegt. Wie wir im folgenden ausführen werden, gilt dies im besonderen Maße für die Gruppe der jungen Arbeitnehmer. Warum gerade sie in den Gewerkschaften unterrepräsentiert sind, ist das Thema des nächsten Abschnitts.

Junge Arbeitnehmer und ihre gewerkschaftliche Organisation

Wie in anderen Ländern, die in diesem Band mit Diskussionsbeiträgen vertreten sind, ist auch in Großbritannien der gewerkschaftliche Organisationsgrad unter jungen Männern und Frauen geringer als unter älteren Arbeitnehmern. Die Labour Force Survey Estimates von 1989 weisen aus, daß junge Männer im Alter zwischen 16 und 19 Jahren zu 16 %, junge Frauen im selben Alter zu 15 % gewerkschaftlich organisiert waren. Ihr Anteil steigt in der Altersgruppe der 20- bis 24jährigen auf 31 % (bei den Männern) und 28 % (bei den Frauen). Wie Tabelle 2 zeigt, liegen diese Prozentzahlen jedoch noch weit unter denen der älteren Arbeitnehmer, insbesondere bei den Männern. Der niedrigere gewerkschaftliche Organisationsgrad bei den Frauen ist zum Teil darauf zurückzuführen, daß mehr Frauen als Männer teilzeitbeschäftigt sind und daß der gewerkschaftliche Organisationsgrad bei Teilzeitbeschäftigten besonders niedrig ist (Stevens und Wareing 1990).

Tabelle 2: Gewerkschaftlicher Organisationsgrad der Arbeitnehmer in Großbritannien 1989

Alter	Männer (in %)	Frauen (in %)
16-19	16	15
20-24	31	28
25-29	39	36
30-34	47	35
35-39	51	33
40-44	51	36
45-49	53	38
50-54	54	40
55-59	54	38
60-64	48	28
65-69	13	–

Quelle: Labour Force Survey 1989

Erklärungsansätze für den niedrigeren gewerkschaftlichen Organistionsgrad bei jungen Arbeitnehmern

Es sind vor allem zwei Argumente, die vorgetragen werden, um den niedrigen gewerkschaftlichen Organisationsgrad bei jungen Arbeitnehmern zu erklären:

1. Junge Arbeitnehmer haben keine besonders positive Einstellung zu den Gewerkschaften, und

2. junge Arbeitnehmer sind überproportional in Industriezweigen beschäftigt, in denen die Gewerkschaften verhältnismäßig schwach vertreten sind.

Wir werden uns beiden Argumenten der Reihe nach zuwenden, denn obgleich die Anhaltspunkte für letzteres stärker sind, wirft auch das erste Argument einige interessante Fragen auf, die für eine Reihe von Gewerkschaften (wenn auch nicht für alle) in letzter Zeit zum Thema geworden sind.

1. Einstellungen junger Menschen gegenüber den Gewerkschaften

Die Argumente, die den niedrigen gewerkschaftlichen Organisationsgrad junger Menschen auf deren desinteressierte oder kritische Einstellung den Gewerkschaften gegenüber zurückführen, nehmen Bezug sowohl auf die allgemeine Situation als auch auf spezifische Untersuchungen. Was die allgemeine Situation betrifft, so wird häufig argumentiert, daß die Regierung Großbritanniens in den 80er Jahren unter dem Schlagwort ‚Unternehmenskultur' Werte wie Individualismus, Unabhängigkeit und Eigeninteresse propagiert und gleichzeitig jegliches Vertrauen auf die einer Gemeinschaft verpflichteten Systeme wie den Wohlfahrtstaat und die Gewerkschaften diskreditiert hat (Keat und Abercrombie 1990). Diese Politik hat die Idee der individuellen Verantwortung für das eigene Weiterkommen vor die gemeinsame Durchsetzung von Interessen durch die Gewerkschaften gestellt.

Damit einhergehend hat der Machtverlust der Gewerkschaften in den 80er Jahren die Arbeitgeber in die Lage versetzt, sich unter Umgehung der Gewerkschaften direkt mit den Arbeitnehmern zu verständigen und gleichzeitig das Bild vom Unternehmen als einer Gemeinschaft mit einem einzigen Ziel (dem Erfolg des Unternehmens) zu propagieren. Die Idee des Teamwork, gekoppelt mit individuellem Engagement für das Unternehmen, sind wichtige Stichpunkte in einem Großteil der neueren Literatur zum Thema 'Strategisches Management' (Storey 1989). Es ist kein Zufall, daß dieses Vokabular zu einer Zeit aufkam, die sowohl in den USA (wo die Diskussion um ‚Strategisches Management' ihren Ausgang nahm) als auch in Großbritannien von der historischen Schwäche der organisierten Arbeiterschaft gekennzeichnet war. Eine relativ neue Untersuchung, die von der großen branchenübergreifenden Gewerkschaft GMB durchgeführt wurde (nachzulesen in der *Financial Times* vom 6. Juni 1990) kommt zu der Feststellung, daß diese Team-Metapher, die die Idee von den unterschiedlichen (wenn auch wechselseitig abhängigen) Interessen der Sozialpartner potentiell aushöhlt, gerade unter jungen Menschen breite Zustimmung findet. In der Vergangenheit hat genau dieses Bewußtsein von den unterschiedlichen Interessen und der Notwendigkeit des Arbeitnehmerschutzes angesichts von Vorstößen auf Arbeitgeberseite, ihre Lohnkosten so gering wie möglich zu halten, ein wesentliches Element gewerkschaftlicher Identität ausgemacht.

Cregan und Johnston (1990) haben kürzlich eine Studie speziell über das Interesse junger Menschen an der Mitgliedschaft in einer Gewerkschaft vorgelegt. In einem Sample von über tausend Schulabgängern (von denen ein Fünftel einer Gewerkschaft beigetreten war oder kurz vor diesem Schritt stand) fanden sei eine große Bandbreite von Einstellungen im Hinblick auf die Entscheidung sowohl für eine Mitgliedschaft als auch dagegen. Unter jungen Männern und jungen Frauen gleichermaßen wurde als häufigster Grund für den Eintritt in eine Gewerkschaft der Wunsch genannt, die Gewerkschaften zu ‚unterstützen'. Zu den weiteren, weniger häufig genannten Gründen gehörten: ‚meine Arbeitskollegen / Freunde / Bekannte erwarten das von mir' und ‚die Gewerkschaft kann mir zu einem höheren Lohn verhelfen.'

Viele von denen, die keiner Gewerkschaft beigetreten waren und auch nicht die Absicht dazu hatten, waren insgesamt wenig motiviert, sich zu diesem Thema zu äußern. Fast zwei Drittel (65 %) gaben als Grund für ihre Haltung an, sie seien ‚nicht gefragt worden', hätten ‚kein Interesse daran', ‚noch nicht darüber nachgedacht', oder ‚keine Ahnung davon'. Von diesen Gründen wurde der, ‚nicht gefragt worden' zu sein, deutlich häufiger als die anderen genannt (eine Feststellung, auf die wir später zurückkommen werden). Cregan und Johnston haben aus ihren Befragungen den Eindruck gewonnen, „daß nur eine Minderheit der jungen Menschen einer Gewerkschaft beitreten wollte, während die meisten passiv waren und infolgedessen nicht Mitglied wurden" (1990, S. 96).

2. Das Arbeitsumfeld junger Arbeitnehmer

Während Cregan und Johnston persönliche Charakteristika und Einstellungen junger Menschen als Erklärungsansatz für deren niedrigen gewerkschaftlichen Organisationsgrad heranziehen, heben andere Studien die Bedeutung solcher Faktoren hervor, die sich auf die Frage beziehen, welche *Möglichkeiten* junge Menschen überhaupt haben, einer Gewerkschaft beizutreten. Von den Vertretern dieser Argumentationsweise (wie Spilsbury u.a. 1987 und Payne 1989) wird als ein wesentlicher Punkt angeführt, daß viele junge Menschen in Berufen bzw. Industriezweigen arbeiten, in denen Gewerkschaften nicht vertreten sind. Tatsächlich spricht vieles für diesen Ansatz: Zum ersten unterscheiden sich die Arbeitsplätze junger Menschen im Gesamtbild ganz erheblich von denen der Arbeitnehmer insgesamt: Jugendliche haben nur eingeschränkten Zugang zum Arbeitsmarkt, und zwar sowohl aufgrund ihrer mangelnden Erfahrung als auch wegen der von Vorurteilen gegen die Jugend gekennzeichneten Haltung vieler Arbeitgeber (Ashton u.a. 1990). Ein Aspekt dieser unterschiedlichen Einstellungspraxis zeigt sich in der hohen Konzentration von jungen Arbeitnehmern im Dienstleistungssektor — beispielsweise im

Bereich privater Dienstleistungen und Einzelhandel / Vertrieb — im Vergleich zur Gesamtheit der Arbeitnehmer Großbritanniens. So waren beispielsweise laut Labour Force Survey 1987 21 % der 16- bis 19jährigen männlichen Arbeitnehmer, aber nur 8,5 % der männlichen Arbeitnehmer insgesamt im privaten Dienstleistungsbereich oder Einzelhandel tätig. Bei den Arbeitnehmerinnen zeigt sich ein ähnliches, wenn auch weniger ausgeprägtes Bild: 41 % der 16- bis 19jährigen, aber nur 31 % der Arbeitnehmerinnen insgesamt waren im Einzelhandel bzw. privaten Dienstleistungsbereich tätig (Wells 1989).

Folgt man der Argumentationslinie von Spilsbury u.a. (1987), so ist der niedrigere gewerkschaftliche Organisationsgrad unter den Jugendlichen vor allem der Tatsache geschuldet, daß sie in Berufen und Industriezweigen überrepräsentiert sind, in denen die Gewerkschaften relativ schwach vertreten sind, besonders innerhalb des privaten Dienstleistungsbereichs. Die Analyse von Payne (1989) führt diesen Gedanken noch weiter aus. Bei einer Untersuchung von mehr als 8000 23jährigen stellte sie fest, daß der Eintritt eines Arbeitnehmers in eine Gewerkschaft weitgehend davon abhängig war, ob er an seiner Arbeitsstelle eine Gewerkschaft vorfand, die aktiv als Interessenvertretung für die Belegschaft tätig war. Wo es keine gewerkschaftliche Interessenvertretung gab,die auch als solche wahrgenommen wurde, war die Wahrscheinlichkeit eines Gewerkschaftsbeitritts bei den Männern um zwanzigmal niedriger als an Arbeitsstellen, wo diese Interessenvertretung wahrgenommen wurde; bei den Frauen war der gleiche Effekt zu finden, nur etwas weniger deutlich ausgeprägt. Zu den Faktoren, die Gewerkschaftsmitglieder von Nicht-Mitgliedern unterschieden, gehörten unter anderem: die Region, in der der Arbeitnehmer beschäftigt war (größere Wahrscheinlichkeit des Eintritts, wenn der Arbeitsplatz nicht im Südosten lag), die Frage, ob die eigene Arbeit von einem Tarifvertrag erfaßt wurde, ob der Betreffende im öffentlichen Dienst arbeitete, in einem größeren Unternehmen, an einem Arbeitsplatz für Berufsanfänger mit entsprechend niedrigerer Entlohnung, oder auch die Anzahl der Jahre, die der Betreffende ganztags beschäftigt war und wie oft er seinen Arbeitsplatz gewechselt hatte.

Payne kommt zu dem Schluß, daß „abgesehen von der Frage, ob die Gewerkschaft als Interessenvertretung wahrgenommen wird (was das hauptsächliche Unterscheidungsmerkmal zwischen Mitgliedern und Nicht-Mitgliedern darstellt), die wichtigsten Indikatoren für oder gegen einen Gewerkschaftsbeitritt ... in den Charakteristika der Arbeit und des weiteren Arbeitsumfeldes liegen ..., von den persönlichen Charakteristika sind nur wenige signifikant, und selbst diese zeigen nur geringe Wirkung“ (1989, S. 125). Im Gegensatz zu Cregan und Johnston also vertritt Payne das Argument, das „der niedrige gewerkschaftliche Organisationsgrad junger Menschen eher auf ihre Überrepräsentation in gewerkschaftlich schwach organisierten Arbeitsfeldern zurückzuführen ist als auf Apathie oder eine negative Haltung den Gewerkschaften gegenüber“ (1989, S. 128 - 129).

Weder die Argumentation von Cregan und Johnston noch die von Payne sind frei von begrifflichen und methodischen Mängeln. So hat beispielsweise der Ansatz der ‚persönlichen Charakteristika' Schwierigkeiten zu erklären, warum bei Beschäftigten in vergleichbaren Tätigkeiten das Interesse an einem Gewerkschaftsbeitritt so stark variiert — je nachdem, ob sie im öffentlichen Dienst oder in der Privatwirtschaft arbeiten (der gewerkschaftliche Organisationsgrad junger Arbeitnehmer im öffentlichen Dienst liegt deutlich höher).

Und obwohl der ‚Arbeitsumfeld'-Ansatz insgesamt größere Plausibilität zu haben scheint, finden sich auch hier gewisse Unklarheiten — nicht zuletzt das Problem des Unterschieds zwischen Ursache und Wirkung, wenn man der Frage nachgeht, ob die Wahrnehmung der Gewerkschaft als Stimulus für die Beitrittsentscheidung zu werten ist oder als Ergebnis eines bereits vorhandenen Interesses an der Mitgliedschaft in einer Gewerkschaft.

Trotz dieser Probleme ist jedoch evident, daß beide Argumentationslinien ihre Berechtigung haben. In gewissem Sinne stellen sie keine Alternativen dar, sondern ergänzen sich gegenseitig. Zum einen könnte man den Ansatz der ‚persönlichen Charakteristika' ganz generell für die Identifizierung des Mitgliederpotentials innerhalb der Gruppe junger Arbeitnehmer heranziehen. Der ‚Arbeitsumfeld'-Ansatz andererseits verweist auf die Bedingungen, unter denen aus diesen potentiellen Mitgliedern tatsächliche werden können: d.h. die Bedingungen, unter denen die von dem Wunsch, die Gewerkschaften zu unterstützen, getragene Haltung und bis zu einem gewissen Grade auch die in Formulierungen wie ‚ich bin nicht eingetreten, weil man micht nicht gefragt hat' zum Ausdruck gebrachte Neutralität junger Arbeitnehmer tatsächlich zum Gewerkschaftseintritt führen.

Schlußfolgerungen für die Gewerkschaften

Führt man das im letzten Abschnitt vorgetragene Argument etwas weiter, so ergeben sich für die Gewerkschaften zwei wesentliche Ansatzpunkte. Erstens müssen sie verstärkte Anstrengungen unternehmen, um ihre Funktion für junge Menschen transparenter zu machen und sich deren Bedürfnissen gegenüber aufgeschlossener zu zeigen. In den letzten Jahren hat es diesbezüglich bereits mehrere Initiativen gegeben. So hat beispielsweise die TUC 1988 ein Jugendforum eingerichtet, das dem Gewerkschaftsrat der TUC die Empfehlung aussprach, den Kontakt zwischen jungen Menschen und Gewerkschaften qualitativ zu verbessern, eine jungen Arbeitnehmern angemessene Interessenpolitik zu formulieren und insbesondere Methoden zu entwickeln, um die Gewerkschaften für junge Leute attraktiver zu machen. Zu den jugendpolitischen Aktivitäten der TUC gehört auch die Ausrichtung einer jährlich stattfindenen

Jugendkonferenz. Darüber hinaus hat die TUC in den letzten Jahren verschiedene Materialien für die Zielgruppe Jugend herausgebracht: Ihre Bandbreite reicht vom Video-Informationspaket (mit dem Titel *Why Trade Unions*), das für Schulen und Jugendausbildungsprogramme entwickelt wurde, bis zu verschiedenen Broschüren (wie beispielsweise *Getting Together* und *Learning About Trade Unions*), die Aktivitäten und Fallstudien für Schüler und Lehrer aufbereiten. Außerdem hat sich die TUC mit ihrem ‚Schuladoptionsprojekt' bemüht, zur Entlastung von Lehrern Gewerkschafter für den Einsatz im Klassenzimmer zur Verfügung zu stellen. (Vgl. hierzu auch den Beitrag von R. Ross in diesem Band.)

Eine Reihe von Einzelgewerkschaften hat in den letzten Jahren ähnliche Initiativen im Jugendbereich entwickelt. Die Gewerkschaft für den Einzelhandel, die USDAW, ist eine der Gewerkschaften, die Literatur speziell für die Zielgruppe junger Leute veröffentlicht, unter anderem Titel wie *YTS Rights Guide, USDAW: The Union That Cares About YTS Trainees* und *Young People: What Are Your Rights?*. Und die Transport and General Workers Union (TGWU) versucht mit Videos und einer Schriftenreihe, junge Menschen für die Gewerkschaften zu werben. Außerdem hat die andere branchenübergreifende Gewerkschaft Großbritanniens, die GMB, ein Magazin (namens *Issue*) für ihre jungen Mitglieder herausgebracht. Auch die GMB verfügt über eine Organisationsstruktur speziell für junge Menschen, mit für einzelne Branchen und Regionen zuständigen Funktionären, regionalen und nationalen Konferenzen für junge Mitglieder und einem Nationalen Beratungsausschuß der jungen Mitglieder. Die Amalgamated Engineering Union (AEU) hält ebenfalls alljährlich eine Jugendkonferenz und zusätzlich mehrere sogenannte ‚Youth Weekend Schools' pro Jahr für ihre Mitglieder unter 25 Jahren ab. Von Januar 1991 an erhebt die AEU für Mitglieder unter 18 Jahren, die im Bereich Maschinen- und Gerätebau tätig sind, keine Beiträge mehr. Solche Entwicklungen bei dieser und anderen Gewerkschaften in Großbritannien deuten auf eine breitere Anerkennung der Tatsache hin, daß es größerer Anstrengungen bedarf, um eine Gewerkschaftspolitik mitsamt der entsprechenden Strukturen zu etablieren, die für die Gruppe der jungen Arbeitnehmer attraktiver ist und ihren Bedürfnissen stärker entgegenkommt.

Die zweite Schlußfolgerung aus der vorhergehenden Analyse besteht darin, daß durch allgemeine Gewerkschaftskampagnen mit dem Ziel, in Industriezweigen und Arbeitnehmergruppen mit bislang schwacher gewerkschaftlicher Vertretung die Mitglieder zu halten und bei den Nicht-Mitgliedern Beachtung zu finden, auch der gewerkschaftliche Organisationsgrad unter den Jugendlichen ansteigen würde. Wenn die angeführten Argumente zutreffend sind, dann liegt die entscheidende Strategie zur Gewinnung neuer und ganz speziell junger Mitglieder darin, starke gewerkschaftliche Interessenvertretungen aufzubauen und ganz besonders die Aktiven im Betrieb tatkräftig zu unterstützen.

Die Schwierigkeiten, den Einflußbereich der Gewerkschaften in einer Zeit zu vergrößern, die von ganz anderen Wirtschafts- und Beschäftigungsstrukturen geprägt ist als noch in den 70er Jahren, sollen dabei keineswegs unterschätzt werden. Allerdings haben die Gewerkschaften in Großbritannien und anderen Ländern auch in der Vergangenheit schon vor ähnlich schwierigen Aufgaben gestanden und dabei sowohl eine bemerkenswerte Flexibilität gezeigt als auch die Fähigkeit, sich auf potentielle neue Mitglieder einzustellen und sie für sich einzunehmen. So verloren beispielsweise Großbritanniens Gewerkschaften in den 30er Jahren stark an Einfluß, den sie erst Jahrzehnte nach dem 2. Weltkrieg zurückgewinnen konnten. Daß dies gelang, lag an ihrer erfolgreichen Politik in Hinblick auf Büroangestellte — eine zahlenmäßig schnell wachsende Gruppe innerhalb der Arbeitnehmerschaft, die damals als mindestens genauso schwer zu organisieren galt wie die Jugendlichen heute.

Die Aufgabe, vor der die Gewerkschaften stehen, ist schwer: Es gilt, die Gewerkschaften für junge Menschen attraktiver zu machen und den eigenen Einflußbereich im System der industriellen Beziehungen zu vergrößern. Die Vernachlässigung auch nur eines der beiden Aspekte dürfte jedoch die Chancen einer stärkeren Einbindung junger Menschen in die Gewerkschaften deutlich verringern.

Danksagung

1 An dieser Stelle möchten wir den verschiedenen Gewerkschaften, unter anderem der AEU, GMB, TGWU, MSF, USDAW und der TUC für die von ihnen zur Verfügung gestellten Informationen sowie Joyce Brown, Chris Rowley und Paul Ryan für Unterstützung und Information danken.

Literatur

Ashton, D., Maguire, M. and Spilsbury, M. (1990), *Restructuring the Labour Market: The Implications for Youth*, London: Macmillan.

Cregan, C. & Johnston, S. (1990), ‚An Industrial Relations Approach to the Free Rider Problem: Young People and Trade Union Membership in the U.K.', *British Journal of Industrial Relations*, Vol. 28, No. 1, pp. 84 - 104.

Department of Employment (1990) ‚Young people leaving school', *Employment Gazette*, August, pp. 382 - 389.

Department of Employment (1991) „1990 Labour Force Survey Preliminary Results", *Employment Gazette*, April pp 175 - 193.

Keat, R. & Abercrombie, N. (1990), (eds.), *Enterprise Culture*, London: Routledge.

Marsden, D. & Ryan, P. (1990), ‚Institutional Aspects of Youth Employment and Training Policy in Britain', *British Journal of Industrial Relations*, vol. 28, no. 3, pp. 351 - 369.

Panye, C. (1989), ‚Trade Union Membership and Activism among Young People in Britain', *British Journal of Industrial Relations*, Vol. 27, no. 1, pp. 111 - 132.

Peck, J. (1990), ‚The Youth Training Scheme: Regional Policy in Reverse?' *Policy and Politics*, vol. 18, no. 2, pp. 135 - 143.

Ryan, P. (1990) Youth Interventions, Job Substitution and Trade Union Policy in Great Britain 1976 - 1986' in S. Rosenberg (ed) *The State and The Labor Market*, New York: Plenum, pp 175 - 196.

Ryan, P. (1991) ‚Trade Union Policy Towards the Youth Training Scheme in Great Britain: The Arguments' in P. Ryan, P. Garonna and R. Edwards *The Problem of Youth*, London: MacMillan.

Spilsbury, M., Hoskins, M., Ashton, D.J. & Maguire, M.J., (1987) ‚A Note on the Trade Union Patterns of Young Adults', *British Journal of Industrial Relations*, vol. 25, pp. 267 - 274.

Stevens, M. and Wareing, A. (1990), ‚Union Density and Workforce Composition', *Employment Gazette*, August, pp. 403 - 413.

Storey, J. (ed) *New Perspectives on Human Resource Management* London: Routledge.

Wells, B. (1989), ‚The labour market for young and older workers', *Employment Gazette*, June, 319 - 331.

Hélène Y. Meynaud / Jacques Capdevielle

Abkehr von den Gewerkschaften — Situation und Einstellungen von Jugendlichen in Frankreich*

Im Jahre 1990 waren in Frankreich lediglich vier Prozent aller erwerbstätigen Jugendlichen gewerkschaftlich organisiert. Damit lag ihr Organisationsgrad noch einmal erheblich unter dem der erwerbstätigen Bevölkerung insgesamt, der im gleichen Jahr bei etwa zehn Prozent gelegen hat. Dieses Phänomen ist nicht neu: Auch gegen Ende der 70er Jahre lag das Organisationsniveau der erwerbstätigen Jugendlichen deutlich unter dem der Erwachsenen[1].

Zur Klärung dieses Phänomens wurde 1989 eine Untersuchung durchgeführt, die die Einstellungen von Jugendlichen und Arbeitnehmern zu Arbeit, Politik und Gewerkschaften erfassen wollte[2]. Wir stützen uns in diesem Artikel im wesentlichen auf die Ergebnisse dieser Untersuchung, darüber hinaus aber auch auf eine Reihe anderer Materialien, die über das Verhältnis Jugendlicher zur Gewerkschaft Auskunft geben. Von vornherein muß in diesem Zusammenhang allerdings darauf hingewiesen werden, daß es für Frankreich keine präzisen Angaben über die Anzahl der gewerkschaftlich organisierten Jugendlichen und deren Verteilung etwa nach Industriezweigen oder Betriebsgrößen gibt. Wir verfügen damit nicht über ähnliche empirische Grunddaten, wie sie etwa in Deutschland vorliegen; unsere quantitativen Angaben sind auch nicht direkt mit denen vergleichbar, die von den deutschen Wissenschaftlern in diesem Band vorgelegt werden. Sie resultieren aus mehreren, z.T. aufeinander bezogenen Umfragen: So hat das Centre d'Etudes de la vie Politique Française (CEVIPOF) 1969 eine Umfrage unter Arbeitern durchgeführt.[3]. Zwanzig Jahre später wurde eine ähnliche Umfrage — mit teilweise denselben Fragen — wiederholt; hinzu kommt eine damit identische Umfrage unter Jugendlichen. Zur Verfügung hatten wir ebenfalls eine 1987 im Auftrag der EG-Kommission durchgeführte Untersuchung[4], die darauf abzielte, Vergleiche zwischen Jugendlichen und Arbeitern zu ziehen und mögliche Konvergenzen und Divergenzen in den jeweiligen Einstellungen aufzuzeigen.

* Übersetzung aus dem Französischen von Michael Knauf

In diesem Beitrag wird es zunächst darum gehen, die Stellung der französischen Jugendlichen auf dem Arbeitsmarkt zu skizzieren. Anschließend soll analysiert werden, wie sie sich selbst in der Arbeitswelt verorten, wie sich im Zuge eines zunehmenden Individualismus ihre Einstellungen zur Arbeit verändern und in welchem Maße es in diesem Zusammenhang auch zu einer Abkehr der Jugendlichen von den Gewerkschaften kommt. Zum Vergleich wird dabei jeweils auf die Einstellungen von erwachsenen französischen Arbeitern bezug genommen.

I. Die Stellung der Jugendlichen auf dem Arbeitsmarkt

1988 befanden sich weniger als die Hälfte von hundert Jugendlichen zwischen sechzehn und fünfundzwanzig Jahren in einem festen Vollzeitarbeitsverhältnis (siehe Tabelle 1).

Tabelle 1: Von 100 Personen zwischen 16 und 25 Jahren waren 1988 auf dem Arbeitsmarkt

	männl.	weibl.
Arbeitslose	17	23
Vorübergehendes Beschäftigungsverhältnis (TUC, SIVP, Lehre, Praktikum)	11	11
Prekäres Beschäftigungsverhältnis (Leiharbeit, Zeitarbeit)	13	15
Vorläufiges Arbeitsverhältnis	5	5
Teilzeitarbeit (über die schon Genannten hinaus)	4	6
Nicht entlohntes Beschäftigungsverhältnis	6	3
Feste Vollzeitstelle	46	37

Quelle: Donnés sociales 1980, S. 65

Nicht zuletzt mit dem Ziel, die statistischen Angaben über Jugendarbeitslosigkeit zu beschönigen, wurde in den letzten Jahren eine Vielzahl von Maßnahmen ins Leben gerufen, die den Jugendlichen lediglich eine vorübergehende Beschäftigungsperspektive eröffneten: Eingliederungsmaßnahmen und berufsvorbereitende Maßnahmen wie z.B. TUC, SIVP, PIL[5] sowie neuerdings die contrats-emploi-solidarité[6], die an die Stelle der alten Maßnahmen getreten sind. Der deutliche Nutzen dieser Maßnahmen liegt darin, daß eine Vorauswahl für die Betriebe getroffen wird, die prekärsten Fälle ruhiggestellt und die Arbeitskräfte in bezug auf Lohn, Arbeitszeit und Arbeitsbedingungen gefügiger gemacht werden. Die Folge ist ein Rückgang von festen Vollzeitstellen

— mit normaler Bezahlung, sozialer Sicherheit und Arbeitszeitregelung — zugunsten von schlechtbezahlten, wenig qualifizierten Jobs ohne hinreichende soziale Absicherung — bei gleichzeitigem Einverständnis der Betroffenen selbst. Nur ein eingeschränkter Kreis von Jugendlichen macht eine Lehre.

Zum besseren Verständnis muß in diesem Zusammenhang vorab betont werden, daß die französischen Gewerkschaften faktisch nur Arbeitnehmer in festen Arbeitsverhältnissen vertreten. Sie gehen damit von vornherein an der Lage eines Großteils der Jugendlichen vorbei[7], überlassen sie alleine der Willkür der Unternehmer und schaffen auf diese Weise ein Gefühl des „Alleingelassen-Werdens", das möglicherweise später, bei Übernahme auf eine feste Stelle, in eine Ablehnung gewerkschaftlicher Werte umschlägt.

Aufgrund der Verlängerung schulischer Ausbildungszeiten drängen die Jugendlichen heutzutage immer später auf den Arbeitsmarkt, wodurch die Arbeitslosenzahlen zusätzlich gesenkt werden. C. Baudelot vermerkt in diesem Zusammenhang eine deutliche Verschiebung der oberen Ausbildungsgrenze bei Jugendlichen aus unteren Bevölkerungsschichten. Diese Tendenz wird von anderer Seite bestätigt: Laut Alain Lebaube hat 1986 jeder dritte Jugendliche das Bildungssystem auf dem Niveau der Hochschulreife abgeschlossen, zehn Jahre zuvor hatte nur jeder vierte Jugendliche einen solchen Abschluß[8].

Trotz ihres spektakulären Aufstiegs in Schule und Hochschule (mehr Abiturientinnen als Abiturienten, mehr Abschlüsse in kürzerer Zeit) finden sich die Frauen nach wie vor in den weniger erfolgversprechenden Ausbildungsgängen wieder und können ihre schulischen Vorteile nicht entsprechend zur Geltung bringen. Unterschiede im Werdegang der Jugendlichen basieren aber nicht nur auf der Geschlechtszugehörigkeit, sondern ebenso auf ethnischer Abstammung und geographischer Herkunft. Die Entwicklung der Arbeitslosenzahlen belegt dies: Insgesamt hat sich das Risiko der Arbeitslosigkeit für Jugendliche innerhalb von zehn Jahren (zwischen 1975 und 1985) verdoppelt. Dabei stieg es bei männlichen Jugendlichen um 8 bis 20 %, bei jungen Frauen um 14 bis 25 %. Unter den Arbeitslosen ohne Abschluß befinden sich 33,7 % Männer und 50,7 % Frauen. 8,1 % der Männer, aber 14,6 % aller Frauen mit Hochschulabschluß sind arbeitslos. 1984 waren 31,4 % der jungen Ausländer von Arbeitslosigkeit betroffen, für Franzosen belief sich die Zahl auf 21,4 % in bezug auf die Geschlechterverteilung liegt das Verhältnis hier bei 40,1 % für Frauen im Vergleich zu 29,5 % bei den Männern. Im Hinblick auf eine mögliche Kumulierung der verschiedenen Handicaps sprechen diese Zahlen für sich.

Nach den Statistiken der I.N.S.E.E. (Institut National de la Statistique et des Etudes Economiques) nimmt der Anteil der Jugendlichen an der Erwerbsbevölkerung beständig ab: 1987 belief er sich auf 15,8 %. Von insgesamt 8,5 Mio. Jugendlichen befindet sich ein Drittel in einer schulischen oder universitären Ausbildung, ein Drittel geht einer Beschäftigung nach, ein Zehntel ist arbeitslos, und die verbleibenden zwanzig Prozent teilen sich auf in Wehrpflichtige, sogenannte nichterwerbstätige junge Frauen und Teilnehmer an den diversen Maßnahmen. Von den erwerbstätigen Jugendlichen mit Arbeitsplatz sind „zwei Drittel aller Männer und ein Drittel aller Frauen Arbeiter / innen, davon die Hälfte ohne Qualifikation. Ungefähr ein Drittel der männlichen und zwei Drittel der weiblichen Jugendlichen sind Angestellte. Jeder vierte erwerbstätige Jugendliche ist arbeitslos." Entgegen einer landläufigen Meinung sind die meisten Jugendlichen im Privatsektor und nur in unbedeutendem Maße im öffentlichen Sektor beschäftigt. Tabelle 2 macht dies deutlich:

Tabelle 2: Erwerbstätige Jugendliche nach ihrem beruflichen Status 1987 (in %)

Status	Jugendliche von 15 bis 24			Alle Altersgruppen		
	Männl.	Weibl.	Insges.	Männl.	Weibl.	Insges.
Privater Sektor	76,8	65,3	71,5	57,1	47,4	53,0
Lokale Verwaltung	6,6	14,3	10,1	6,0	14,0	9,4
Staat	7,3	12,2	9,6	12,1	16,9	14,1
Öffentl. Dienst	2,6	3,2	2,8	6,8	4,7	5,9
Familienhilfe	3,3	1,7	2,6	1,1	7,2	3,7
Selbständige, Unternehmer	3,3	1,2	2,3	16,9	6,7	12,6
Hausangestellte	0,1	2,1	1,1	—	3,1	1,3
Insgesamt	100,0	100,0	100,0	100,0	100,0	100,0
in Tausend	1322	1136	2458	12423	8982	21405

Quelle: INSEE: Enquête Emploi

Zwischen dem Ende der Ausbildung und der Eingliederung in den Arbeitsmarkt liegt eine mehr oder weniger lange Übergangsperiode. Es gibt mittlerweile eine Vielzahl von Ausdrücken zur Kennzeichnung dieses „Übergangs" vom Jugendlichen- ins Erwachsenenalter: Warteschlange, Prozeß, Weg, Durststrecke, verlängerte Jugendphase, Übergangsphase ... Jacques Bichot, Verfasser einer jugendsoziologischen Studie[9], definiert den Übergang als Schleuse: „Die Schleuse ist ein oft langer und komplexer Übergang geworden, unterteilt in mehr oder weniger zahlreiche Abschnitte, manchmal als inkohärent erfahren. Im schlimmsten Fall wird er als Parcours voller Fallen durchlitten, der durchsetzt ist von immer wiederkehrenden Perioden der Arbeitslosigkeit bis hin zur Marginalisierung usw.". Je nach zugrundeliegenden sozialen Merkmalen nimmt diese „Schleuse" verschiedene Dimensionen an: fast bedeutungslos bei Kindern mit bourgeoiser Herkunft und entsprechenden Abschlüssen, aber ständig präsent bei Kindern arbeitsloser Arbeitsimmigranten.

Wenn die Arbeitslosenzahlen seit 1987 eine sinkende Tendenz aufweisen, so ist dies, wie wir bereits oben angedeutet haben, in erster Linie auf zwei Faktoren zurückzuführen: Den „Nicht-Eintritt" der Jugendlichen in die Arbeitswelt, bedingt durch die Verlängerung der Schulzeit über die normale Schulpflicht hinaus, und die anhaltende Schaffung von Arbeitsplätzen auf dem zweiten Arbeitsmarkt.[10] Die Beschäftigungsverhältnisse traditionellen Typs gehen ständig zurück zugunsten von unsicheren Arbeitsverhältnissen[11], den sogenannten „kleinen Jobs".

Die Beschaffenheit dieser prekären Beschäftigungsverhältnisse teilt den Arbeitsmarkt in zwei deutlich verschiedene Kategorien von Arbeitskräften, wobei nur die einen de facto von Arbeitsgesetzgebung, sozialer Sicherheit und Ausbildung profitieren. Die anderen unterliegen zwar demselben Recht, doch gibt es vielfältige Möglichkeiten, dieses zu umgehen. So kann es zum Beispiel einer schwangeren Frau passieren, daß ihr zeitlich begrenzter Arbeitsvertrag „nicht verlängert" wird, und dies auf absolut legaler Basis. In einem Arbeitsverhältnis traditionellen Typs käme dies einer Kündigung gleich, die gesetzlich nicht zulässig wäre. Wenn neue Arbeitsplätze geschaffen werden, so kommen diese keineswegs allen Beteiligten gleichermaßen zugute: Alain Lebaube stellt fest, daß ein Arbeitsplatz „zunächst an die Leute geht, die bereits über einen festen Arbeitsplatz und -vertrag verfügen, und erst in zweiter Linie diejenigen einbezieht, die entweder zum ersten Mal auf den Arbeitsmarkt stoßen (Jugendliche) oder wieder zurückkehren (Frauen)."[12] In der Konsequenz kommt es selbst bei der Schaffung neuer Arbeitsplätze zur Festschreibung eines harten Kerns von Arbeitslosen.

Arbeitslosigkeit betrifft freilich nicht alle Gruppen in gleicher Weise. Der leichte Rückgang der Arbeitslosigkeit, der aktuell festzustellen ist, wirkt sich positiver für Männer als für Frauen aus. Nach wie vor unterscheiden sich die geschlechtsspezifischen Arbeitslosenquoten erheblich: für Frauen betrug sie 1989 12,9 %, für Männer 6,8 %.[13] Bei den jugendlichen Erwerbstätigen beläuft sich die Arbeitslosenquote auf durchschnittlich 21 %; für die männlichen Jugendlichen beträgt sie 16 %, bei den jungen Frauen 24 %.[14]

Die Zahl der weiblichen Arbeitskräfte ist bis 1986 erheblich angestiegen, seither ist sie gleichgeblieben. 1990 kommen auf 13,5 Millionen erwerbstätige Männer etwa 10,5 Millionen erwerbstätige Frauen, was einem Anteil von ca. 44 % entspricht. Innerhalb von dreißig Jahren sind mehr als vier Millionen neugeschaffener Arbeitsplätze mit weiblichen Arbeitskräften besetzt worden, was unter anderem auf das Anwachsen des tertiären Sektors zurückzuführen ist. Nichtsdestotrotz sind unsichere Arbeitsverhältnisse, untere Lohngruppen, zwangsläufige Teilzeitarbeit und Arbeitslosigkeit weiterhin wesentlich für Frauen charakteristisch. Der Lohnunterschied zwischen Männern und Frauen hat sich sogar vergrößert, er beträgt heute etwa 35 %. Berufliche Ungleichbehandlung macht sich zunehmend fest an den Eigenheiten des jeweiligen Arbeitszusammenhangs.[15] So führt die Einführung der Informatik zu einer Arbeitsplatzreduzierung im Bürobereich, einem der wenigen traditionellen Zugänge der Frauen zum Arbeitsmarkt. Maßnahmen zur Gleichstellung von Männern und Frauen in der Arbeitswelt stoßen zwar auf allgemeine Zustimmung, die aktuelle Situation ist jedoch nach wie vor durch Ungleichheiten gekennzeichnet.

Tabelle 3: Erwerbstätige Jugendliche — Aufteilung nach Beschäftigungszweigen 1987

Wirtschaftszweig	Männer 15-24 Jahre	Männer Gesamt-bevölk.	Frauen 15-24 Jahre	Frauen Gesamt-bevölk.	Männer + Frauen 15-24 Jahre	Männer + Frauen Gesamt-bevölk.
Unbestimmt	0,5	0,5	0,4	0,4	0,5	0,5
Landwirtschaft	7,1	8,4	2,1	5,9	4,8	7,5
Nahrungsmittel-Industrie	6,1	3,2	3,8	2,4	5,0	2,8
Energie	0,8	1,8	0,2	0,6	0,6	1,3
Halbfabrikate	8,4	8,1	2,0	2,5	5,4	5,8
Investitionsgüter-Industrie	7,9	9,9	3,3	4,1	5,8	7,4
Konsumgüter-Industrie	5,9	5,2	6,8	6,7	6,2	5,8
Industrie insges.	29,1	28,2	16,1	16,3	19,0	23,1
Bauwesen	15,3	11,6	1,1	1,5	8,8	7,4
Handel	12,7	10,3	18,3	13,4	15,3	11,6
Transport und Telekom	4,2	7,8	3,5	3,9	3,9	6,1
Handel	12,7	10,3	18,3	13,4	15,3	11,6
Finanzwesen	1,0	2,6	2,9	4,1	1,9	3,3
Dienstleistungen	12,2	14,5	22,1	27,2	16,8	19,8
Tertiärsektor insges.	48,0	51,3	80,3	75,9	62,9	61,5
Insgesamt	100,0	100,0	100,0	100,0	100,0	100,0
In Zahlen	1 322 128		1 135 882		2 458 010	
		12 423 272		8 961 731	21 405 003	

Quelle: INSEE: Enquête Emploi

II. Einstellungen zur Arbeit

Wie die genannten Untersuchungen zeigen, geben Jugendliche und Arbeiter der Frage der Arbeitsplatzsicherheit gegenüber anderen Aspekten des Berufslebens übereinstimmend den Vorrang: 63 bzw. 66 % nennen sie bei der aktuellen Umfrage an erster Stelle. Danach folgt für die Jugendlichen allerdings schon der Aspekt, ob eine Arbeit interessant ist oder nicht. Die Arbeiter hingegen messen dem Lohn eine größere Bedeutung bei. Auch die Frage der Aufstiegschancen hat für Jugendliche eine größere Bedeutung als für Arbeiter. Übereinstimmend äußern sich beide Vergleichsgruppen allerdings darüber, daß das soziale Ansehen der Arbeit sowie die Arbeitszeit die geringste Rolle spielen (s. Tabelle 4). Ähnliche Gewichtungen waren bereits 1981 festzustellen: In einer Untersuchung über Jugendliche in der Arbeitswelt[16] war das wichtigste Kriterium für die Übernahme einer Stelle die „Stabilität und Garantie des Arbeitsplatzes“ (47 %); die „Höhe der Entlohnung“ spielte demgegenüber eine sehr viel geringere Rolle (13 %). Jugendliche wie Arbeiter lehnen strikt jegliche Art von Job-sharing ab, da dies eine Lohnminderung nach sich ziehen würde.

Tabelle 4: (Umfrage GIP „M.I.“ / CEVIPOF)

Frage 16: Welcher Punkt auf der folgenden Liste hat für Sie in Ihrem Berufsleben die größte Bedeutung? (Pro Frage ist nur eine Antwort möglich)
Frage 16.1.: Was folgt an zweiter Stelle?
Frage 16.2.: Was hat die geringste Bedeutung?

	F 16		F 16.1.		F 16.2.	
	Jugendl.	Arbeiter	Jugendl.	Arbeiter	Jugendl.	Arbeiter
Arbeitsbedingungen	12	11	14	16	7	5
Arbeitsplatzgarantie	35	43	16	20	5	3
Soziales Ansehen	2	2	3	4	20	18
Einkommen	22	27	32	37	3	2
Interessante Arbeit	13	6	10	6	5	6
Arbeitszeit	5	3	9	7	50	51
Aufstiegsmöglichkeiten	13	8	17	10	10	15

Frage 17: Auf dieser Liste finden Sie eine Anzahl von Faktoren, die bei der Lohnfestsetzung eine Rolle spielen können. Welcher Faktor sollte Ihrer Meinung nach in erster Linie berücksichtigt werden?
Frage 17.1.: Welcher Faktor sollte am wenigsten berücksichtigt werden?

	F 17		F 17.1.	
	J	A	J	A
Dauer der Betriebszugehörigkeit	13	19	12	14
Persönliche Leistung	29	27	5	6
Abschlüsse u. Ausbildung	11	8	20	19
Einstellung zum Betrieb	8	7	7	8
Verantwortlichkeit im Betrieb	17	15	2	2
Wirtschaftliche Situation des Landes	1	2	27	28
Gewinne des Betriebes	6	8	6	8
Eigeninitiative	7	6	4	4
Schwierigkeitsgrad der Arbeit	7	10	15	12

Etwas weniger als ein Drittel der Jugendlichen ist der Meinung, daß „man während der Arbeit das strikte Minimum machen und sich Interessengebiete außerhalb suchen sollte“ (der Prozentsatz fällt bei besser qualifizierten Angestelltengruppen auf 23 %), während sie im übrigen zu 53 % „einhellig der Meinung sind“, daß „die Zufriedenheit mit der Arbeit eine Sache ist, von der alles andere abhängt". Hier zeigt sich in der Beziehung zur Arbeit eine Ambivalenz, die wir auch bei der Vergleichsgruppe der Arbeiter feststellen können.

Tabelle 5: (Umfrage GIP „M.I." / CEVIPOF)

Frage 29: Die Arbeit bedingt alles Übrige
Wir nennen Ihnen im folgenden eine Anzahl von Meinungsäußerungen. Sagen Sie uns bitte für jede einzelne, ob Sie damit völlig einverstanden, in etwa einverstanden, eher nicht einverstanden oder überhaupt nicht einverstanden sind.
Von der Zufriedenheit mit der Arbeit hängt alles Übrige ab.

	A	J
Völlig einverstanden	52	53
In etwa einverstanden	37	36
Eher nicht einverstanden	9	8
Überhaupt nicht einverstanden	2	2
Ohne Antwort	0	0

Ausgehend von der These, daß die Vertragssituation nicht ohne Konsequenzen für die Arbeitseinstellungen bleibt, haben wir versucht, die Auswirkungen der Art des Beschäftigungsverhältnisses auf die Einstellungen zur Arbeit auszuloten. Hier lassen sich folgende relevante Ergebnisse festhalten: Vorübergehend Beschäftigte (mit befristeten Verträgen) sind im Vergleich zu Festangestellten eher bereit, den Beruf zu wechseln. Die Garantie des Arbeitsplatzes ist für 40 % der ersten Gruppe und für 25 % der zweiten Gruppe der wichtigste Gesichtspunkt im Berufsleben. Aufstiegschancen haben für vorübergehend Beschäftigte eine geringere Bedeutung. Mehr als die Hälfte von ihnen wünscht aber eine Arbeitszeitverkürzung zur Schaffung von Arbeitsplätzen, während dies nur auf 29 % der fest Beschäftigten zutrifft. Das Problem der Arbeitslosigkeit empfinden sie als sehr beunruhigend, was allerdings auch bei einem nicht geringen Teil der fest Angestellten (42 %) der Fall ist. Unter normalen Voraussetzungen erfolgt der Übergang von einem vorübergehenden zu einem festen Beschäftigungsverhältnis durch Umwandlung einer Teilzeit- in eine Vollzeitbeschäftigung. Dementsprechend wird dies auch als Auflösung unsicherer Arbeitsverhältnisse erlebt.[17] Insgesamt beeinflussen die Art der vertraglichen Festlegungen (berufliche Stellung) und die Vertragsdauer (befristet oder unbefristet) die Einstellungen zur Arbeit allerdings nur unwesentlich; in vielen Fragen stößt man hier auf übereinstimmende Einschätzungen. An erster Stelle wäre dabei vor allem das Problem der Eingliederung in die Arbeitswelt zu nennen.

Einstellungen erwerbstätiger Jugendlicher zur Arbeit — eine Typologie

Wider Erwarten liegen die Einstellungen zur Arbeit bei den Jugendlichen weniger weit auseinander als in der Vergleichsgruppe der Arbeiter. Sie lassen sich in vier typische Gruppen aufteilen:

1) Die „Ambitionierten und Toleranten" (29 %)

Die „Ambitionierten und Toleranten" stellen einen wichtigen Teil vor allem unter den besser qualifizierten Jugendlichen im Angestelltenbereich dar. Etwa die Hälfte von ihnen ist dieser Gruppe zuzurechnen. Dabei handelt es sich in der Regel bereits um ältere Jugendliche. Sie glauben, einen Beruf mit Zukunft auszuüben, sind mobil, zufrieden mit ihrer Arbeit und haben das Gefühl, daß ihr Gehalt weniger von der wirtschaftlichen Situation des Landes als vielmehr von der ihres (mittleren oder großen) Betriebes abhängt. Das Gehalt sollte ihrer Meinung zufolge nach persönlicher Leistung festgesetzt werden; in ihrem Berufsleben spielen soziales Ansehen, Interessantheitsgrad der Arbeit und beruflicher Aufstieg eine große Rolle. Sie haben in der Regel noch keine Kinder, interessieren sich überdurchschnittlich für Politik und sind nicht ausländerfeindlich.

2) Die „Protestler" (20 %)

Da sie das Gefühl haben, ihr Beruf sei im Abstieg begriffen, entscheiden sie sich zu einem großen Teil für eine radikale Veränderung der Gesellschaft (21 %). Sie sind die einzigen, die eine starke Unzufriedenheit in bezug auf das Verhältnis zu ihren Vorgesetzten formulieren. 85 % von ihnen sind der Meinung, den Arbeitsplatz wechseln zu müssen. Sie sind politisch interessiert und stellen mit 43 % die Gruppe dar, die Vertrauen in die Gewerkschaften zur Verteidigung der eigenen Rechte setzt. Sie stehen politisch links, möchten nach persönlicher Leistung bezahlt werden und setzen in ihrem Berufsleben die Prioritäten auf „Lohn", „Arbeitszeit" sowie die „Garantie des Arbeitsplatzes".

3) die „Zufriedenen und Fremdenfeindlichen" (38 %)

Sie haben einen festen Beruf und sind mit ihrer Arbeit zufrieden. Sie haben meist keinen höheren Schul-/Berufsabschluß, sind eher katholisch, leben in großen Familien und finden, daß es zu viele Arbeitsimmigranten in Frankreich gibt. Sie interessieren sich kaum für Politik und leben in ländlichen Gegenden. 37 % von ihnen möchten sich gegen subversive Tendenzen zur Wehr setzen. Sie haben prozentual entschieden weniger Vertrauen in die Gewerkschaften als die übrigen Jugendlichen. Der Lohn sollte in erster Linie von der Dauer der Betriebszugehörigkeit, ebenfalls aber von der persönlichen Leistung abhängen. Sie stellen die größte Gruppe in der vorgenommenen Unterteilung.

4) Die „Bescheidenen und Resignierten" (13 %)

Die Eltern der „Bescheidenen und Resignierten" entstammen meistens der Arbeiterschaft (ca. 60 %); meist geben sie an, „ohne Religionszugehörigkeit" zu sein. In dieser Gruppe befindet sich ein großer Teil von Jugendlichen, die wenig qualifizierte Dienstleistungstätigkeiten verrichten. Obwohl sie in der Regel nicht über höhere Abschlüsse verfügen, meinen sie, daß der jeweilige Abschluß bei einer Lohnfestsetzung berücksichtigt werden sollte. Bei der Ausübung ihres Berufs sehen sie die Arbeitsbedingungen als sehr wichtig an.

In dieser Typologie setzt nur die Gruppe 2 mehrheitlich Vertrauen in die Gewerkschaften. Die Entwicklung eines Paradigmas der Flexibilität, die tendenziell eine Stärkung individualistischer Orientierungen mit sich bringt, bedeutet zugleich eine Schwächung der Sensibilität für die Anforderungen solidarischer Verhaltensweisen. Der Rückgang des gewerkschaftlichen Organisierungsgrades und die Krise des gewerkschaftlichen Kampfes, die zu beobachtende Politik- und Gewerkschaftsmüdigkeit sowie Rückkehr in die Privatheit der Familie sind jedenfalls Tatbestände, die durch unsere Untersuchung bestätigt wurden. Übereinstimmende Feststellungen — kurzfristig beruhigend für die, die das bestehende Gleichgewicht festschreiben wollen, aber auf die Dauer doch alarmierend.

III. Abkehr von dèn Gewerkschaften

Eine 1985/86 vom ISERES[18] durchgeführte Untersuchung über erwerbstätige Jugendliche in Frankreich ist eines der wenigen Dokumente, auf Grundlage dessen man ein bestimmtes Profil der gewerkschaftlich organisierten Jugendlichen umreißen kann. Zur Bestimmung dieses Profils werden drei Variablen benutzt: Alter, Geschlecht und berufliche Situation. Es zeichnet sich folgendes Bild ab:

Die älteren Jahrgänge sind zahlenmäßig stärker organisiert: 21 % der Zweiundzwanzig- bis Fünfundzwanzigjährigen, 8 % der Neunzehn- bis Einundzwanzigjährigen und 2 % der Jugendlichen, die jünger als neunzehn sind, gehören einer Gewerkschaft an. Ein Vergleich mit den Eintragungen in die Wählerlisten[19] und dem erstmaligen Gebrauch des Wahlrechts deutet auf ein ähnlich lethargisches Verhalten im Hinblick auf die Mechanismen der Demokratie hin. Männliche Jugendliche organisieren sich eher gewerkschaftlich als weibliche Jugendliche (11 % gegenüber 9 %); erwerbstätige Jugendliche sind stärker organisiert als Studenten (3 %), Lehrgangsteilnehmer (3,4 %) oder Arbeitslose (5,2 %). Unter den Lohnabhängigen sind 1 % der Auszubildenden, 17 % der Angestellten und Techniker, 19 % der Angestellten in Leitungsfunktionen, Ingenieure und Lehrenden sowie 28 % der Arbeiter gewerkschaftlich organisiert. Diese Zahlen sind jedoch mit Vorsicht zu genießen, denn sie basieren lediglich auf einer eingeschränkten Umfrage (1 000 Jugendliche, davon etwas mehr als 100 Gewerkschaftler).

Aktuelle Umfragen belegen, wie stark sich die Franzosen derzeit insgesamt von den Gewerkschaften distanzieren. So sprechen in einer Umfrage vom November 1990[20] nur 41 % der Erwerbstätigen den Gewerkschaften ihr Vertrauen zur Verteidigung der eigenen Interessen aus (1989 waren es 47 %). Auf der anderen Seite räumen aber auch ungefähr 40 % der Befragten ein, daß der gewerkschaftliche Einfluß nicht groß genug ist. In vorangegangenen Umfragen (1988 und 1989) lag dieser Wert bei 28 bzw. 34 %. Die Erwartungen an die Gewerkschaften, so die Vermutung, steigen offenbar in dem Maße, wie die Krise zunimmt; sie drücken sich aber nicht in einem verstärkten Mitgliederzuwachs aus, eher im Gegenteil: Die Gewerkschaften haben zwischen 1981 und 1989 die Hälfte ihrer Mitglieder verloren (s. Anhang).

Bei den Wahlen zu den Betriebskomitees[21] verzeichnen die nicht organisierten Kandidaten einen erheblichen Stimmenzuwachs, sie erreichen mittlerweile einen Anteil von etwa 30 %. Die letzten Bastionen der Gewerkschaften befinden sich in den großen Betrieben des öffentlichen Sektors, in dem der gewerkschaftliche Organisationsgrad bei durchschnittlich 26 % liegt; die Mehrheit der Jugendlichen arbeitet allerdings in Betrieben des privaten Sektors, in dem der Organisationsgrad bei lediglich 8 % liegt.[22]

Die Mehrzahl der Jugendlichen in unserer Umfrage gibt an, sich an Wahlen zu den betrieblichen Interessenvertretungsorganen nicht zu beteiligen oder nicht zu wissen, wem sie ihre Stimme geben sollen. Gewerkschaftsmitglieder sind schon bei den Arbeitern erheblich unterrepräsentiert, bei den Jugendlichen aber nahezu nicht existent. Die Gründe, die für eine Verweigerung der Mitgliedschaft angegeben werden, weisen in beiden Gruppen eine identische Verteilung auf. Verschiedentlich wird die These einer doppelten Nichtübereinstimmung aufgestellt: „(...) Nichtübereinstimmung in bezug auf Mittel, Methoden und Taktik, die von den Gewerkschaften zur Erreichung ihrer Ziele eingesetzt werden — ebenfalls aber mit einem Teil der Ziele selbst im Verhältnis zu den vorhandenen Bedürfnissen."[23] Angeführt wird auch ein Diskrepanz zwischen dem Kenntnisstand der Jugendlichen und dem der Gewerkschaftsvertreter, sowie das Gefühl der Jugendlichen, sie seien selbst in der Lage, für ihre Rechte einzutreten.[24] Auf der anderen Seite sind die Jugendlichen aber durchaus beteiligt, wenn es um die Durchsetzung von Forderungen geht. Gerade in den letzten zwei Jahren sind sie wieder dabei: Sie engagierten

Tabelle 6:

Frage 22: Setzen Sie bezüglich der Vertretung ihrer Interessen viel Vertrauen, eher Vertrauen, eher kein Vertrauen oder überhaupt kein Vertrauen in die Gewerkschaften?			
	Jugendliche	Arbeiter	Jungarbeiter
Viel Vertrauen	5	9	5
Eher Vertrauen	36	34	38
Eher kein Vertrauen	29	23	26
Kein Vertrauen	30	33	30
Frage 23: Wem würden Sie bei Wahlen zu den betrieblichen Interessenvertretungsorganen (Betriebskomitee, Personalvertretung, paritätische Kommissionen) Ihre Stimme geben. Einer Liste der … (nur eine Antwort ist möglich)			
CFDT	5	9	6
CFTC	1	2	2
CGC	1	0	1
CGT	9	24	14
FEN	0	0	—
FO	8	77	8
Einer von den großen unabhängigen Gewerkschaft	4	4	3
CSL, UFT	0	0	—
Nicht organisierten Kandidaten	14	13	12
Ich würde nicht wählen	36	28	36
Ohne Meinung	22	12	20
Frage 24: Gehören Sie einer Gewerkschaft an? Antworten Sie anhand der folgenden Liste.			
Zahlendes und aktives Mitglied	2	6	1
Zahlendes und nicht aktives Mitglied	2	5	2
Nicht zahlender Sympathisant	18	25	18
Weder zahlendes Mitglied noch Sympathisant	79	64	79
Frage 24.2.: Warum gehören Sie keiner Gewerkschaft an? (Siehe auch Tabelle 7)			
Dort, wo ich arbeite, gibt es keine Gewerkschaft	37	37	38
Die Gewerkschaften kümmern sich nicht um meine Interessen	6	6	6
Mein Arbeitgeber mag keine Gewerkschaften	2	4	3
Ich glaube nicht an die Gewerkschaften	26	29	26
Ich werde demnächst einer Gewerkschaft beitreten	4	4	4
Andere Gründe	25	21	23

Frage 28: Wer sollte für den Fall eines Streiks in Ihrem Betrieb den Konflikt führen?

	Jugendliche	Arbeiter	Jungarbeiter
Die Gewerkschaften	4	5	3
Personalversammlungen mit Gewerkschaften	39	45	42
Personalversammlungen ohne Gewerkschaften	40	36	39
Ohne Meinung	17	13	16

Umfrage GIP „M.I." / CEVIPOF, durchgeführt Ende Dezember, Anfang Januar 1989 bei zwei repräsentativen Samples: jugendliche Erwerbstätige (700) und erwerbstätige Arbeiter (800); das Sample „Jungarbeiter" ist in den beiden vorangegangenen enthalten.

sich im Streik des Wartungspersonals der Pariser Verkehrsbetriebe (RATP), zeigten sich radikal bei den Aktionen des Gefängnispersonals und stellten den größten Teil der streikenden Krankenpfleger und -pflegerinnen.

Hinsichtlich des Vertrauens in die Gewerkschaften als Interessenvertretungsorgane (Frage 22) lassen sich die beiden Teilsamples in drei Gruppen unterteilen: Jeweils 41 % der Jugendlichen und 44 % der Arbeiter halten die Gewerkschaften für „sehr" oder „eher vertrauenswürdig", für 29 bzw. 23 % sind sie „eher nicht vertrauenswürdig"; jeweils ein Drittel bringt ihnen „kein Vertrauen" entgegen. Bezogen auf die Distanz von Jugendlichen zu den Gewerkschaften lassen sich zum einen die folgenden Gründe ausmachen: Unverständnis für die Spaltung der Gewerkschaften[25], Langeweile bei Gewerkschaftsversammlungen und das „Gefühl des Individualismus".

Zum anderen dürften teilweise aber auch strukturelle Interessengegensätze zwischen den Generationen eine Rolle spielen. Jean-Michel Normand[26] weist darauf hin, daß „die Umwälzungen in der Arbeitsorganisation die jüngeren und besser ausgebildeten Mitarbeiter begünstigen, die gerade erst eingestellt wurden und dieselben Arbeitsplätze innehaben (wie die Älteren)." Die Jüngeren sind unzufrieden damit, auf der unteren Stufe der Leiter stehenzubleiben, die Älteren befürchten, herausgedrängt zu werden. Eine „langjährige Mitarbeiterin" (zitiert bei Jean-Michel Normand) konstatiert, daß „wir vom Produktivitätszuwachs nicht profitiert haben, und daß unsere Aussichten am Ende der Laufbahn nicht gerade glänzend sind." Die Älteren wünschen Zusatzqualifikationen, um den technischen Veränderungen folgen zu können. In anderen Fällen wiederum äußern sich die Gegensätze in anderer Form. Die Jugendlichen sehen sich zunehmend mit prekären „neuen Formen" des Arbeitsvertrages konfrontiert, die auf Kosten der festen Arbeitsplätze älterer Mitarbeiter geschaffen werden und diese in Frage stellen.

Wie unsere Umfrageergebnisse verdeutlichen, bevorzugen Jugendliche und Arbeiter in etwa zu gleichen Teilen zeitlich begrenzte Arbeitsniederlegungen bzw. sprechen sie sich für längere betriebsinterne Streiks oder berufsgruppenübergreifende Aktionen aus. Im Hinblick auf einen eventuellen Konflikt möchten aber weder die Arbeiter noch die Jugendlichen den Gewerkschaften das Leitungsmonopol überlassen (vgl. Frage 28).[27] In Fragen der Führung eines Streiks lassen sich die Jugendlichen, ungeachtet ihrer sozialen Herkunft, in zwei etwa gleichgroße Gruppen einteilen: besser qualifizierte Angestellte und angelernte Arbeiter tendieren zu einer Streikführung durch Personalversammlungen und Gewerkschaften; Angestellte, Facharbeiter sowie Landwirte und Gewerbetreibende bevorzugen in dieser Frage Personalversammlungen ohne Gewerkschaftsbeteiligung.

Die Jugendlichen haben große Hoffnungen auf Einflußmöglichkeiten über die von Aroux eingerichteten Arbeitsgruppen gesetzt (soweit sie ihnen bekannt waren), oft als Alternative zur gewerkschaftlichen Uneinigkeit oder als Möglichkeit, sich persönlich einzubringen. Vor allem die besser qualifizierten Angestellten sowie die qualifizierten Facharbeiter unter den Jugendlichen schätzen die Aroux-Gesetzgebung zur Mitbestimmung der Arbeiter im Betrieb positiv ein (65 bzw. 48 %).

Auch die Koordinationsausschüsse erfreuen sich seitens der Jugendlichen relativ großer Beliebtheit; speziell unter den weiblichen Jugendlichen scheint die Beteiligung an den Ausschüssen auf Interesse zu stoßen. Nicht zufällig haben Wissenschaftlerinnen in einer Untersuchung über die Koordinationsarbeit der Krankenpflegerinnen und -pfleger die These einer engen Korrelation zwischen dieser spezifischen Aktionsform und der Beteiligung junger Frauen aufgestellt.[28] Der Koordinationsausschuß des Krankenpflegepersonals ist der, dessen permanente Aktion bisher am längsten andauerte, nämlich achtzehn Monate. Der Anteil der Frauen war von der Basis bis zur Führung gleichbleibend hoch und betrug zum Beispiel im nationalen Führungsgremium 70 % (insgesamt liegt der Frauenanteil in dieser Berufsgruppe allerdings bei 80 %). Um den Unterschied zwischen den Koordinationsausschüssen der SNCF und der Krankenpfleger(innen) mit einer Anekdote deutlich zu machen, zitiert Danièle Kergoat die Aufschriften zweier Transparente: „Standhaft, ruhig, hart" (Fermes, calmes, durs) ... bei der SNCF; „Weder Hausmädchen, noch Nonne, noch für dumm zu verkaufen" ... (Ni bonnes, ni nonnes, ni connes) bei den Krankenschwestern.

Auch andere Streiks zeichnen sich durch eine wachsende Teilnahme junger Frauen aus. Im Bereich des öffentlichen Finanzwesens sind sie bis in die Gewerkschaftsleitungen der CGT (Finanzen) und der FO (Steuern) vorgedrungen. Christophe Boltanski stellt fest, daß „die Frauen die Streikfäden in der Hand halten" und zitiert Jean-Christophe Le Duigou, Generalsekretär der CGT (Finanzen): „Sie sind das dynamische Element. Die Phänomene weiblich und jung fallen hier zusammen." In der Kabelproduktion von Peugeot, wo etwa vierhundert weibliche Beschäftigte arbeiten, stellt eine FO-Gewerkschaftlerin die durch den letzten Streik (1989) entstandene Situation folgendermaßen dar: „Beim kleinsten Zwischenfall oder irgendeiner verqueren Betrachtungsweise holen die Frauen einen Gewerkschaftsvertreter und suchen den Verantwortlichen auf. Das gab's noch nie." Auch die sehr radikale Abspaltung CFDT-SUD im Postbereich zeichnet sich durch einen hohen Frauenanteil aus. Die Haltung der Jugendlichen — insbesondere der jungen Frauen — zu Streik und Gewerkschaftsbewegung scheint also im Umbruch begriffen zu sein.

Einstellungen zu gewerkschaftlichen Aktionsformen — eine Typologie

Um eine Gesamteinschätzung der von Arbeitern und Jugendlichen bevorzugten Aktionsformen zur Durchsetzung ihrer Forderungen zu erhalten, haben wir erneut eine typologische Analyse vorgenommen; als „aktive Variablen" haben wir diejenigen Fragen beibehalten, die auf die Optionen der Befragten in bezug auf gewerkschaftliche Streiks abzielen. Dieses Mal sind — im Gegensatz zu dem, was wir für die Arbeitswelt feststellen konnten — keine Unterschiede zwischen den beiden Teilsamples auszumachen: Arbeiter und Jugendliche verteilen sich auf eine Typologie, die für beide Teile gültig ist und insgesamt fünf Gruppen umfaßt.

Typ 1: Die „Korporativ-Opportunistischen" (31 %)

Knapp ein Drittel der befragten Arbeiter und Jugendlichen — und damit zahlenmäßig die zweitstärkste Gruppe — ziehen die Strategie der kleineren Aktionen, die innerhalb des Betriebs durchgeführt und von Personalversammlungen ohne Gewerkschaftsbeteiligung entschieden werden sollen, einer konsequenten Durchhaltetaktik unter Führung der Gewerkschaften vor. Es ist die einzige Gruppe, die explizit jegliche gewerkschaftliche Einmischung in Streikangelegenheiten ablehnt. Insgesamt ist das Mißtrauen gegenüber den Gewerkschaften in dieser Gruppe etwas stärker ausgeprägt als im Durchschnitt (59 % im Vergleich zu 54 %); auch bei den Wahlen zu den betrieblichen Interessenvertretungsorganen würde diese Gruppe in stärkerem Maße für Nichtorganisierte stimmen, auf Kosten einer Stimmabgabe für CGT-Kandidaten.

Geschlechtszugehörigkeit, Ausbildungsniveau, Beruf, Qualifikationsniveau und Betriebsgröße weisen innerhalb dieser Gruppe prozentual dieselbe Verteilung auf wie innerhalb der Gesamtgruppe der Befragten. Söhne und Töchter von Facharbeitern sind allerdings deutlich überrepräsentiert (30 % anstelle von 23 % im Gesamtsample).

In beruflichen Fragen findet man sie in etwas größerer Anzahl bei denen, die mit ihrer Arbeit zufrieden sind, die die Bedeutung der Arbeitsplatzgarantie hervorheben, für die die Arbeitszeit eine extrem untergeordnete Rolle spielt, die der persönlichen Leistung bei der Festsetzung der Löhne eine große Bedeutung beimessen und die es vorzugsweise ablehnen, die wirtschaftliche Situation des Landes hierbei in Betracht zu ziehen. Sie fühlen sich etwas weniger als der Durchschnitt durch die Arbeitslosigkeit beunruhigt. In weitaus geringerem Maße als die anderen vier Typen haben sie jemals „in Betracht gezogen, daß sie gezwungen sein könnten, den Beruf zu wechseln" — wahrscheinlich, weil sie insgesamt mit ihrer Arbeitssituation zufrieden und gut integriert sind. Zufriedenheit fördert bekanntermaßen nicht unbedingt die Mobilität.

Sie interessieren sich „etwas" für Politik und symphatisieren stärker als der Durchschnitt mit der PS. Sie zeigen bei weitem den größten Optimismus bezüglich der Konsequenzen des zukünftigen europäischen Marktes für die eigene Situation und vertreten am ausgeprägtesten die Position einer schrittweisen Veränderung der Gesellschaft durch Reformen.

Typ 2: Die „Korporativ-Radikalen" (22 %)

Die Jugendlichen und die Arbeiter dieses Typs bevorzugen ebenfalls den Betrieb als Bezugspunkt für die Durchsetzung von Forderungen. Sie halten lange und konsequent zu Ende geführte Auseinandersetzungen für wirkungsvoller als die Strategie der kleineren Aktionen und sind der Meinung, daß die Gewerkschaften neben den Personalversammlungen an der Streikführung beteiligt sein sollten. In der Frage des Vertrauens in das Vorgehen der Gewerkschaften unterscheidet sich diese Gruppe jedoch nicht von der Gesamtheit der Befragten. Man trifft hier allenfalls auf einen etwas höheren Anteil derer, die bei Wahlen für die Kandidaten der großen Gewerkschaftsorganisationen stimmen würden.

Die Gruppe ist relativ jung (49 % sind jünger als siebenundzwanzig), aber das Ausbildungsniveau liegt nicht wesentlich höher als beim Durchschnitt; im Angestelltenbereich sind die besser qualifizierten Berufsgruppen etwas stärker vertreten. Die finanzielle Situation dieser Gruppe ist gut; ein Drittel aller Befragten mit einem eher hohen Haushaltseinkommen (9000 bis 10000 Francs) gehören ihr an.

Im Berufsleben sind die Mitglieder dieser Gruppe etwas weniger mit ihrem Arbeitsplatz zufrieden als der Durchschnitt; Arbeitsplatzgarantie und Qualität der Arbeit sind für sie weniger wichtig als die Höhe des Gehalts. Die berufliche Karriere beurteilen sie sehr unterschiedlich: für mehr als die Hälfte ist sie „die wichtigste Sache" im Berufsleben, für die anderen „die unwichtigste Sache". Bei der Festsetzung der Gehaltsstufen sollten ihrer Meinung nach weniger der Schwierigkeitsgrad der Arbeit, als vielmehr die vorhandenen Abschlüsse in Betracht gezogen werden. Die Arbeiter(innen) dieser Gruppe kritisieren am stärksten die Beziehungen zu ihren Vorgesetzten, was vielleicht für eine nur mittelmäßige berufliche Integration spricht, die ebenfalls erklären würde, warum nur in dieser Gruppe eine absolute Mehrheit der Befragten (51 %) schon einmal einen Berufswechsel ins Auge gefaßt hat.

Sie interessieren sich mehr als alle anderen für Politik, haben häufiger als der Durchschnitt bereits an Streiks teilgenommen und stehen in der Regel der KPF oder anderen linken Gruppierungen nahe. Sie stellen den größten Anteil derer, die den europäischen Markt für „eine gute Sache" halten; andererseits glauben aber 37 %, daß er „weder gut noch schlecht" sei. Im Vergleich zum „korporativ opportunistischen" Typ umfaßt der „korporativ radikale" Typ eine viel größere Anzahl von Leuten (mehr als das Doppelte), die „eine radikale Veränderung der gesamten Organisation der Gesellschaft für nötig halten".

Typ 3: Die „Traditionalistisch-Radikalen" (31 %)

Jugendliche und Arbeiter dieses Typs stellen den zahlenmäßig größten Anteil des Samples, noch vor den „korporativen Opportunisten". Während diese sich aber für kleinere Aktionen innerhalb de Betriebs und ohne Beteiligung der Gewerkschaften aussprechen, befürworten die „traditionalistisch-Radikalen" — vielleicht in nostalgischer Erinnerung an 1936 oder 1968 — ein berufsgruppenübergreifendes „Alle zusammen" auf regionaler oder nationaler Ebene, ein konsequentes Durchhalten bis zum Ende und ein Zusammengehen von Personalversammlungen und Gewerkschaften. Sie setzen — verglichen mit dem Durchschnitt und den beiden vorhergehenden Gruppen — etwas mehr Vertrauen in die Gewerkschaften und würden bei den Wahlen zu den betrieblichen Interessenvertretungsorganen eher für die Kandidaten der reformistischen Gewerkschaften CFDT, FO, FEN und CFTC stimmen.

Dieser Typ umfaßt einen etwas höheren weiblichen Anteil als der Durchschnitt und hat gleichzeitig, mit 51 % der Personen unter 27, ein relativ niedriges Durchschnittsalter. Personen mit Hauptschulabschluß oder Mittlerer Reife[29] sind etwas stärker vertreten, ebenfalls mittlere und höhere Angestellte (37 % dieser Gruppen gehören diesem Typ an), in geringerem Maße Arbeiter. In dieser Gruppe findet man ebenfalls den höchsten Prozentsatz der Söhne und Töchter von beruflich gut situierten Angestellten.

In beruflicher Hinsicht sind sie nicht zufriedener als die „korporativ Radikalen" und stellen zusammen mit diesen den größten Prozentsatz der Personen die vorhaben, nochmal eine Ausbildung zu machen und/oder den Beruf zu wechseln. Sie beklagen sich allerdings nicht mehr als der Durchschnitt über die Beziehungen zu ihren Vorgesetzten. Auch in anderer Hinsicht unterscheiden sich die Optionen dieser Gruppe nicht wesentlich von denen des Gesamtsamples, meist sind sie sogar identisch — sowohl in Fragen der beruflichen Prioritäten als auch in der Einschätzung der Lohnpolitik. Zwei Ausnahmen sind jedoch zu vermerken: Bei diesem Typus trifft man auf den höchsten Anteil von Befragten, die ihrer beruflichen Karriere eine große Bedeutung beimessen, gleichzeitig auf den höchsten Prozentsatz derer, die sich lieber in Betätigungsfeldern außerhalb der Arbeit engagieren.

Die Befragten dieses Typs stellen den größten Anteil der politisch „sehr" Interessierten und sympathisieren zu 44 % mit SOS Racisme. Trotz dieser hohen Politisierung sind ihre Antworten, wie schon in beruflichen Fragen, so auch im politischen Bereich, typisch für das Gesamtsample — sei es nun hinsichtlich der bevorstehenden europäischen Einigung oder auch in bezug auf ihre grundsätzliche Haltung zur Gesellschaft.

Typ 4: Die „alte Gewerkschaftsriege" (5 %)

Die „alte Gewerkschaftsriege" stellt die kleinste Gruppe dar. Es ist die einzige Gruppe, die explizit das Phänomen der Koordinationsausschüsse in Frage stellt, weil ihrer Meinung nach die Gewerkschaften das Monopol der Streikführung haben sollten. Es erstaunt nicht weiter, daß diese Gruppe großes Vertrauen in das Vorgehen der Gewerkschaften setzt (78 % im Vergleich zu durchschnittlich 40 %), bei Wahlen zur Hälfte für die CGT und zu einem Viertel für die reformistischen Gewerkschaften stimmen würde, daß gleichzeitig Nicht-Organisierte hier ihr schlechtestes Ergebnis erzielen würden (4 % bei 17 % im Durchschnitt) — alles in allem also eine sehr homogene Gruppe hinsichtlich ihrer ungebrochenen Treue zu den repräsentativen Gewerkschaftsorganisationen und speziell zur CGT.

Es ist die Gruppe mit dem geringsten Frauenanteil und dem höchsten Altersdurchschnitt: 63 % sind älter als 27 Jahre. Das Ausbildungsniveau liegt im Durchschnitt. Es ist auch die Gruppe mit dem höchsten Arbeiteranteil, hier wiederum vor allem Ungelernte, die alleine die Hälfte der Mitglieder stellen. Gleichzeitig findet man hier natürlich den höchsten Anteil der Söhne und Töchter ungelernter Arbeiter. Diese Gruppe ist in Betrieben mit weniger als 50 Beschäftigten unterrepräsentiert, in Betrieben mit über 500 Beschäftigten hingegen überrepräsentiert.

In dieser Gruppe ist man in der Regel am wenigsten zufrieden mit dem aktuellen Arbeitsplatz und den Beziehungen zu den Vorgesetzten. Auf der anderen Seite sind die Befragten aber am wenigsten bereit, (noch einmal) eine Ausbildung aufzunehmen; in der Frage der beruflichen Mobilität stehen sie noch hinter den „korporativen Opportunisten". Sie machen sich bei weitem die meisten Gedanken um Arbeitslosigkeit und geben in beruflichen Belangen am ehesten der Lohnhöhe, den Arbeitsbedingungen und der Arbeitszeit den Vorrang, selten dem sozialen Ansehen und dem Interessantheitsgrad der Arbeit oder — in Fragen der Lohnpolitik — der Rücksichtnahme auf den Betrieb. Kurzum: hinter diesen Einstellungen verbirgt sich der klassische Forderungskatalog der Gewerkschaften. Die Dauer der Betriebszugehörigkeit steht — sowohl in der eigenen Rangordnung als auch im Vergleich zu den anderen Typen — bei allen Fragen der Gehaltseinstufung an erster Stelle, während der persönlichen Leistung die geringste Bedeutung beigemessen wird. Seltsamerweise findet man in dieser Gruppe aber auch den höchsten Prozentsatz derer, die sich prioritär und explizit gegen das Kriterium der Dauer der Betriebszugehörigkeit aussprechen: derselbe Widerspruch, der auch schon die beiden Teilsamples Arbeiter und Jugendliche durchzog, findet sich also auch bei der „alten Gewerkschaftsriege" wieder, auch wenn diese Gruppe sich ansonsten bezüglich ihrer Optionen als äußerst kohärent erweist.

Was die politischen Einstellungen angeht, findet man in dieser Gruppe einerseits einen etwas höheren Anteil an Personen, die sich nur „wenig" für Politik interessieren, andererseits aber auch einen höheren Anteil von Personen, die mit der KPF oder anderen linken Gruppierungen sympathisieren. Die Zahlenbasis ist freilich zu dünn, als daß man hier irgendwelche repräsentativen Aussagen machen könnte. Häufiger als die anderen erwarten sie von 1993 eher negative Auswirkungen, äußern am häufigsten den Wunsch nach einer radikalen Veränderung der Gesellschaft und sind am wenigsten der Meinung, man müsse „die Gesellschaft mutig gegen subversive Kräfte verteidigen".

Typ 5: Die „Unentschieden-Zufriedenen" (12 %)

Die Mehrheit dieses Typs ist unentschieden, ob sie die Strategie der kleineren Aktionen oder lange, anhaltende Streiks bis zur Durchsetzung aller Forderungen bevorzugen. 90 % von ihnen lehnen es ab, sich zwischen betriebsbezogenen und übergreifenden Aktionen zu entscheiden. 82 % haben keine Meinung zur Durchführung eines Streiks. Nur die Hälfte im Vergleich zum Gesamtdurchschnitt setzt Vertrauen in das Vorgehen der Gewerkschaften; gewerkschaftsfeindliche Positionen oder indifferente Haltungen tauchen hier am häufigsten auf — 40 % haben „überhaupt kein" Vertrauen zu den Gewerkschaften (30 % im Gesamtdurchschnitt), 14 % geben keine Antwort (im Vergleich zu 5 %); 36 % verweigern eine Aussage über ihre Wahlabsichten — eine Differenz von 19 % zum Gesamtdurchschnitt —, und 45 % bekunden ihre Absicht, nicht zu wählen. Die Kandidaten der repräsentativen Gewerkschaftsorganisationen würden bei diesem Typ insgesamt 7 % erhalten.

Wir treffen in dieser Gruppe auf den höchsten Frauenanteil, der Altersdurchschnitt liegt aber nicht höher oder niedriger als in den anderen Gruppen. Erwartungsgemäß ist dies die Gruppe mit der geringsten Schulbildung, die einzige mit einer absoluten Mehrheit von Personen ohne Abschluß. Dienstleistungspersonal und ungelernte Arbeiter sind überrepräsentiert im Verhältnis zu qualifizierten Facharbeitern und Angestellten. Häufiger als die übrigen arbeiten die Befragten dieses Typs in kleinen Betrieben mit weniger als fünf Beschäftigten. Dabei sind sie in weitaus höherem Maße als die anderen mit ihrer augenblicklichen Beschäftigung zufrieden (50 %), entsprechend weniger geneigt sind sie, eine andere Beschäftigung anzustreben; zugleich gehören sie zu denen, die am wenigsten bereit sind, nochmals eine Ausbildung zu beginnen.

Sie liegen in Fragen der beruflichen Mobilität fast im Durchschnitt, haben aber nur in geringerem Maße jemals an eine geographische Veränderung gedacht. Mit den Beziehungen zu ihren Vorgesetzten sind sie zufrieden. Ihre Erwartungen an den Beruf sind gewissermaßen das negative Spiegelbild der „alten Gewerkschaftsriege". Im Verhältnis zu allen anderen Gruppen spielen für sie Lohn, Arbeitsbedingungen und Arbeitszeit die geringste Rolle, mehr hingegen der Interessantheitsgrad der Arbeit und die Arbeitsplatzgarantie — während sie am wenigsten beunruhigt sind angesichts der drohenden Arbeitslosigkeit. In Fragen der Lohnpolitik messen sie den Unternehmensgewinnen und der Eigeninitiative eine höhere Bedeutung bei, die Dauer der Betriebszugehörigkeit bewerten sie am geringsten. 59 % von ihnen haben noch nie etwas von der Aroux-Gesetzgebung gehört — bei 41 % im Gesamtdurchschnitt.

Weit weniger als die anderen interessieren sie sich für Politik. 60 % geben an, sich überhaupt nicht dafür zu interessieren, 3 % verweigern die Antwort; die Vergleichszahlen im Gesamtdurchschnitt belaufen sich auf 46 bzw. 1 %.

Trotz ihrer generell zufriedenen Haltung erwarten sie „weder positive noch negative" Auswirkungen von 1993. In dieser Gruppe wünschen sich die wenigsten „eine radikale Veränderung der bestehenden Gesellschaftsordnung", ebensowenig allerdings eine schrittweise Veränderung durch Reformen. Sie sind auch nicht auf eine Verteidigung der sozialen Ordnung gegen eine mögliche Subversion festzulegen. 19 % gegenüber 6 % im Gesamtdurchschnitt ziehen es vor, auf diese Frage nicht zu antworten.

Die Beschreibung der unterschiedlichen Typen läßt verschiedene Rückschlüsse zu. Der erste und vielleicht wichtigste ist die Kohärenz innerhalb jeder einzelnen Gruppe zwischen Einstellungen und Meinungen im gewerkschaftlichen und politischen Bereich einerseits und den beruflichen Erwartungen andererseits. Die Typologie wurde mit Hilfe eines EDV-gestützten Verfahrens konstituiert, wobei allein von Fragen zur Einschätzung von Streiks ausgegangen wurde. Dies läßt den Schluß zu, daß die Einstellung zum Streik nach wie vor eine Variable ist, die nicht nur Auskunft über den gewerkschaftlichen Horizont der befragten Personen, sondern ganz allgemein auch in enger Abhängigkeit zu deren Einstellung zur Arbeitswelt steht. Die Antworten ermöglichen eine Strukturierung jedes einzelnen Bereichs für sich, lassen aber auch Aussagen zu über kohärente Haltungen, die sich aus Überschneidungen und Abgrenzungen zwischen beiden Bereichen ergeben. Entgegen einer in den 80er Jahren häufig vertretenen Meinung stellt der Streik für die Beschäftigten offensichtlich keine überholte Bezugsgröße dar — ganz im Gegenteil.

Die zweite Feststellung betrifft die Bedeutung der jeweiligen Gruppe. Angesichts der Ergebnisse der beiden ersten Teile unserer Untersuchung kann es nicht verwundern, daß die „alte Gewerkschaftsriege" mittlerweile eher eine Randgruppe ist. Schon erstaunlicher ist es, daß die „unentschieden Zufriedenen" nicht mehr als 12 % ausmachen. Daneben fallen de facto drei Gruppen ins Gewicht: die „korporativ opportunistische", die „korporativ radikale" und die „traditionalistisch radikale". Die Mitglieder der ersteren sind relativ zufrieden mit ihrer beruflichen Integration, zuversichtlich im Hinblick auf 1993 und wenig gewillt, ihr Schicksal in die Hände der Gewerkschaften zu legen. Die „korporativ Radikalen" und die „traditionalistisch Radikalen" — die zusammen 52 % des Gesamtsamples ausmachen — sind mit ihrer beruflichen Situation hingegen weniger zufrieden, weniger optimistisch in bezug auf Europa, und vor allem sehr viel weniger reserviert gegenüber den Gewerkschaften, auch wenn sie diesen selbstverständlich keine Blankovollmacht ausstellen. Das Phänomen der Koordinationsausschüsse hat das alte anarcho-syndikalistische Element wiederbelebt, das in der französischen Arbeitswelt immer noch präsent ist. Die jetzige Regierung kann sich nicht auf Typ 4 stützen; sie wird unterstützt von Typ 1 und 5, muß aber auch die Bedeutung der Typen 2 und 3 in Betracht ziehen.

Daraus ergibt sich eine dritte Schlußfolgerung: Die Untersuchung der unterschiedlichen Typen verweist vor dem Hintergrund der aktuellen Konjunktur auf ein äußerst labiles Gleichgewicht. Die Unterstützung durch Typ 5, einer zahlenmäßig ohnehin schwachen Gruppe, ist relativ gering und beruht eher auf Enthaltung. Eine wirkliche Unterstützung — nach Zahlen und durch die zum Ausdruck gebrachten Meinungen — erhält die Regierung lediglich von Typ 1 („korporativ opportunistisch"), auf den sie sich zunächst stützen muß, um ihr Sparprogramm und die Verteidigung des Franc angesichts europäischer Verbindlichkeiten und äußerer Zwänge durchzusetzen. Wie wir bereits sahen, steht diese Gruppe nicht nur der PS näher als der Durchschnitt, sondern zeigt sich auch optimistisch in bezug auf die europäische Einigung. Auf der anderen Seite ist gerade in dieser Gruppe der größte Prozentsatz der Befragten der Meinung, die „wirtschaftliche Situation des Landes" dürfe auf keinen Fall bei der Festsetzung der Löhne in Betracht gezogen werden — einen ähnlich schwachen Prozentsatz findet man paradoxerweise nur noch bei der „alten Gewerkschaftsriege". Eine nur scheinbare Paradoxie, wenn man bedenkt, daß die Gewerkschaften seit 1982 alle mehr oder weniger die von Jacques Delors durchgesetzte Aufhebung der Lohnanpassung akzeptiert oder zumindest toleriert haben. Die Arbeiter haben sich dem bis heute gebeugt.

Die gegenwärtige Regierung befindet sich in der gleichen Situation wie Valéry Giscard d'Estaing vor 1968, fünf Jahre nach Beginn seines Stabilitätsprogramms. Es ist oft einfacher, in eine Periode der Sparpolitik einzutreten, als aus ihr herauszukommen. Die Taktik, sich Stück für Stück des Ballasts zu entledigen, vermag es nicht, über eine tiefe Unzufriedenheit hinwegzutäuschen, die jederzeit zum Ausbruch neuer sozialer Unruhen führen kann. Anzeichen dafür sind die Unruhen in Vaux-en-Velin (am Stadtrand von Lyon) im Herbst 1990 und die darauf folgenden Schülerunruhen.[30] Das Faß der sozialen Probleme in den „Stadtrandgebieten" läuft über[31], die politisch Verantwortlichen entdecken plötzlich den Stadtrand und ihre Vorliebe für Stadtplanungspolitik. Trifft das wirklich den Kern des Problems?

Fazit

Der Arbeitsmarkt in Frankreich ist in einer umfassenden Metamorphose begriffen.[32] Ein erheblicher Teil der Jugendlichen, vor allem der weiblichen Jugendlichen, bleibt dauerhaft ausgeschlossen, bedingt durch die Flexibilisierung der Arbeit oder das Fehlen gemeinsamer Anstrengungen im sozialen Bereich, die zu einem angemessenen Arbeitsplatzangebot führen könnten. Dies führt zu einer verstärkten Individualisierung und hat zur Folge, daß bei den Jugendlichen nur wenig oder keine Übereinstimmung mit den Zielen des Betriebs oder der wirtschaftlichen Situation des Landes zu finden ist.

Sie sind kaum präsent im Gewerkschaftsapparat, dafür aber stark eingebunden in die neueren Streikbewegungen. Wir haben in unserer Untersuchung eine weitgehende Übereinstimmung zwischen Jugendlichen und Arbeitern in Fragen der Streikstrategie zur Durchsetzung der verschiedenen Ziele (Lohn, Sicherheit am Arbeitsplatz, Langzeitstellen, berufliche Anerkennung) festgestellt; das wirft die Frage danach auf, welche Formen der Gewerkschaftsbewegung aktuell angemessen sind. Der immer häufigere Rückgriff auf Aktionsformen wie die Koordinationsausschüsse[33] und die Rückkehr zu Streiks unter „gemeinsamer Beteiligung aller Gewerkschaften“ zeigt, daß Aktionsformen sich weiterentwickeln.

Im Bereich der Politik verändern die Jugendlichen ihre Einstellung und werden offen für alternative Bewegungen, die für neue Werte stehen: SOS Racisme und Ökologiebewegung. Allerdings scheint die reale Beteiligung an der Ökologiebewegung in den letzten Jahren schwächer geworden zu sein: 1978 arbeiteten 6 % aller männlichen Jugendlichen unter 25 in einer Initiative zur Erhaltung der Umwelt mit, 1986 waren es nur noch 1 %. Die Mechanismen von Konzertierung und Verhandlung funktionieren kaum noch oder nicht mehr.[34]

Man kann nicht dauerhaft ausgrenzen und gleichzeitig beschwichtigen. Die augenblickliche soziale Lage ist äußerst explosiv, da die traditionellen Muster der Konzertierung und Sozialisation durchbrochen worden sind und z.T. bereits nicht mehr existieren.

Anmerkungen

1 Laurence Haeusler, Evolution du monde associatif de 1978 à 1986, *Consommation et Mode de vie*, CREDOC, No. 34, Décembre 1988.

2 Jacques Capdevielle, Hélène Y. Meynaud, René Mouriaux, „*Petits boulots et marché Europèen*“, Presses de la Fondation Nationale des Sciences Politiques, 1990, 238 pages.

3 Gérard Adam et al., *„L'ouvrier français en 1970"*, Paris: Presses de la Fondation Nationale des Sciences Politiques, 1971, 276 pages.
4 Dominique Bonnafé, Jean-Pierre Tchernia, *Les jeunes européens en 1987*, Commission des Communautés Européennes, Septembre 1988, 108 pages.
5 Berufsvorbereitende Maßnahmen, Eingliederungsmaßnahmen usw.
6 Vergleichbar den ABM-Maßnahmen
7 1990 erfolgten 75 % aller Einstellungen von Jugendlichen auf unsicheren Arbeitsplätzen (CDD).
8 *Le Monde*, 11 janvier 1989, p. 45
9 Journal Officiel de la République Française. Avis et rapports du Conseil Economique et Social, séances des 26 et 27 mai 1987, *L'insertion professionelle des jeunes*, rapport de Jacques Bichot, 23 juin 1987.
10 Jean-François Lefevre-Farcy, „Emploi: l'anticyclone ne durera pas", *Alternative économique* No. 65, Mars 1989.
11 Es lohnt sich, zu diesem Thema das sehr interessante, von Jean-Charles Lagrée und Paula Lew-Fai herausgegebene Buch *Jeunes et chômeurs*, Presses du CNRS, 1989, 225 pages, zu lesen, das außerdem einen Vergleich mit Großbritannien und Italien enthält.
12 Alain Lebaube, „Les créations d'emplois ne profitent pas aux chomeurs", Le Monde, 14 novembre 1990.
13 Nathalie Bourdon, *Le point statistique: les femmes et le chômage à la fin de l'année 1989*, note du secrétariat d'Etat chargé des droits de la femme.
14 Jacques Dughera, Robin Foot, „Tableau d'exclusion", *Travail 19*, Mars 1990.
15 Claude Grandin, Margaret Maruani, Hélène Y. Meynaud, L'inégalité professionnelle dans le secteur public à statut réglementaire, *Cahier du GIP „Mutations Industrielles"*, No. 34, 15 novembre 1989, 78 pages.
16 Umfrage CFDT / Louis Harris France vom März 1981 bei 500 jungen Arbeitern zwischen 16 und 24. Eine Referenz für Anfang der achtziger Jahre ist das Buch von Catherine Gokalp, *Quand vient l'âge des choix; enquête auprès des jeunes de 18 à 25 ans — emploi, résidence, mariage*, Cahiers de l'INED, 95, Paris: PUF 1981.
17 Margaret Maruani, Chantal Nicole-Drancourt, *La flexibilité à temps partiel*, La Documentation Française, Paris 1989, 105 pages.
18 Sophie Lebreton, Les jeunes, le travail et le syndicalisme, Coll. Etudes et recherches del'ISERES, No. 23 (Juin 1985) et No. 32 (1986).
19 Elisabeth Dupoirier, Annick Percheron, Les nouveaux électeurs, in *Cahiers du CEVIPOF*, L'élection présidentielle de 1988, No. 2, Mars 1988.
20 Denis Boissard, *Liaisons sociales*, No. 54, Décembre 1990, Sondage Sofrès, échantillon national de 1 000 personnes.
21 Comité d'entreprise, nicht zu verwechseln mit dem deutschen Betriebsrat.
22 Michel Noblecourt, Le taux de syndicalisation des salariés a diminué de moitié de 1981 à 1989, *Le Monde*, 17 février 1990.
23 Daniéle Linhart, Anna Malan, *Fin de siécle, début de vie: voyage au pays des 18-25 ans*, Ed. Syros Alternatives, 1990, 190 pages, p. 33.
24 Ibid., p. 38
25 Der Arbeitskampf bei Peugeot von 1989 zeigt die mobilisierende Wirkung, die ein gemeinsames Vorgehen der Gewerkschaften haben kann.
26 Jean-Michel Normand, „Malaise autour du déroulement de carrière des employés de banque", *Le Monde*, 17 février 1990.
27 Eine Ablösung der alten Gewerkschaftsführung durch jüngere Leute könnte eine Veränderung der aktuellen Situation im Sinne einer besseren Verständigung zwischen beiden Generationen zur Folge haben.

28Danièle Kergoat, Conférence sur *la gestion de la mixité dans un mouvement social: le cas de la coordination des infirmiéres*, communication au colloque franco-québecois sur la mixité dans les institutions et organisations, organisé par le CEDREF, Université Paris VII-Jussieu, Mai 1990.
29BEPC, BE, BEPB
30François Dubet, *Les lycéens*, Paris: Ed. Seuil 1991, 313 pages.
31La France des banlieues, Numéro spécial de la revue *Esprit*, Février 1991.
32André Gorz, *Métamorphoses de travail, Quête du sens. Critique de la raison économique*, Paris: Ed. Galilée 1988, 302 pages.
33Danièle Kergoat, Francoise Imbert, Hélène le Doaré, Danièle Senotier, Les Infirmières et leur coordination, Rapport GEDISST / CNRS-Pirttem, novembre 1990, 230 pages. Patrick Rozenblatt, La forme coordination, une catégorie révélatrice de sens, in: Cahiers du GIP „Mutations Industrielles“, No. 51, 15 septembre 1990, 43 pages.
34Laurence Haeusler, op. cit., p. 2.

Liste der Abkürzungen

B.E.P.C.	Brevet Elémentaire Public des Colléges (9 Schuljahre)
B.N.P.	Banque Nationale de Paris
C.D.D.	Contrat à Durée Déterminée
C.F.D.T.	Confédération Française Démocratique de Travail
C.F.T.C.	Confédération Française des Travailleurs Chrétiens
C.G.T.	Confédération Générale du Travail
F.E.N.	Fédération de l'Education Nationale
F.O.	Force Ouvriére
I.N.S.E.E.	Institut National de la Statistique et des Etudes Economiques
P.C.F.	Parti Communiste Français
P.I.L.	Programme d'Insertion Local
P.S.	Parti Socialiste
R.A.T.P.	Régie Autonome des Transports Parisiens
S.I.V.P.	Stage d'Initiation à la Vie Professionnelle
T.U.C.	Travaux d'Utilité Collective

Bibliographie

Geneviève Bibes, René Mouriaux, *„Les syndicats européens à l'épreuve“*. Presses de la Fondation Nationale des Sciences Politiques, 1990, 291 pages.
Paul Bouffartique, Jean-René Pendaries, „Activité féminine et précarisation de l'emploi“, *Travail et Emploi*, No. 46, Avril 1990, p. 30-44.
Jacques Capdevielle, Hélène Y. Meynaud, René Mouriaux, *„Petits boulots et grand marché européen: le travail démobilisé“*, Presses de la Fondation Nationale des Sciences Politiques, 1990, 238 pages.
Sabine Erbés-Seguin, Claude Gilain, Annick Kieffer, *La construction du marché de l'emploi pour les jeunes — Le face à face Etat-Entreprise en France et en République Fédérale d'Allemagne*, Communication au XIIe Congrés Mondial de Sociologie, Juillet 1990.
Jacques Freyssinet, Les modes d'insertion professionnelle des jeunes: trajectoires nationales face à la crise, *La Revue De l'IRES*, No. 4, Automne 1990.
Paolo Garonna, Paul Ryan, „Le travail des jeunes, les relations professionnelles et les politiques sociales dans les économies avancées“, *Formation et Emploi*, No. 25, Janvier-Mars 1989, p. 78-90.

Janine Goetschy, Danièle Linhart, „La crise des syndicats en Europe Occidentale“, Revue *Problèmes politiques et sociaux*, No. 632, Janvier-Mars 1989, 11 mai 1990, 66 pages.

Anhang

Die Entwicklung des gewerkschaftlichen Organisierungsgrades (einschließlich Berufsverbände) 1981 und 1989 (aufgeteilt nach sozio-politischen Kategorien)

	1981	1989	Stabilitätsquote 1981 - 1989
Insgesamt in %	20	11	55
Geschlecht:			
— Männer	29	15	52
— Frauen	11	7	64
Alter:			
18 bis 24	9	1	11
25 bis 34	21	11	52
35 bis 49	27	19	70
50 bis 64	26	12	46
65 und älter	8	5	63
Beruf:			
— Landwirte	48	40	83
— Handeltreibende, Handwerker, Industrielle	30	16	53
— Leitende Angestellte, intellektuelle Tätigkeiten	38	31	82
— Mittlere und einfache Angestellte	28	13	46
— Arbeiter	25	12	48
— Ohne Tätigkeit, Rentner	6	4	67
Berufliche Situation:			
— Selbständig	39	28	72
— Lohnabhängig	28	14	50
Interesse an Politik:			
— Sehr viel	31	23	74
— Etwas	20	12	60
— Sehr wenig	17	7	41
— Überhaupt nicht	8	5	53
Politische Zuordnung:			
— Radikal links (extrême gauche)	38	24	63
— Links	21	10	48
— Mitte	17	8	47
— Rechts	14	9	64
— Extrem rechts (extrême droite)	9	10	11

Struktur der Gewerkschaftsmitglieder 1981 und 1989		
	1981	1989
Insgesamt in %	100	100
Geschlecht:		
— Männer	70	68
— Frauen	30	32
Alter:		
18 bis 24	7	2
25 bis 34	25	23
35 bis 49	32	44
50 bis 64	29	23
		65 und älter
Beruf:		
— Landwirte	12	16
— Handeltreibende, Handwerker, Industrielle	6	7
— Leitende Angestellte, intellektuelle Tätigkeit	12	15
— Mittlere und einfache Angestellte	32	33
davon: mittlere Angest.	(18)	(23)
einfache Angest.	(14)	(10)
— Arbeiter	25	14
— Ohne Tätigkeit, Rentner	13	15

Quelle: Problèmes politiques et sociaux No. 632, *La crise des syndicats*. Deux sondages réalisés auprès d'un échantillon national de 3000 personnes.

Lynne Chisholm

Auflösungsprozesse und Neuformierungen: Jugendliche im Strudel der europäischen Glücksspirale

Im Hinblick auf den sozialen und ökonomischen Strukturwandel in Europa und aus der Sicht eines gerade begonnenen „Europäisierungsprozesses" möchte ich einige Betrachtungen zur Situation der heutigen und zukünftigen Jugend anbieten, die m.E. für Konzepte und Gestaltung der Aktivitäten und Programme von Gewerkschaften relevant sind. Dabei möchte ich auf die Notwendigkeit eines komplexen und ausdifferenzierten Verständnisses der Bedingungen, unter denen Jugendliche aufwachsen, hinweisen. Schon der Komplexität dieser Aufgabe wegen laufen wir bei der Erweiterung unserer Perspektiven jenseits einer simplen Vergleichsanalyse ständig Gefahr, zu vorschnellen Verallgemeinerungen zu kommen. Diese führen zu defizitären, aber auch schlichtweg verzerrten Analysen.

Im Prinzip geht es, denke ich, weniger um objektive Tatsachen — z.B. um die teilweise unterschiedlich institutionalisierte Gestaltung der Jugendphase in Europas heutigen Nationalstaaten. Vielmehr geht es darum, wie wir (Dis-) Kontinuitäten theoretisch fassen. Währenddessen zum Beispiel sich die westdeutsche Jugendforschung der 80er auf die Entstandardisierungs-, Pluralisierungs- und Individualisierungsthesen gestürzt hat — und dadurch m.E. zu einer Revitalisierung ihrer theoretischen Grundlage gekommen ist, ungeachtet der Richtigkeit solcher Thesen insgesamt bzw. ihrer spezifischen Anwendung — spielen in der britischen Jugendforschung die Polarisierungsthese zusammen mit der Entstehung neuer Formen sozialer Ungleichheit die Hauptrollen in theoretischen Darstellungen der mittelfristigen britischen (zunehmend auch der europäischen) Zukunft (vgl. Chisholm, 1990a; Büchner/Krüger/Chisholm, 1990).

Es scheint erst jetzt auch wissenschaftlich durchzudämmern, daß die Alt-BRD beileibe keine homogen strukturierte Gesellschaft war, eine wo vornehmlich Chancengleichheit und kultureller Grundkonsens herrschte. Eine Leistungsgesellschaft ja, aber eine, die ziemlich unterschiedliche Leistungsanforderungen und -erfolge ihren sozial und kulturell anders ausgestatteten

BürgerInnen abverlangte und zuwies (vgl. Büchner, 1991; Bertram, 1990). Die Unterbelichtung eindeutiger sozialer Schismen, ob die zwischen Gastarbeiterjugendlichen und ‚der' einheimischen Jugend oder die zwischen den (zumeist bürgerlichen) Alternativlern und der Arbeiterjugend (oder...), ist doch für Außenbetrachter der westdeutschen Jugendforschungsszene sehr augenfällig. Was sich hierzu im Osten abgespielt hat, ist natürlich für alle Westler ungleich weniger präsent gewesen. Daß in der Alt-DDR die gesellschaftliche Homogenität hinsichtlich Chancen und Risiken eine Chimäre war, ‚wußten' alle. Die spannende Frage bleibt weiterhin: wie wirkt das Zusammenspiel von institutionalisierter Homogenität und faktischen systematischen Ausdifferenzierungsprozessen auf Jugendliche in den osteuropäischen Gesellschaftsordnungen ein? Eine Antwort dazu hat noch keiner, die Fragestellung weist aber sowohl auf die ungemeine Komplexität der Problematik des sozialen Wandels als auch auf die prinzipielle Unzulänglichkeit von jeglichem Universalansatz hin (vgl. Brown/Chisholm, 1991),

In der aktuellen hiesigen Jugendforschung herrscht der Konsens, daß die heutige Jugendphase im allgemeinen länger dauert. Sie ist auch eher von der Schule her, als von der Erwerbstätigkeit geprägt. Die Meilensteine der *rite de passage* ins Erwachsenenleben sind (noch) die gleichen wie früher, aber ihre Sequenz verliert sowohl an normativer Kraft als auch an faktischer Gültigkeit. Die Jugendforschung spricht hier von einer gewissen ‚Destandardisierung' der Jugendphase, die aber genauso von einer gleichzeitigen Zunahme von Chancen und Risiken begleitet wird. Jugendlichen wird nicht einfach die Chance, ihren eigenen Lebensentwurf zu gestalten, gewährt — diese übertragene Verantwortung wird zur individuellen Pflicht sich selbst und der Gesellschaft gegenüber. Das Mehr an Freiheit zur Selbstaktualisierung ist an eine Mär des möglichen persönlichen und sozialen Versagens gebunden. Solche Beobachtungen, deren Erscheinung mit dem ökonomisch-technologischen Strukturwandel der westlichen Industriegesellschaften Hand in Hand geht, haben zu andauernden Debatten über die Arbeits- und Lebensorientierungen Jugendlicher geführt (vgl. Baethge u.a., 1988; Baethe/Pelull, in diesem Band; Zoll u.a. 1989; Zinneker, 1990).

An solchen Ansätzen zum Strukturwandel der Jugendphase haftet zum Teil das Problem eines Mangels an kultureller und historischer Spezifizität. Aber es gibt einfach keine homogene Jugend, weder innerhalb eines Staatsgebildes und noch weniger im europäischen Vergleich. Die These der Destandardisierung geht von einer nicht näher präzisierten Standardjugendphase aus, die es allgemein nie gegeben hat. Wenn wir die Jugend geschlechtsspezifisch, klassenspezifisch und im ethnisch-kulturellen Kontext betrachten, sind unterschiedliche Lebensbedingungen und Lebensperspektiven unübersehbar. Zudem schiebt der „Europa-Faktor" die sogenannte regionale Dimension wieder in den Vordergrund — obwohl diese eigentlich immer vorhanden war, nur lange Zeit weniger beachtet. Die regionale Dimension ist analytisch hilfreich, weil sich in ihr soziale und räumliche Integrationsaspekte bündeln: Auf der einen Seite nämlich bringt sie eine Reihe von sozialen Merkmalen auf einen Nenner, auf der anderen Seite wirkt sie (paradoxerweise) grenzüberschreitend. Ich möchte auf keinen Fall behaupten, es gäbe keine Gemeinsamkeiten unter der Jugend insgesamt, noch weniger, daß europäische Vergleichsanalysen sinnlos sind — ganz im Gegenteil. Wichtig sind aber an sich weder die Gemeinsamkeiten noch die Unterschiede, sondern die Relationen zwischen diesen spezifischen Mustern der Lebenslangen und Orientierungen der europäischen Jugend.

Wie wird sich eine „europäisch eingefärbte“ Jugendphase gestalten, welche spezifischen Züge wird diese Lebensphase für bestimmte Gruppe möglicherweise tragen, welche Probleme kommen auf sie zu? In mancher Hinsicht können wir die Rahmenbedingungen des Jugenddaseins voraussehen, in anderer jedoch gar nicht. Wie Jugendliche tatsächlich auf Veränderungen und Kontinuitäten im Zusammenspiel von Chancen und Risiken reagieren werden, darüber können wir nur spekulieren. Eine zunehmende Gleichzeitigkeit von Ungleichheit und Homogenisierung bildet auf jeden Fall den Hintergrund dazu. Auf der einen Seite betrachten wir eine Polarisierung der Lebenschancen und -risiken, die sich im kommenden Jahrzehnt eher zu vertiefen droht — es sei denn, wir verwirklichen ein *People's Europe* und nicht nur einen europäischen Markt. Auf der anderen Seite erfahren wir eine Parallelisierung der institutionellen Erwartungen, die Jugendliche erfüllen sollen, um einen Platz an der Sonne der Erwachsenenwelt zu ergattern. Die Widersprüche drohen zu platzen. Nirgendwo sind die Spannungen größer als bei den sozial Benachteiligten unter den Jugendlichen, nichts ist so problematisch wie die interkulturellen Animositäten, die so als Ventil zur Entladung der Spannung dienen. Ich denke, daß sich hieraus eine wichtige Aufgabe ergibt: In dem Versuch, ein kritisches Aufdecken der wahren Ursachen solcher Spannungen zu ermöglichen. Der altehrwürdige Bildungsauftrag der Gewerkschaften könnte hier zum neuen Leben erweckt werden: Sie können helfen, Jugendliche mit positiven Ressourcen auszustatten, und insbesondere die Jugendlichen, die es am allernötigsten haben. Ich denke in diesem Zusammenhang nicht nur an die sozialen Randgruppen der nordeuropäischen Großstädte, sondern auch an die „Prekären“ unter den europäischen Jugendlichen überhaupt, die manchmal doch auch die numerische Mehrheit darstellen, wie besprochen in Spanien. (Vgl. dazu Paul Kohlhoff/Argimon Maza in diesem Band).

Es ist die Jugendarbeitslosigkeit, die verständlicherweise die Aufmerksamkeit der Politik, der Jugendforschung und auch der Öffentlichkeit in den 80er Jahren auf sich zog. Bildungs- und sozialpolitische Maßnahmen haben in manchen, *wenn auch nicht in allen,* europäischen Ländern dieses Problem — durch den demographischen Strukturwandel maßgeblich beeinflußt — zum

Teil unter Kontrolle gebracht. Egal wie wir die jetzige Lage beurteilen bleibt festzuhalten, daß die Schockwellen dieser Periode eine Langzeitwirkung besitzen. Jugendliche befürchten (mit gutem Recht) eine mögliche Arbeitslosigkeit immer noch, nachdem die Quoten mancherorts zu sinken angefangen haben: Es gibt den sogenannten *time-lag*-Effekt (d.h. eine zeitliche Verzögerung in der Wahrnehmung). Es sind auch nicht nur die Jugendlichen, die am ehesten von *broken transitions* bedroht waren und sind, die ihre Entscheidungen und Lebenspläne deswegen ändern und sich dagegen abzusichern versuchen. Nahezu alle werden darüber nachdenken, viele werden Maßnahmen ergreifen — was Übergangssysteme noch mehr aus der Balance bringt, weil die Eingangsströme in verschiedene Bildungs-, Ausbildungs- und Berufszweige sowohl ihre Zusammensetzung als auch ihre Sollstärke verschieben.

Wir müssen auch bedenken, daß es doch eine Art einmalige Generationserfahrung gibt, die Lebenseinstellungen nachhaltig prägt. Der relative Wohlstand und die Bildungsexpansionsphasen der Nachkriegsära bis Ende der 60er Jahre brachten Generationen hervor, die optimistisch in ihre eigene Zukunft und in das kollektive Problemlösungspotential ihrer Gesellschaften zu schauen lernten. In manchen Ländern stellten sich diese Entwicklungen später ein und/oder klangen früher wieder aus, es gab aber prinzipiell überall Unterschiede zu den Erfahrungen der Vorkriegsgenerationen. Die 70er und die 80er Jahre haben die Tafel wieder gewischt: Sorgenloser Optimismus und hedonistische Abenteuerlust gingen verloren, zurück blieben der Jugendzeit Erfahrungshorizonte, die allzuoft durch Desillusion und Pessimismus auf persönlicher und sozialer Ebene gekennzeichnet sind.

Jugendliche heute sind vorsichtiger geworden. Sie müssen ihre Optionen sorgfältig abwägen, und wenn sie nicht geneigt sind, dies zu tun, werden sie eindringlich dazu ermahnt. Wenn sie den Mahnungen nicht folgen wollen oder — genauso oft — realistischerweise nicht folgen können und danach an dem Eintritt ins Erwachsenenleben scheitern, werden sie für ihr „Fehlverhalten" verantwortlich gemacht. Sogar wenn sie alles Mögliche versuchen, um das ‚Richtige' zu tun, und trotzdem den erfolgreichen Anschluß nicht finden, bleibt die Verantwortung an ihnen selbst hängen. Das hochindividualisierte Leistungsprinzip der modernen Gesellschaft wird zur Geisel der Jugend. Das Paradox der heutigen Jugend besteht darin, daß ihnen ein breites Sortiment von Chancen und Erfahrungen dargeboten, gar aufgedrängt wird. Der Preis dafür aber ist, daß sie einer höheren Versagerquote ausgesetzt sind, und daß die soziale Kluft zwischen den Erfolgreichen und denjenigen, die den Erfolg entweder verpassen oder ablehnen, sich weiter auftut.

Andererseits — und das festzustellen ist mindestens genauso wichtig wie die bisherigen Verallgemeinerungen — sind solche Veränderungen im gleichen Maß und in der gleichen Erscheinungsform nicht überall in Europa vorzufinden. Außerdem sind die unterschiedlichen kulturellen Rahmen, in denen solche Entwicklungen eingebettet sind, von hoher Relevanz (vgl. die Beiträge von Paul-Kohlhoff / Argimon Maza und Segatti in diesem Band). Gerade deswegen schlage ich als Kontrapunkt, als Anregung zur kritischen Reflexion, das Ankerkonzept einer neuen Phase der *Regionalisierung* von Lebenslagen sowie Lebensläufen und von damit verbundenen Chancen und Risiken vor. Mit diesem Begriff wird ein spiralförmiger Prozeß der sozialen und kulturellen Auflösung und Neuformierung räumlich erfaßt, der sowohl soziale Identitätsgrenzen neu zieht als auch eine *systematische Pluralisierung* der Konstitutionsbedingungen des Aufwachsens mit sich bringt. Im verwandten Sinne hat Paul-Kohlhoff auf einer internationalen Jugendtagung den Begriff *Verdichtung* verwendet, um die schnellen und tiefgreifenden Transformationsprozesse in den europäischen „Randstaaten" jenseits der Idee einer identischen, aber kurzzeitigen Wiederholung der Modernisierungslinien in den nordwesteuropäischen Ländern theoretisch zu erfassen. Verdichtung ist daher als ein sozialökonomisch und kulturell spezifischer Prozeßablauf zu verstehen, wobei sich Themen, Muster und Rhythmisierung unterschiedlich zusammensetzen und spezifische Wechselwirkungen untereinander erzeugen.

Ein solcher Ansatz sollte uns nicht dazu verleiten, sozial strukturelle Erklärungsmodelle als überholt zu bezeichnen. Vielmehr müssen wir uns komplexeren Zusammenhängen, gesellschaftlichen Tiefensystematika, zuwenden. Mit diesem Gedanken im Hinterkopf spreche ich von Regionalisierungsprozessen als systematische Pluralisierung. Es kommt auch nicht von ungefähr, daß italienische Ansätze zu dieser Problematik ähnlich gelagert sind: Gesamteuropäisch betrachtet, finden sich Mittel- und Süditalien genauso wie Nordengland und Nordirland an den Rand gedrängt (vgl. Cavalli, 1991; Chisholm, 1990b; Bendit, 1990). Wir brauchen hier sowohl das Konzept der selektiven Modernisierung (vgl. Zinnecker, 1991) als auch das Zentrum-Peripherie-Konstrukt, um ein oberflächliches Defizitmodell zu vermeiden und gleichzeitig um die eindeutige Systematik der Verteilung von Chancen und Risiken, sprich: von sozialen Ungleichheiten, nicht aus dem Auge zu verlieren. Systematische Pluralisierung impliziert aber eine *Gleichzeitigkeit* von Ausdifferenzierungs- und Homogenisierungsprozessen. Ausdifferenzierungen haben hier sowohl einen vertikalen als auch einen horizontalen Charakter, sie können — müssen aber nicht — auch einhergehen mit Polarisierungsprozessen. Sie führen aber sicherlich zu neuen sozialen und kulturellen Identitäten — insofern werden die alten Grenzen abgeschafft, sowohl im politisch-territorialen als auch im kulturell-kommunikativen Sinne. Hieraus werden m.E. neue, *vielleicht* flexiblere, Grenzen gezogen: Horizontal finden sich die kommenden Generationen in neuen, überschaubaren regionalen Identitäten zuhause, vertikal bilden sich vermehrt statusgruppenbezogene Identitäten heraus. Dabei wird sich nicht nur die geographisch-berufliche aber genauso eine gewisse *kulturell-sprachliche* Mobilität als von maßgeblicher Bedeutung erweisen.

Was hält aber das ganze Konstrukt zusammen, wenn wir davon ausgehen, daß komplexe Ausdifferenzierungsprozesse für das Aufwachsen konstitutiv werden? Die notwendige Homogenisierung findet dann weniger über eine gruppenbezogene kulturelle Identitätsbildung statt, eher über eine subjektbezogene Standardisierung der sozialen Regulierungssysteme des Aufwachens, d.h. primär über das (Aus-) Bildungssystem und über soziale Übergangssysteme generell. Diese Systeme regulieren u.a. die punktuellen Schaltungen im Lebenslauf zwischen — *ideologisch* betrachtet — privaten und öffentlichen, partikularistischen und universellen, emotionalen und rationalen Lebenssphären. Bis jetzt sind auch diese Lebensmomente und -erfahrungen in den europäischen Ländern höchst unterschiedlich gestaltet worden. Es ist zu vermuten, daß gerade hier eine Homogenisierung stattfinden wird. Dabei wollen wir keinesfalls in die Falle einer eindimensionalen Evolutionstheorie hineintappen, die explizit oder implizit annimmt, daß die Muster, die wir heute in Dänemark beobachten, wir morgen oder übermorgen in Portugal feststellen werden (vgl. Chisholm, 1991). Wir dürfen eher vermuten, daß Unterschiede zwischen Jugendlichen innerhalb eines Nationalstaats an Bedeutung gewinnen, während Unterschiede zwischen den Nationalstaaten an Signifikanz verlieren. Mit anderen Worten, sogenannte „Nationalkulturen" geben uns weniger Aufschluß über die Lebensverhältnisse und Werteinstellungen von Jugendlichen als Regional- und Statuskulturen im kleineren Format dies können.

Die zunehmende Alltäglichkeit einer Auslandsreise und der Satellitenkommunikation bringen hierzu widersprüchliche Folgen mit sich. Auf der einen Seite wird das vermeintlich Exotische ins Vertraute eingeblendet, und es werden dabei unterschiedliche Lebensweisen gekreuzt. Gleichzeitig entsteht der Eindruck einer etwas monotonen Welt. Die einzigartige Authentizität der persönlichen Erfahrung geht scheinbar verloren. Möglichkeiten zur Selbstreflexion durch die Konfrontation mit einem *Alter* (d.h. mit einem anderen Menschen) werden, im Überfluß vorhanden, nunmehr beispielhaft für die absolut entwertete Relativität von Lebensstil abgewertet. In dem Konzept — und in der zukünftigen Praxis — der *virtuellen Realität* nimmt dieser Verlust an alten Grenzen doch konkrete Gestalt an. In der neuen Welt ist es völlig irrelevant, ob der Kaiser nun nackt oder angezogen ist: *Wir* entscheiden, zumindest der Erscheinung nach.

Andererseits stimmt es in der Tat, daß Gruppen verschiedenster Art grenzüberschreitende Kontakte viel einfacher als früher aufnehmen können. Wir müssen umdenken: Junge NorwegerInnen im Vergleich zu jungen FinnInnen oder jungen IntalienerInnen sind immer weniger die relevanten Maßstäbe, wenn wir Werteinstellungen und Lebensweisen unterscheiden wollen. Die europäischen Kulturmuster sind dafür schon fast zu komplex geworden, und sie werden sicherlich noch komplexer. Wenn wir aber die Auswirkungen der *virtuellen und tatsächlichen Mobilität* als Grundlage solcher Entwicklungen bedenken wollen,gilt es, uns an der regionalen Dimension zu orientieren. Sie ermöglicht uns, Gruppen zu identifizieren, die aus spezifischen Faktorenkomplexen nicht oder weniger an diesen Mobilitäten, mit all ihren positiven und negativen Folgen, teilhaben. Es gehören zum Beispiel arbeitslose Jugendliche dazu; es gehört die Landjugend dazu; es gehören aber auch JungarbeiterInnen dazu.

Auf die Verschulung der Jugendphase sollten wir jetzt zurückkommen, um eine zentrale Dimension der Situation der heutigen und zukünftigen Jugend insgesamt zu unterstreichen. Schulen stellen ein anders strukturiertes Sozialisationsumfeld als das der Familie oder des Arbeitsplatzes dar. Der Aufbau moderner Bildungssysteme distanzierte Kinder und Jugendliche von partikularistischen und *gruppenbezogenen* Normen, Werten und Verhaltensweisen. Sie wurden als *Individuen* in einer universalistischen Schulkontext repositioniert. Das Grundprinzip der modernen Bildungspolitik heißt Meritokratie, das der modernen Pädagogik die optimale Förderung von individuellem Potential. Beide betonen die *Unterschiede zwischen Menschen* im Gegensatz zu ihren Gemeinsamkeiten, die als Solidaritätsbasis in der Familie und am Arbeitsplatz galten und teilweise noch gelten. Familien und Arbeitsplätze gibt es noch (obwohl sie auch individualisiertere Formen annehmen). Jugendliche erfahren die Arbeitswelt aber später; sie verbringen eine wichtige Phase der Identitätsbildung im Bildungssystem. Dagegen arbeitete früher die Mehrheit schon. Mit anderen Worten, europäische Jugendliche werden eher zu individualisierten als zu ‚kollektivierten' Subjekten.

Individualisierungsprozesse in dieser Formulierung sind nicht prinzipiell negativ zu beurteilen. Sie eröffnen den Weg zur Selbstaktualisierung, zur Selbstbestimmung, zu höheren Ansprüchen und Erwartungen — insbesondere für Jugendliche, die sonst wenig Chancen hätten, überhaupt etwas anderes oder etwas mehr zu beanspruchen. Gleichzeitig entfernen sich Menschen voneinander, gleichzeitig verlieren Traditionen und Normen ihre im positiven Sinne integrative Kraft. Es ist daher kein Zufall, daß hochindividualisierte postmaterielle Werte (wie Selbstverwirklichung, ästhetische und intellektuelle Befriedigung, soziale Anerkennung, usw.) unter den Jugendlichen mit kollektiven Qualitäten wie intensivem kommunikativem Engagement gepaart sind.

Auf jeden Fall liegt es auf der Hand, daß alle Jugendlichen in steigendem Maß unter Druck geraten werden, ihre Teilnahme am (Aus-) Bildungsangebot zu verlängern, hierin ihre Leistungen zu erhöhen und zu erweitern. Vielleicht wird Schule tatsächlich der Lohnarbeit immer ähnlicher. Wenn immer mehr Jugendliche die Schule noch „ernster" als früher nehmen müssen, sollte ihr gesteigerter Instrumentalismus nicht überraschen. Sie müssen sich nämlich fragen, wie sie am effektivsten zu den Abschlüssen kommen, die ihnen die bestmöglichen Startchancen verleihen. Da bleibt wenig Zeit für die „Muse" übrig, die sowieso hauptsächlich für die bürgerliche Jugend jemals einen Sinn machte. Paradoxerweise führt ein intensiver Instrumentalismus womöglich zu einer intensivierten Suche nach intrinsischen Werten und Aktivitäten *außerhalb* der öffentlichen Sphären des Bildungssystems und des Arbeitsmarkts.

Unter solchen Bedingungen erfahren viele Jugendliche eine Welt, die sich ständig beschleunigt, wie ein endloser Vortex. Dieser Strudel schluckt auch alles. Erfahrungen werden sofort in ein fließendes Muster verarbeitet, das man nur momentan in Augenschein nimmt, bevor es wieder in die Vergangenheit verschwindet — möglicherweise *unverarbeitet*. Wie Baudrillard (während des Golfkriegs im ‚Spiegel') treffend bemerkte, hat das *Wirkliche* bei den sich mit Lichtgeschwindigkeit ausbreitenden Bildern gar keine Zeit zu passieren. Es wird deswegen wichtig, Jugendliche mit den entsprechenden Ressourcen auszustatten. Sie brauchen komplexere Aufnahme- und Analysefertigkeiten, sie brauchen kulturelle Kompetenzen, um bewußt und mit Selbstvertrauen *mobil zu werden, ohne ihren Halt zu verlieren*. Diese Ressourcen brauchen sie, ob sie tatsächlich ihren Lebensstil und ihre Laufbahn internationalisieren oder nicht.

Vor kurzem las ich in dem Ergebnisbericht einer Tagungsgruppe genau zu dem Thema ‚Internationalisierung von Lebensbezügen Jugendlicher' folgendes:

> Gestern ging es vor allem ums Geld. Und Geld, scheint es, gibt es bei der EG sehr viel, und mir kam es ... vor ..., es galt einfach einmal Schneisen zu schlagen zu diesen Geldtöpfen hin, ... doch Geld allein macht nicht glücklich ... Einige Gesprächspartner hatten sich ... eine Antwort auf die Frage gewünscht, was denn Europa 92 konkret für einzelne Jugendliche bedeute. Der europäische Binnenmarkt macht es möglich, von den anderen Ausbildungssystemen zu profitieren, zu lernen und eigene Standpunkte zu überprüfen. Einzelne Jugendliche allerdings werden diese Chance wohl kaum nutzen. Sie sehen sich vielmehr einer zunehmenden Verdichtung und Konfrontation der Kulturen gegenüber, die sie nur schwer einordnen können. Wie ihnen trotzdem ein Bild des kommenden Europas didaktisch und pädagogisch zu vermitteln sei, [dazu gab es] in der Diskussion ... keine definitiven Konzepte. Angeregt wurde, es solle gemeinsame Arbeitsprojekte geben, Beispiel Berlin-Sardinien, und das Kennenlernen von Partnerländern solle erleichtert werden ... Bisher seien die Austauschmöglichkeiten in den eurpäischen Ländern nicht voll ausgeschöpft ... Allerdings werden nicht alle Jugendlichen an solchen Programmen teilnehmen können, werden aber mit dem Anwachsen von arbeitsplatzbezogenen Qualifikationen und ... mit dem Abwandern ganzer Produktionszweige ins EG-Ausland ... konfrontiert sein. Europa kann auch zu einer Angst vor Europa führen, zur Furcht vor dem kommenden Konkurrenzkampf, der vielleicht nicht so real ist wie eben die Furcht vor ihm. Im Denken und Hoffen der Jugendlichen aber spielt er eine nicht zu unterschätzende Rolle, vor allem für jene Jugendlichen, die ohnehin schon benachteiligt sind. Für sie also haben die kommenden Veränderungen der Lebensbezüge durchaus zwei Gesichter, wobei wir immer von der Zukunft reden. Tatsächlich haben sich die Lebensbezüge der Jugendlichen aber schon verändert ... wir sehen es nur noch nicht. (Jäger, 1989, S. 143; männliche Sprachformulierungen von mir ins Plural umgeschrieben, L.C.)

Und das mit Bezug auf die (noch) wohlhabende Bundesrepublik.

Mobilität ist auch immer vornehmlich eine Sache der Jüngeren gewesen, besonders der jungen Männer, und unter ihnen der Landsknechte und der Arbeiter. Im Extremfall Irlands hat die andauernde Auswanderung zu einer nahezu stetigen Bevölkerungsabnahme geführt. 1841 betrug die Bevölkerungszahl zirka 6,5 Mio, bis 1971 sank sie kontinuierlich auf knapp 3 Mio, 1981 betrug sie dann 3,4 Mio, seitdem blieb sie stabil um 3,5 Mio, seit 1987 sinkt sie wieder leicht (NESC, 1991). Es ist offensichtlich, daß der irische Arbeitsmarkt auf absehbare Zeit seine Jugendlichen schlichtweg nicht selbst absorbieren kann. Die Entscheidung, auf Zeit oder auf immer auszuwandern, ist seit langem eine normativ und kulturell fest verankerte Option. Die Internationalisierung von Lebensbiographien ist in Irland schon institutionalisiert, insbesondere in hochqualifizierten Berufssparten: Erfahrungen im Ausland gelten quasi als Vorbedingung zu einer Rückkehr auf einen höheren Posten in der Republik.

Die kulturelle Kompetenz solcher IrInnen ist so zum Teil vorprogrammiert. Eine generelle Aufgeschlossenheit seitens der jungen IrInnen ist sowohl in Irland als auch überall in Europa zu spüren. Nur gibt es auch dort eine scharfe Polarisierung: Zwischen denjenigen, die sich im Bildungssystem qualifizieren (und mittlerweile nimmt gar ein Drittel jedes Jahrgangs an höheren Bildungsgängen teil), und denjenigen, die die Schule mit einem schlechten oder gar keinem Abschluß verlassen, klaffen Welten. Es sind überproportional die qualifizierten Jugendlichen, die heutzutage ins Ausland gehen, seit 1945 und immer noch primär nach Großbritannien. Es gehen aber auch viele, die mit Ressourcen *aller Art* sehr schlecht ausgestattet sind, insbesondere Jugendliche aus Dublins Armenvierteln. Während sehr viele Jugendliche beider Gruppen Probleme haben, eine ihrer Qualifikation angemessene Arbeitsstelle und noch mehr eine bezahlte Unterkunft zu finden (da die meisten in die Großstädte, besonders nach London, ziehen), schaffen es natürlich die besser Ausgestatteten viel leichter, sich zu etablieren. Die Schwächeren schaffen es oft einfach nicht. Sie enden auf der Straße, in der Jugendkriminalität und in der Drogenszene.

Über die historischen und aktuellen Schwierigkeiten der irischen Jugend, sowohl beruflich als auch kulturell und persönlich in Großbritannien Fuß zu fassen, könnten wir lange nachdenken. Sie bieten uns ein sehr gutes Beispiel für die Probleme, die auf uns im gesamten Europa noch intensiver als bisher zukommen werden. Gerade als Engländerin möchte ich nicht lediglich auf spezifische Probleme hinweisen, ob im Hinblick auf die IrInnen als Minoritätsgruppe in Großbritannien, oder auch mit Bezug auf alle Einwanderungs- und ethnischen Minoritätsgruppen in meinem Lande. Ich würde mich lieber auf die positiven Seiten der Wanderschaft konzentrieren, auf Erfahrungen die ich persönlich gemacht habe und weiterhin mache, und die ich anderen gerne wünsche.

Die eigentliche Schwierigkeit liegt darin, daß Menschen wie ich, die LeserInnen dieses Bands und die weltgewandten, gutqualifizierten IrInnen eigentlich gar keine nennenswerten Schwierigkeiten haben, in der Welt irgendwie zurechtzukommen. Wir verlieren nicht den Gemeinsinn: Wir erfinden ihn immer wieder neu, wo immer wir uns befinden. Das Problem vieler Jugendlichen besteht aber darin, daß sie nicht mal die Möglichkeiten haben, mit ihrer eigenen Kultur und Gesellschaft zurechtzukommen, geschweige denn sich mit einer anderen zu arrangieren. Teilweise werden die Ressourcen und Kompetenzen, die sie persönlich und kulturell einbringen könnten, schlichtweg verkannt oder aberkannt, ob im Bildungs- oder im Beschäftigungssystem. Aber genauso werden ihnen viele Möglichkeiten zur persönlichen Entwicklung und zur Eröffnung von Lebenshorizonten einfach vorenthalten. Die handfesten Benachteiligungen, die ihr Leben zuhause und noch mehr in der Fremde begleiten, vermischen sich nur zu verständlich mit dem Verlangen nach Zugehörigkeits- und Selbstwertgefühlen. Dies schafft ein potentielles Explosionsgemisch, das wir schleunigst entschärfen müssen, gerade im Zuge einer wie immer ausgearteten „Europäisierung".

Mit diesem Beitrag möchte ich zum Nachdenken anregen. Meines Erachtens betrachten wir nicht lediglich einen signifikanten ‚Generationswechsel' der Lebens- und Erfahrungswelten zwischen der Jugend der 70 / 80er Jahre und der Jugend des kommenden Jahrzehnts, sondern wir alle stehen in der Tat an der Schwelle zu einer neuen europäischen Epoche. Die Interessenvertretungsorgane der Jugend, also auch die Gewerkschaften, müssen sich genauso umorientieren. Hier ist es wichtig, sinkende Mitgliederzahlen und eine verminderte Bereitschaft zur aktiven Teilnahme in einem breiteren Kontext zu sehen. Nicht nur die Gewerkschaften, aber auch Jugendverbände aller Art in ganz Europa registrieren diese Entwicklungen. Strukturveränderungen am Arbeitsmarkt, steigende Teilnahmequoten am höheren Bildungswesen und der demographische Wandel mögen stichhaltige Erklärungen hierzu anbieten, wir ahnen aber, daß sie alleine nicht ausreichen.

Die dänische Gesellschaft zum Beispiel verzeichnet seit jeher eine sehr hohe Partizipation aller Altersstufen in Freizeit-, Sport- und Kulturvereinen (d.h. *foreninger*). Obgleich es noch keine systematischen Erhebungen gibt, sind sich dänische Jugendforscher, Politiker und Praktiker darüber einig, daß sowohl die Teilnahmequoten der Jugendlichen insgesamt seit etlichen Jahren abnehmen als auch, daß sich die Zusammensetzung und die Präferenzen der Teilnehmer verschieben (s. dazu Riickjaer, 1990, ähnliche Trends sind für Irland empirisch gut belegt, S. Renayne, 1991 für die Alt-Bundesrepublik s. Sack, 1980, 1986). Sportvereine bilden eine Ausnahme, aber auch hier interessieren sich Jugendliche (Mädchen und Jungen) eher für moderne, Individualsportarten als für den traditionellen Teamsport. Allgemein betrachtet bildeten die städtischen Jungarbeiter (hier in der Tat männlich) die traditionelle ‚Problemgruppe' für die dänische Jugendarbeit: Sie ließen sich sozusagen weniger vereinnahmen. Daß die Jungarbeiter*innen* wahrscheinlich genauso fehlten, ist weniger aufgefallen, da sie selbst in der Öffentlichkeit nicht auffällig waren. (Zum Thema Moralpolitik i.b.a. die männlichen Jungarbeiter in England, s. Pearson, 1983.) Es waren offenbar die Landjugend und die Mittelschichtjungen, die als Hauptstütze des Jugendvereinslebens galten (und vermutlich nicht nur in Dänemark).

Jetzt wandern auch sie ab, dafür steigt die Teilnahmequote der Mittelschichtmädchen. Mädchen könnten so als Rettungsanker für die Zukunft von Jugendverbänden fungieren, genauso wie die Gewerkschaften ein wachsendes (vielleicht wiedererwachtes?) Interesse für die Belange und das Potential der weiblichen Beschäftigten entdeckt haben.

Jenseits solcher Feststellungen ist es eindeutig, daß überall die verschiedenartigsten Interessenvertretungsorgane der Jugend nach Erklärungsmodellen und Lösungsansätzen zum Problem der organisierten sozialen und politischen Partizipation der Jugend suchen, wobei das soziale und politische Engagement bei den europäischen Jugendlichen prinzipiell ganz und gar nicht fehlt (s. dazu CEC, 1982, 1987). Daher der Schluß der Dänen: Das Problem liegt an der *Organisationsform*. Wenn Jugendliche sich selbst ‚organisieren' dürfen, statt organisiert und professionell betreut zu werden, sind sie wieder zur Partizipation bereit (vgl. dazu — für die Niederlande — Van Teeffelen in diesem Band). An der blanken Richtigkeit dieser Analyse mag man zweifeln, die Angehensweise ist auf jeden Fall korrekt.

Es geht nicht darum, wie Jugendliche dazu gebracht werden können, die Zukunft der Gewerkschaften zu sichern. Die Gewerkschaft als politisches Konzept, als Errungenschaft der arbeitenden BürgerInnen, ist von herausragender Bedeutung. Allerdings waren Gewerkschaften weniger für die Interessenvertretung der gesamten Arbeiterschaft konzipiert, und sicherlich haben sie in diesem Sinne nicht einwandfrei agiert. Gewerkschaften wurden für die Interessenvertretung gewisser Fraktionen der Arbeiterschaft geschaffen. Die Wahrnehmung dieser Interessen führte allzu oft zum konkreten Nachteil anderer schlechtergestellter Gruppen wie den un/angelernten Arbeitern und den Frauen insgesamt (s. für Großbritannien z.B. Cockburn, 1983; Payne, 1989).

Genauso im Fall der Jugend: Die Verteilung Jugendlicher auf dem Arbeitsmarkt und ihre unvorteilhafte tarifliche Einstufung sind nicht ausschließlich dem Erfolg von Arbeitgeberstrategien zuzuschreiben. Sie sind auch Konsequenz einer gewissen Interessenallianz zwischen Arbeitgebern und Facharbeitergewerkschaften, die gleichfalls zum Nachteil weiblicher Erwerbstätiger wirkte (s. hier Chisholm, 1988). Die einschlägigen britischen Studien weisen ausdrücklich darauf hin, daß die niedrigen Mitgliederquoten von Jugendlichen bei den Gewerkschaften mit ihrer *objektiven* Lage auf dem Arbeitsmarkt zu tun haben (s. Blyton und Ross, in diesem Band). Daß die unter 25jährigen Erwerbstätigen tendenziell die benachteiligten Sektoren eines segmentierten Arbeitsmarkts bevölkern, ist nichts Neues. Sie wurden aber mit der Zeit Erwachsene, sprich, sie wurden als Beschäftigte höhergestuft. Also war der Eintrittspreis für die Arbeitswelt der Erwachsenen die Zeit des ‚sozialen Beitragzahlens' im voraus, im Englischen treffend ausgedrückt mit der Phrase *paying one's dues*, die in der Tat dem gewerkschaftlichen Usus abgeleitet ist. Neu ist allerdings, daß sich die Vertrags- und Arbeitsbedingungen von immer größeren Beschäftigungsgruppen und -schichten denjenigen (wieder) annähern, die traditionell auf dem Jugendarbeitsmarkt gelten, d.h. prekäre, flexibilisierte, stark hierarchisierte Formen. Mit anderen Worten: Die gegenwärtige Umstrukturierung der Arbeitswelt schafft eine sehr polarisierte aber auch individualisierte Erfahrungsgrundlage, die einer gruppenbezogenen, solidarischen Interessenvertretung zuwiderläuft. Insofern sind die Sorgen um die Einstellungen Jugendlicher zu den Gewerkschaften letztendlich nicht rein jugendspezifisch.

Es geht aber nicht so sehr um das Überleben der Gewerkschaft als Organisationsform der Interessenvertretung, eher geht es um eine Erneuerung ihres sozialen Auftrags. Mit diesem Beitrag wollte ich insbesondere darauf hinweisen, daß Gewerkschaften sehr viel im Bildungsbereich leisten können und leisten müssen, und zwar im Sinne von Bildung als wahrer Kulturpolitik. Die Übergangssysteme der staatlichen (Aus-)Bildungswesen in Europa sind zunehmend stark reguliert und konkurrenzbehaftet; es findet zudem eine Explosion des privaten Angebots statt. So zum Beispiel ist die Breitband-Garantie der Volkshochschulen durch das Schmalspur-Angebot der Privatwirtschaft in den beruflichen und fremdsprachlichen Bereichen gefährdet. Oder, wie es zur zeit in den neuen Bundesländern geschieht, wird die Lücke im Jugendfreizeitangebot nach dem Ableben der FDJ hauptsächlich kommerziell gefüllt: Weder die ostdeutschen Betriebe noch die Kommunen können die Jugendarbeit nach westdeutschem Muster subventionieren.

Diese Entwicklungen erfordern wirksame Reaktionen und Gegenmaßnahmen, gerade im Interesse der Jugendlichen, ob sie noch im (Aus-)Bildungssystem, schon am Arbeitsplatz oder arbeitslos sind. Die Arbeiterbewegung hatte von Anfang an den Anspruch, nicht nur Kultur und Bildung allen zu ermöglichen, sondern auch eine kritische, emanzipatorische Bildungsperspektive zu fördern. Weite Tätigkeitsfelder eröffnen sich hier: Jugendliche sind möglicherweise eher über Angebote zu erreichen und zu begeistern, die ausdrücklich *nicht* leistungs- sondern partizipations- und kommunikationsorientiert sind. Letztendlich brauchen Gewerkschaften Mitglieder und FunktionsträgerInnen, die über ein kritisches Bewußtsein verfügen. Das Potential dazu haben sehr viele Menschen, erreichen tun's noch zu wenige. Kritisches Bewußtsein wird auf dem Grundstein einer behutsamen Konfrontation mit gesellschaftlichen Widersprüchen, die auch in der eigenen Identität verwoben sind, gebaut. Dieser Lernprozeß ist eine pädagogische Aufgabe ersten Rangs, derer sich die Gewerkschaften im Interesse der Jugend insgesamt annehmen könnten. Die Investition würde sich sicherlich lohnen. Aber am wichtigsten wäre es, die unterprivilegierte Jugend stets in den Mittelpunkt zu rücken: „Wessen Eltern es versäumt haben, in der Kindheit auf eine gute Schulbildung zu achten, oder wer ... das Pech hatte, nicht den richtigen Ausbildungsplatz zu bekommen, hat heute weniger individuelle Korrekturchancen als [frühere Generationen] ...

Für die größer werdende Gruppe am unteren Ende der Sozialstruktur droht eine neue hermetische Abgeschlossenheit" (Baethge u.a., 1988, s. 54). Das Rückbesinnen auf die Schwachen dieser Welt, ungeachtet ihrer Staatszugehörigkeit, tut not.

Literatur

Baethge, M. u.a. (1988) *Jugend: Arbeit und Identität* Opladen

Behnken, I. / Zinneker, J. (1991) ,Vom Kind zum Jugendlichen, Statuspassagen von Schülern und Schülerinnen in Ost und West' in Büchner / Krüger, ebenda

Bendit, R. (1990) *Jugend in Europa — Europäische Jugend? Lebenslagen und Orientierungen Jugendlicher im Europa der Gemeinschaft*. Beitrag für die Deutsch-Französische Arbeitstagung *Wandlungen der Jugend sowie der Vorstellungen von der Jugend in Deutschland und Frankreich*, Vaucresson, Oktober

Bertram, H. (1990) *Jugend in Deutschland* Beitrag für die Deutsch-Französische Arbeitstagung *Wandlungen der Jugend sowie der Vorstellungen von der Jugend in Deutschland und Frankreich*, Vaucresson, Oktober

Brown, P. / Chisholm, L. (1991) (i.D.) ,Nicht so wie manche Eltern für manche Jugendliche'. Überlegungen zum ,neuen kulturellen Modell' in R. Zoll (Hrsg.). *Das neue kulturelle Modell. Internationales Symposium* Opladen

Büchner, P. (1991) ,Leben und Lernen in der Schule. Trends der Schulentwicklung in der BRD seit den 60er Jahren' in P. Büchner / H.-H. Krüger (Hrsg.). *Aufwachsen hüben und drüben*. Opladen

Büchner, P. / Krüger, H.-H. / Chisholm, L. (Hrsg.) (1990) *Kindheit und Jugend im interkulturellen Vergleich*. Opladen

Cavalli, A. / Dubsky, V. / Molnar, P. (1991) ,Aufwachsen in Deutschland aus europäischer Sicht', in Büchner / Krüger, ebenda

Chisholm, L. (1988) ,Strategien und Erfahrungen mit „Equal Pay for Work of Equal Value", in Großbritannien' *ifg Frauenforschung* 6, 4, S. 70 - 79

Dies. (1990a) ,Auf der Suche nach einem schärferen Objektiv: Jugendforschung, Jugendliche und sozialer Wandel in Großbritannien', in Büchner / Krüger / Chisholm, ebenda

Dies. (1990b) *Young Europeans in Transition: Circumstances and Orientations towards 2000*. Vortrag an das Kolloquium *International Youth Exchange in a Changing Europe*, Hamburg, September

Dies. (1991) ,Alte Karten neu gemischt? Europäische Regionalisierungsprozesse als systematische Pluralisierung am Beispiel Großbritanniens', in Büchner / Krüger, ebenda

Cockburn, C. (1983) *Brothers: Male Domincance and Technological Change London*

CEC (Commission of the European Communities) (1982) *The Young Europeans An Exploratory Study of 15 - 24 Year Olds in EEC-Countries* Directorate-General for Information, Brüssel

Ders. (1989) *Young Europeans 1987*, Luxemburg.

Jäger, M. (1989) ,Internationalisierung von Lebensbezügen Jugendlicher. Ergebnisbericht' in *Ressource Mensch Aus- und Weiterbildung. Die Zukunftsformel für Jugendliche?* Tagungsreihe Zukunftsforum Jugend 2000, Protokolldienst der Evangelischen Akademie Bad Boll, September

National Economic and Social Council (1991) *The Economic and Social Implications of Emigration* Report No. 90, NESC, Dublin

Payne, J. (1989) ,Trade Union Membership and Activism Among Young People in Great Britain' *British Journal of Industrial Relations 27, 1, S. 111 - 132*

Pearson, G. (1983) Hooligan. A History of Respectable Fears. London

Sack, H.-G. (1980) ‚Jugend, Sportverein und sozialer Wandel‘ in Quell, M. (Hrsg.) (Hrsg.) *Sport, Soziologie und Erziehung*, Berlin

Ders. (1986) ‚Zur Bedeutung des Sports in der Jugendkultur. Eine Reanalyse der Studie Jugend '81‘, in Pilz, G. A. (Hrsg.) *Sport und Verein. Reinbek*

Zinneker, J. (1990) ‚Kindheit, Jugend und soziokultureller Wandel in der Bundesrepublik Deutschland — Forschungsstand und begründete Annahmen über die Zukunft von Kindheit und Jugend‘ in Büchner / Krüger / Chisholm, ebenda

Zoll, R. u.a. (1989) *Nicht so wie unsere Eltern! Ein neues kulturelles Modell?* Opladen

Teil II:
Berichte aus der gewerkschaftlichen Praxis

Richard Ross

Jugendliche und Gewerkschaften in Großbritannien*

Einleitung

Dieser Aufsatz beschäftigt sich mit den Maßnahmen, die Großbritanniens Gewerkschaften getroffen haben, um mit jungen Menschen in Kontakt zu treten, sie zu werben, zu organisieren und zu fördern. Er untersucht die wirtschaftlichen und beschäftigungspolitischen Hintergründe sowie die Motive hinter diesen gewerkschaftlichen Maßnahmen. Des weiteren werden einige Projekte als Beispiele vorgestellt und Konsequenzen für die Zukunft nahegelegt. Dieser Aufsatz behandelt das Thema „Junge Menschen und die Gewerkschaften" in bezug auf folgende Gruppen:

— Schüler / Studenten
— Auszubildende
— junge Arbeitnehmer
— junge Gewerkschafter

Diese werden einzeln abgehandelt, da jede Gruppe ihre eigene Strategie erfordert, obwohl es einige Überschneidungen gibt.

Hintergründe

Bei den Gewerkschaften setzt sich allmählich die Erkenntnis durch, daß es notwendig ist, speziell junge Menschen zu werben und zu organisieren. Diese Erkenntnis resultiert aus dem Mitgliederschwund, den die Gewerkschaften im letzten Jahrzehnt zu verzeichnen hatten. Es wäre jedoch falsch anzunehmen, daß die Gewerkschaften jungen Menschen gegenüber eine rein instrumentelle Haltung einnähmen, daß sie an ihnen lediglich aus Gründen der Mitgliedergewinnung interessiert wären. Wie wir zeigen wollen, sehen sich die Gewerkschaften seit langem der Aufgabe verpflichtet, dafür Sorge zu tragen, daß

* Übersetzung aus dem Englischen von Sabine Hedinger

Schüler im Unterricht über die Welt der Arbeit auch Rolle und Funktion der Gewerkschaften kennenlernen — ein Anliegen, das über die Motivierung von Schülern für den Beitritt zu einer Gewerkschaft weit hinausgeht.

Gewerkschaftliche Organisation

Seit mehr als zehn Jahren haben unsere Gewerkschaften einen erheblichen Mitgliederschwund zu verzeichnen. Der höchste Stand gewerkschaftlicher Organisation wurde 1979 mit 13,5 Millionen Mitgliedern erreicht; mittlerweile liegt er bei etwa 10 Millionen (Department of Employment Figures). Dies bedeutet, daß die Anzahl der gewerkschaftlich Organisierten unter Großbritanniens Arbeitnehmern von über 55 % auf etwa 40 % gesunken ist. Dieser Rückschritt läßt sich zum großen Teil durch den Niedergang der traditionellen Produktionsbereiche Kohle, Stahl, Schiffbau und Maschinen- und Gerätebau erklären — Bereiche, in denen der gewerkschaftliche Organisationsgrad besonders hoch war. Der Beschäftigungsrückgang in diesen Industriezweigen wirkte sich entsprechend negativ auf die Zahl der gewerkschaftlich Organisierten aus. Ökonomisches Wachstum hat in letzter Zeit nur in Sektoren mit niedrigem gewerkschaftlichen Organisationsgrad stattgefunden, beispielsweise bei den Dienstleistungen oder ganz allgemein im Bereich nichtkörperlicher Arbeit; zudem wurden besonders viele Halbtagsstellen eingerichtet. Für junge Menschen gab es einen entsprechenden Rückgang an Beschäftigungsmöglichkeiten. Statt gleich eine Arbeitsstelle zu finden, treten mittlerweile die meisten jungen Menschen in das staatliche Berufsausbildungsprogramm Youth Training (YT) ein. Unter jungen Menschen ist der gewerkschaftliche Organisationsgrad niedrig. So beträgt er beispielsweise bei den 16 - 19jährigen nur etwa 16 % und bei den fünf Millionen junger Arbeitnehmer zwischen 16 und 25 Jahren etwa 25 %.

Erklärungsansätze

Zahlreiche Versuche sind unternommen worden, um den Rückgang der gewerkschaftlichen Organisierung durch Faktoren wie etwa Einstellungsänderungen zu erklären. Die überzeugendsten Erklärungsansätze beziehen sich jedoch auf ökonomische Faktoren wie den Konjunkturzyklus (siehe z.B. R. Disney, British Journal of Industrial Relations, Juli 1990: „Explanations of the Decline in Trade Union Density: An Appraisal"). Auf ähnliche Weise wurde versucht, den niedrigen Organisationsgrad bei jungen Menschen zu begründen. In einem Artikel im British Journal of Industrial Relations („Trade Union membership and activism among young people in Great Britain“, März 1989) überprüft Joan Payne die vorgebrachten Argumente. Ihrer Einschätzung nach spielen die Charakteristika des Arbeitsplatzes eine entscheidende Rolle für die Frage, ob sich jemand zum Eintritt in eine Gewerkschaft entscheidet. Zu diesen Charakteristika gehören regionale Faktoren, die jeweilige Branche, die Größe eines Betriebes und die entsprechenden Erträge. In Betrieben, in denen eine Gewerkschaft als Interessenvertretung wahrgenommen wird, sind junge Menschen eher bereit, Mitglied zu werden. Ihr niedriger gewerkschaftlicher Organisationsgrad ist der Tatsache geschuldet, daß sie in den Bereichen überrepräsentiert sind, in denen die Gewerkschaften relativ schwach vertreten sind. Statt in Fabriken zu arbeiten, sind sie in steigendem Maße auf den Dienstleistungssektor konzentriert und häufig in einem Teilzeit- oder befristeten Arbeitsverhältnis tätig (vgl. hierzu den Aufsatz von P. Blyton in diesem Band).

Gewerkschaftliche Maßnahmen

In Anbetracht dieser Umstände mag der Eindruck entstehen, die Gewerkschaften könnten kaum mehr tun, um den Organisationsgrad bei Jugendlichen zu verbessern, als auf ein Wirtschaftswachstum zu warten und zu hoffen, daß dieses Wachstum in gewerkschaftlich gut organisierten Bereichen stattfindet. Dann werden junge Menschen, wenn sie die Schule verlassen, gleich eine Arbeit finden können und wahrscheinlich der Gewerkschaft beitreten, die an ihrem Arbeitsplatz aktiv ist.

Bis zu einem gewissen Grade ist dieses Argument stichhaltig. Es sind ökonomische Faktoren, die die Mitgliedschaft in einer Gewerkschaft am meisten beeinflussen, und diese Faktoren liegen außerhalb der gewerkschaftlichen Einflußmöglichkeiten. Es gibt jedoch auch viele gewichtige Argumente, die dafür sprechen, daß die Gewerkschaften die Initiative ergreifen sollten. Das erste Argument lautet, daß die gewerkschaftlichen Hochburgen nicht immer Hochburgen gewesen sind. In diesen Branchen wurden Kämpfe um die Gewinnung von Mitgliedern und Anerkennung geführt. Und Bereiche, die gewerkschaftlich gut organisiert sind, bleiben dies nicht notwendigerweise auf Dauer. Heute sind die Gewerkschaften in einigen als Hochburgen geltende Branchen vielleicht tatsächlich schon geschwächt. So stehen beispielsweise einige der öffentlichen Sektoren vor der Privatisierung und damit unter Umständen vor dem drohenden Verlust einer breiten Mitgliedschaft in diesen Bereichen. Gewerkschaftliche Strategien in gut organisierten Branchen müssen sich nicht nur darauf konzentrieren,neu eingestellte Kollegen als Mitglieder zu gewinnen, sondern auch darauf, die bereits vorhandenen Mitglieder zu halten.

Das zweite Argument für eine interventionistische Strategie der Gewerkschaften hinsichtlich ihrer Mitgliederwerbung und -bindung lautet, daß es auf unterster Ebene natürlich möglich ist, selbst in Bereichen mit relativ niedrigem Organisationsgrad neue Mitglieder zu gewinnen. Hier gilt es, Positionen aufzubauen. Nun ist es in einer Rezession äußerst schwierig, neue Mitglieder zu gewinnen. Aber es ist auch äußerst wichtig: Wenn die Arbeitslosigkeit zurückgeht, werden die Neubeschäftigten womöglich in gewerkschaftlich gut organisierten Branchen eingestellt, wo sie relativ leicht als Mitglieder gewonnen werden können. Doch das Wirtschaftswachstum dürfte eher in weniger gut organisierten Bereichen stattfinden, und es ist jetzt an der Zeit, die Grundlagen für die gewerkschaftliche Organisierung in solchen Bereichen zu schaffen. Falls und wenn in diesen Bereichen dann tatsächlich ein Wachstum zu verzeichnen ist, sind schon die entsprechenden gewerkschaftlichen Strukturen vorhanden, auf denen aufgebaut werden kann. Das dritte Argument betrifft ganz allgemein die Schaffung eines Klimas, das der gewerkschaftlichen Organisierung zuträglich ist. Mit anderen Worten: Werbekampagnen und entsprechende Aktivitäten sind nicht nur darauf bezogen, Einzelne davon zu überzeugen, einer bestimmten Gewerkschaft beizutreten. Sie vermitteln der Öffentlichkeit — oder einer speziellen Gruppe wie etwa den Jugendlichen — auch eine Vorstellung von gewerkschaftlichen Aktivitäten, und dies macht die Aufgabe sinnfällig, spezielle Werbestrategien zu entwickeln. Die gewerkschaftlichen Werbekampagnen sollten daher nicht nur in dem Rahmen gesehen werden, zu einem bestimmten Zeitpunkt an einem bestimmten Ort unmittelbar neue Mitglieder zu gewinnen. Vielmehr sollten sie als ein Teil der Beziehungen zwischen den Gewerkschaften und der Öffentlichkeit gesehen werden.

Jugendliche und Gewerkschaften

Die britischen Gewerkschaften haben nicht erst begonnen, sich für die jungen Menschen zu interessieren, als sie in den achtziger und neunziger Jahren zahlreiche Mitglieder verloren. Vielleicht wurde deshalb ein großer Teil gewerkschaftlicher Arbeit breiter angelegt, als dies für die unmittelbare Mitgliederwerbung erforderlich gewesen wäre. Diese Aktivitäten fallen in die Kategorie der oben erwähnten allgemeinen Öffentlichkeitsarbeit. Seit die Zahl der Gewerkschaftsmitglieder sinkt, ist diese Form von gewerkschaftlicher Arbeit jedoch noch wichtiger und dringlicher geworden. Will man diese Aktivitäten genauer untersuchen, so empfiehlt sich eine Einteilung in vier Zielgruppen:

- Schüler / Studenten
- Auszubildende

— junge Arbeitnehmer
— junge Gewerkschaftler

Diese Einteilung ergibt sich daraus, daß jede der vier Zielgruppen eine eigene Strategie erfordert. Weder können Schüler beispielsweise unmittelbar einer Gewerkschaft beitreten, noch kann die Gewerkschaft ihnen besonders viel praktische Hilfe anbieten. Und doch sind sie potentielle Gewerkschaftsmitglieder. Wie weiter unten ausgeführt wird, müssen die Gewerkschafter ihre Strategien hinsichtlich der Schüler sorgfältig durchdenken, um sich nicht in Scheingefechten zu verzetteln. Ein ganz anderes Beispiel sind die jungen Gewerkschaftler unter 25 Jahren. Hier haben wir es mit Menschen zu tun, die bereits organisiert sind. Das Problem für die Gewerkschaften besteht darin, sie als Mitglieder zu halten und darüber hinaus in die Lage zu versetzen, selbst aktiv zu werden und offizielle Funktionen zu übernehmen. Auch zu dieser Frage wird weiter unten Stellung genommen.

Schüler / Studenten: einige Hintergrundinformationen

Diese Kategorie umfaßt Schüler und College-Studenten. Da sich die Arbeit der britischen Gewerkschaften jedoch größtenteils auf Schüler bezogen hat, soll diese Untergruppe hier im Vordergrund stehen. Doch bevor wir uns den gegenwärtigen Gewerkschaftsstrategien für die Arbeit mit Schülern zuwenden, ist es notwendig, einen Blick auf die siebziger Jahre zu werfen und Hintergründe und Motive für das Engagement der Gewerkschaften hinsichtlich dieser Gruppe von jungen Menschen zu untersuchen.

Der British Trades Union Congress (TUC) beschäftigt sich seit langer Zeit mit pädagogischen Fragen — ein Engagement, das hauptsächlich von den ihm angeschlossenen Lehrergewerkschaften getragen wird. Der TUC vertritt zu allen Aspekten der Ausbildung einschließlich des Lehrplans eine klare politische Position. Mitte bis Ende der siebziger Jahre hat er die schulischen Lehrpläne als unzureichend kritisiert, insbesondere für ihr Versäumnis, den Schülern die Welt der Arbeit nahezubringen. Es gilt festzuhalten, daß diese Kritik nicht nur die Besorgnis widerspiegelt, die Schüler würden im Unterricht nichts über die Gewerkschaften erfahren, obgleich dieser Aspekt für den TUC von besonderer Bedeutung war, sondern die viel grundlegendere Besorgnis über einen allzu „akademischen" Lehrplan. Außerdem ist anzumerken, daß der TUC nicht etwa für einen — ebenfalls beschränkten — Berufsausbildungs-Lehrplan eintrat. Seine Besorgnisse sind vielleicht am besten in einem Memorandum zusammengefaßt, das er einige Zeit später, im Jahre 1981, dem Unterhauskomitee für Bildung, Wissenschaft und Kunst (Education, Science and Arts Commitee) vorlegte. „Es ist nicht Aufgabe der Schule, in erster Linie den unmittelbaren Interessen der Arbeitgeber an einer beruflichen Ausbildung Rechnung zu tragen. (...) Nichtsdestotrotz fällt den Schulen tatsächlich die Rolle zu, ein generelles Verständnis davon zu vermitteln, wie das politische, ökonomische und industrielle System der Gesellschaftsstruktur organisiert und reguliert wird."

1974 brachte der TUC diese Überlegungen vor dem School Council der damaligen Labour-Regierung zur Sprache und überzeugte das Gremium, das School Council Industry Project (SCIP) einzurichten — ein Projekt, an dem drei Parteien, nämlich die Regierung, die Gewerkschaften sowie die Arbeitgeberorganisation Confederation of British Industry (CBI) beteiligt wurden. SCIP arbeitete mit den lokalen Bildungsämtern zusammen, die ihrerseits sogenannte Koordinatoren einsetzten, deren Aufgabe darin bestand, den Schulen Anregung und Unterstützung bei der Erstellung von Lehrplänen zu geben, in denen die Welt der Arbeit, der Industrie und der Gewerkschaften behandelt wurde.

Seit 1974 hat SCIP seine Form (wenn auch nicht seine Initialen) mehrfach geändert und heißt mittlerweile Schools Curriculum Industry Partnership. Heute wird es zum großen Teil von den Arbeitgebern finanziert, aber der TUC trägt seinerseits die Kosten für ein SCIP / TUC-Projekt, das dazu dienen soll, die Präsenz der Gewerkschaften in SCIP zu gewährleisten.

Neben diesem indirekten Weg über SCIP hat sich der TUC auch auf direkte Weise für die Gruppe der Schüler engagiert, und zwar auf Druck von Gewerkschaftlern hin, die in Schulen eingeladen wurden, um den Schülern Vorträge zu halten, und von Schulen, die über das Thema Gewerkschaften unterrichten wollten, denen aber die geeigneten Materialien dazu fehlten. Im Laufe der folgenden Jahre wurde ein Programm für die Arbeit mit Schülern entwickelt, das drei Elemente beinhaltet:

— Materialien
— Kurse
— Organisation

Die zu diesem Komplex erarbeiteten Materialien erschienen unter dem Titel „Learning About Trade Unions" als Buch, das Fallstudien, Rollenspiele und andere Aktivitäten für den Gebrauch in Schulen durch Lehrer und Gewerkschaftler enthält. Hinter dieser Materialsammlung stand der Gedanke, daß jungen Menschen das Lernen leichter fällt, wenn sie begreifen, was die Gewerkschaften tun, statt sich langatmige Ausführungen darüber anzuhören. Bislang waren Gewerkschaftler in Schulen eingeladen worden, um „einen Vortrag" über die Gewerkschaften zu halten. Dieser Vortrag handelte im allgemeinen die Geschichte der Gewerkschaften, die Struktur der Gewerkschaften bzw. die Leistungen der Gewerkschaften ab; eine Methode die dazu führte, daß die Schüler die Gewerkschaften als überholte, langweilige Organisationen für alte Leute ansahen. Ein Alternativkonzept der Gewerkschaften bestand darin, sich den Schülern als eine Organisation mit enormen praktischen Leistungen für ihre Mitglieder zu „verkaufen". Da die Schüler (gewöhnlich im Alter zwischen 14 und 16 Jahren, das heißt kurz vor Ablauf der allgemeinen Schulpflicht) jedoch selbst keine Arbeit hatten, waren sie nicht in der Lage, das zu „kaufen", was ihnen da angeboten wurde. Beide Methoden verstärkten eher noch die Einstellungen, die frühe SCIP-Untersuchungen hatten erkennen lassen — daß Schüler den Gewerkschaften im allgemeinen ablehnend gegenüberstanden. „Learning About Trade Unions" wurde konzipiert, um Gewerkschaftlern wie Lehrern eine aktivere Auseinandersetzung mit dem Thema zu ermöglichen und die Jugendlichen dafür zu interessieren, sich selbst ein Bild von den Aktivitäten der Gewerkschaften zu machen, statt sich dieses Bild von den Medien vorschreiben zu lassen.

Der TUC organisierte Kurse sowohl für Lehrer als auch für Gewerkschaftler, um ihnen zu helfen, diese neuen Methoden anzuwenden.

Das dritte Teilstück betraf die Organisation. Die Schulbesuche waren im allgemeinen Kurzbesuche von Gewerkschaftsfunktionären oder gewerkschaftlichen Vertrauensleuten in einer Schule, zu der sie ansonsten keinen Kontakt unterhielten. Ein Teil des Problems bestand darin, daß gewerkschaftliche Vertrauensleute kein Recht auf bezahlte Freistellung für Schulbesuche hatten. Um dieses Problem anzugehen, entwickelte der TUC sein „Schuladoptions-Programm". Das heißt, daß Gruppen von Gewerkschaftlern eine Verbindung mit lokalen Schulen eingehen. Ziel ist es, eine dauerhafte Beziehung zwischen den lokalen Gewerkschaften und den lokalen Schulen zu entwickeln. Für die beteiligten Lehrer und Gewerkschaftler werden Kurse organisiert; der TUC Education Service bietet darüber hinaus Unterstützung an. Schuladoptionsprogramme schließen nicht nur Besuche in Schulen und Betrieben, sondern auch die Organisierung lokaler Gewerkschaftsausstellungen mit ein. (Vergleichbare Ausstellungen hat der TUC in Zusammenarbeit mit der Nationalen Studentenunion für College-Studenten organisiert.) Diese Arbeit wird kontinuierlich weiterentwickelt. Leider sind die finanziellen Mittel für die Koordination der Schuladoptionsprogramme knapp. Außerdem ist es schwierig, eine ausreichende Anzahl von engagierten Gewerkschaftlern zu finden. Teilweise hängt dies mit dem Problem der unbezahlten Freistellung zusammen, aber auch mit der geringen finanziellen Ausstattung, die von den Gewerkschaften auf nationaler Ebene für diesen Arbeitsbereich aufgebracht wird. Einige Gewerkschaften wie die National and Local Government Officers Association (NALGO) und die Transport and General Workers Union (TGWU) räumen der Arbeit mit Schülern jedoch auf nationaler Ebene einen hohen Stellenwert ein, und viele Gewerkschaften engagieren sich auf regionaler und lokaler Ebene.

Auszubildende

Etwa 60 % aller Schulabgänger treten in das staatliche Jugendausbildungsprogramm Youth Training Programme (ehemals Youth Training Scheme oder YTS) ein. Ganz offensichtlich ist dieser Bereich für die Gewerkschaften von großer Bedeutung. Als YTS in den frühen achtziger Jahren eingeführt wurde, waren die Gewerkschaften geteilter Meinung darüber, ob dieses Programm boykottiert werden sollte. Viele sahen es als einen Versuch an, das Lohnniveau auszuhöhlen, und tatsächlich waren die Vergütungen, die die Ausbildungsteilnehmer erhielten, erheblich niedriger als die Löhne, die jungen Arbeitnehmern in derselben Altersgruppe gezahlt wurden. Trotzdem engagierten sich viele Gewerkschaften mit der Begründung, daß sie durch ein solches Engagement den Versuch unternehmen könnten, bessere Vergütungen und Bedingungen für die Auszubildenden auszuhandeln, den gewerkschaftlichen Organisationsgrad zu steigern und die Ersetzung von Arbeitnehmern durch junge Auszubildende zu verhindern.

Die Gewerkschaften nahmen auf drei Ebenen Einfluß: auf der nationalen, der regionalen und der am Arbeitsplatz. Auf nationaler Ebene war der TUC in der Manpower Services Commission, die das YTS-Programm durchführte, vertreten. Er nutzte diese Position, um — zumeist vergebens — auf verbesserten Rechten und Leistungen für die Auszubildenden zu bestehen.

Auf regionaler Ebene waren die Gewerkschaften in den Area Manpower Boards vertreten, die die einzelnen Programme durchführten. Obwohl die Gewerkschaften in diesen Kommissionen in der Minderheit waren, gab es doch einige recht erfolgreiche Versuche, die Qualität der Programme zu verbessern. Eine interessante Entwicklung, die aus diesem Engagement resultiert, ist die Einführung des Gewerkschaftskundeunterrichts in der Ausbildung auf College-Basis, die allen Auszubildenden angeboten werden muß. Dieser Gewerkschaftskundeunterricht (im allgemeinen zwei Tage pro Jahr) wurde von gewerkschaftlichen Studienleitern übernommen, die in Kursen für gewerkschaftliche Vertrauensleute unterrichteten. Sinn dieser Initiative war es, den Wissensstand der Auszubildenden über die Rolle der Gewerkschaften zu verbessern und sie möglichst auch zu motivieren, einer Gewerkschaft beizutreten. Diese Entwicklung war deshalb besonders wichtig, weil viele Auszubildende an Arbeitsplätzen in Bereichen beschäftigt sind, die schwach oder gar nicht organisiert sind. Diese Form des Unterrichts bedeutete eine der seltenen Gelegenheiten, die Auszubildenden von gewerkschaftlicher Seite her direkt anzusprechen.

Auf der Ebene des Arbeitsplatzes gingen die Gewerkschaften nach ganz unterschiedlichen Strategien vor. Einige weigerten sich, überhaupt etwas mit den Programmen zu tun zu haben. Andere versuchten, mit den Arbeitgebern um bessere Vergütungen für die Auszubildenden zu verhandeln oder, um diesen für die Dauer bzw. zum Abschluß des Programms einen vollen Arbeitnehmerstatus zu verschaffen (im allgemeinen gab es keine Arbeitsplatzgarantie für die Zeit nach der YTS-Ausbildung). Viele Gewerkschaften legten niedrige Beitragssätze für Auszubildende fest und brachten spezielles Informations- und Werbematerial heraus. Einige dieser Werbekampagnen waren recht erfolgreich, konnten jedoch nur selten etwas daran ändern, daß die Auszubildenden im allgemeinen nicht in der Gewerkschaft blieben, wenn sie nach Abschluß des Ausbildungsprogramms auch ihren Arbeitsplatz verließen. In manchen Betrieben verhandelten die Gewerkschaften über Freistunden für Auszubildende, um ihnen die Möglichkeit zu geben, an Gewerkschaftstreffen und -kursen teilzunehmen. Solche Veranstaltungen ließen sich dafür nutzen, den Auszubildenden ein gewerkschaftliches Bewußtsein zu vermitteln und sie zu motivieren, in einem späteren Arbeitsverhältnis einer Gewerkschaft beizutreten. Seit 1990, als das YTS zu YT wurde, sind die gewerkschaftlichen Einflußmöglichkeiten auf dieses Programm geringer geworden. Der MSC ging im Department of Employment auf, wo die Gewerkschaften nicht vertreten sind, und die Aera Manpower Boards wurden aufgelöst. Das neue Jugendausbildungsprogramm YT wird in England und Wales von Training and Enterprise Councils (TECs) und in Schottland von Local Enterprise Companies (LECs) durchgeführt. Dies sind von Arbeitgebern dominierte Gremien mit geringer oder überhaupt keiner gewerkschaftlichen Beteiligung. Doch überall dort, wo Auszubildende in gewerkschaftlich organisierten Betrieben arbeiten, bietet sich den Gewerkschaften noch immer die Möglichkeit, mit ihnen Kontakt aufzunehmen und sie als Mitglieder zu werben.

Junge Arbeitnehmer

Hinsichtlich ihrer Werbestrategien haben Großbritanniens Gewerkschaften die jungen Arbeitnehmer im allgemeinen nicht anders als andere Arbeitnehmer behandelt. Der Mitgliederrückgang hat die Gewerkschaften jedoch dazu veranlaßt, speziell für Jugendliche Materialien zu erarbeiten und Strategien zu entwickeln. Gewerkschaftliche Veröffentlichungen zur Mitgliederwerbung wurden umgestaltet, um Jugendliche anzusprechen. Die schlecht aufgemachten Prospekte mit Themenschwerpunkten wie „Leistungen im Todesfall" verschwanden und wurden ersetzt durch Broschüren und Magazine, in denen sich auch Interviews mit Fernsehstars finden. Die Gewerkschaften arbeiten noch immer an ihren Strategien, aber neben der Verbesserung ihrer Werbematerialien lassen sich auch schon andere, allgemeine Entwicklungen feststellen. So engagieren sich die Gewerkschaften beispielsweise für Aktivitäten, die speziell Jugendliche ansprechen sollen. Die branchenübergreifende Gewerkschaft GMB etwa finanziert Fußballspiele, andere Gewerkschaften organisieren Festivals. Ganz allgemein ist festzustellen, daß die Gewerkschaften damit begonnen haben, sich insgesamt moderner darzustellen. Gewerkschaften wie die GMB haben ihr Logo umgestaltet, schenken der Aufmachung ihrer Veröffentlichungen größere Beachtung und versuchen, das Image einer Gewerkschaft zu vermitteln, die den Interessen junger Menschen gegenüber aufgeschlossen ist. Statt ihren Schwerpunkt auf höhere Löhne und Krankengeld zu legen, rücken sie Verhandlungen über Kinderbetreuung und ihre speziellen Leistungen für Mitglieder in den Vordergrund.

Noch läßt sich nicht sagen, wie effektiv diese Strategien sind. Wie weiter oben ausgeführt wurde, tendieren junge Menschen eher dazu, einer Gewerkschaft beizutreten, wenn sie in Betrieben arbeiten, in denen die Gewerkschaften vertreten sind; daher ist nicht damit zu rechnen, daß eine Image-Änderung deutliche Auswirkungen auf die unmittelbare Mitgliedergewinnung haben wird. Möglich wäre jedoch, daß eine solche Image-Änderung zur Folge hat, daß die Gewerkschaften für ihre derzeitigen Mitglieder attraktiver werden. Mit anderen Worten: diese Strategie nutzt vielleicht eher der Mitgliederbindung als der Mitgliederwerbung.

Mitgliederwerbung in Betrieben mit gewerkschaftlicher Vertretung

Selbst in gut organisierten Betrieben wird es immer Kollegen geben, die nicht Mitglied einer Gewerkschaft sind. Das können Menschen sein, die niemals dazu aufgefordert wurden, einer Gewerkschaft beizutreten, deren Mitgliedschaft erloschen ist, oder die den Gewerkschaften gegenüber eine ablehnende Haltung einnehmen. Menschen mit einer solchen Einstellung treten vielleicht nie einer Gewerkschaft bei, andere jedoch wären durchaus zu diesem Schritt bereit, wenn man sie dazu auffordern würde. Die Gewerkschaften müssen dafür Sorge tragen, daß an alle Nicht-Mitglieder und neu eingestellten Kollegen / innen herangetreten wird, um herauszufinden, ob sie beitreten oder wieder beitreten wollen. Die Anzahl der gewerkschaftlich nicht organisierten Kollegen/innen muß regelmäßig überprüft werden; zudem gilt es, mit der Firmenleitung zu vereinbaren, daß die Gewerkschaften informiert werden, wenn der Betrieb Neueinstellungen vornimmt. Diese Strategien dürften erfolgreicher sein als Werbekampagnen, die in „weißen Flecken“ durchgeführt werden — also dort, wo der gewerkschaftliche Organisationsgrad entweder niedrig ist oder bei null liegt. Da es als nachgewiesen gelten kann, daß Arbeitnehmer eher einer Gewerkschaft beitreten, wenn sie in gewerkschaftlich gut organisierten Betrieben tätig sind, dürften Werbekampagnen, die in Betrieben mit relativ hohem gewerkschaftlichen Organisationsgrad durchgeführt werden, am erfolgreichsten sein. Viele Gewerkschaften versuchen sicherzustellen, daß auf lokaler Ebene regelmäßige Untersuchungen durchgeführt werden, um den Organisationsgrad in Betrieben mit gewerkschaftlicher Vertretung zu überprüfen und darauf zu achten, daß neu eingestellte Kollegen / innen über die Gewerkschaft informiert und zum Beitritt aufgefordert werden.

Junge Gewerkschafter

Junge Gewerkschafter brauchen nicht geworben zu werden — sie müssen gehalten und in die Lage versetzt werden, sich selbst aktiv zu engagieren. Etliche der oben angesprochenen Gewerkschaftsstrategien — beispielsweise die Bemühungen um junge Arbeitnehmer — sind auch für junge Gewerkschafter geeignet. Darüber hinaus setzen die Gewerkschaften für diese Gruppe ganz spezielle Strategien ein. Stichworte hierfür sind Organisation und Schulung.

Eine Reihe von Gewerkschaften wie der GMB und der MSF (Manufacturing, Science and Finance) haben spezielle Organisationsstrukturen für junge Mitglieder als eine Maßnahme zur Einbeziehung Jugendlicher in das Gewerkschaftsleben geschaffen. Beispiele für solche Strukturen sind die Einrichtung von Jugendkomitees und -konferenzen und die Ernennung von Jugendfunktionären. Schon seit langem organisiert der TUC alljährlich eine Jugendkonferenz. 1988 richtete er ein Jugendforum ein, das den TUC-Vorstand in Jugendfragen beraten soll. Dieses Forum trifft sich dreimal pro Jahr und ist verantwortlich für die Organisation der alljährlichen Jugendkonferenz. Es hat verschiedene Materialien für die Mitgliederwerbung bei jungen Arbeitnehmern und Auszubildenden erarbeitet, beispielsweise eine Karte für Auszubildende, die ihre Rechte in Ausbildungsprogrammen auflistet. Das Forum setzt sich aus Vertretern der Gewerkschaften und des TUC-Vorstandes zusammen. Außerdem sind einige regionale Jugendforen eingerichtet worden, aber 1989 stellte der TUC in Hinblick auf das Jugendforum fest, der Aufbau dieser Einrichtungen ginge nur langsam voran, weil die gewerkschaftlichen Organisationsstrukturen für junge Mitglieder noch nicht genügend weit entwickelt sind. Laut Bericht der TUC-Jugendkonferenz aus dem Jahr 1991 haben die meisten Gewerkschaften keine formalen Organisationsstrukturen für junge Mitglieder, und selbst von denen, die diesen Schritt vollzogen haben, hat die Mehrheit nur Beratungsausschüsse mit wenig Einfluß auf die Entscheidungsfindung. Zur Zeit prüft der TUC die Weiterentwicklung dieser neuen Organisationsstrukturen in den Gewerkschaften.

Eine Reihe von Gewerkschaften sowie der TUC bieten spezielle Schulungskurse für junge Mitglieder an. Diese Kurse sollen im allgemeinen dazu dienen, jungen Mitgliedern gewerkschaftliche Themen nahezubringen und ihnen zu ermöglichen, sich mit den Fragen auseinanderzusetzen, die für sie von Bedeutung sind.

Die Gewerkschaften und der TUC haben seit jeher Probleme damit, effektive Organisationsstrukturen für junge Mitglieder zu schaffen. Jugendliche werden leicht ungeduldig, wenn sie mit den — in den meisten Gewerkschaften noch vorhandenen — bürokratischen Strukturen konfrontiert werden; außerdem wollen sie sich stärker Gehör verschaffen. Sie gewinnen oft den Eindruck, daß die Organisationsstrukturen für junge Menschen dazu dienen, sie von den Gremien fernzuhalten, in denen Entscheidungen getroffen werden, statt sie in diese Arbeit miteinzubeziehen. Die Gewerkschaften ihrerseits zeigen sich argwöhnisch, wann immer es darum geht, besonderen Gruppen einen speziellen Status einzuräumen. Es ist jedoch damit zu rechnen, daß die Gewerkschaften in wachsender Zahl für ihre jungen Mitglieder neue Organisationsstrukturen einrichten und neuartige Leistungen anbieten werden, um für diese Gruppe interessant zu bleiben, sie als Mitglieder zu halten und mit ihrer Hilfe andere Jugendliche für die Gewerkschaften zu gewinnen.

Schlußfolgerung

In diesem Artikel habe ich versucht, die Maßnahmen zu skizzieren, die Großbritanniens Gewerkschaften ergriffen haben, um Jugendliche anzusprechen, sie an sich zu binden und ihre Mitarbeit sicherzustellen. Dies geschieht vor dem Hintergrund sinkender Mitgliederzahlen, und tatsächlich haben die Gewerkschaften ihre Maßnahmen großenteils wegen dieses Mitgliederschwundes getroffen. Wie ich allerdings aufzuzeigen versucht habe, bestand das Interesse der Gewerkschaften an den Jugendlichen schon lange bevor der Mitgliederrückgang einsetzte. Es bleibt zu hoffen, daß sich die Gewerkschaften aus ihrer gegenwärtigen Arbeit keine kurzfristigen Erfolge erwarten. Es wäre naiv damit zu rechnen, daß die Strategien, die jetzt zum Tragen kommen, große Auswirkungen haben könnten, solange sich nicht auch die Beschäftigungssituation verändert. Ich möchte jedoch behaupten, daß die Aktivitäten, die Großbritanniens Gewerkschaften an den Tag legen, um junge Menschen zu werben, sie an sich zu binden und in ihre Arbeit miteinzubeziehen, prinzipiell richtig sind. Die Gewerkschaften für die Jugend attraktiver zu machen heißt wohl auch, sie für alle Menschen attraktiver zu machen.

Marian van Teeffelen

Jugendliche und Gewerkschaften in den Niederlanden*

1. Einleitung

Wenn es um die Probleme der arbeitenden Jugend in den Niederlanden geht, so vertritt meine Organisation ein Prinzip: Die Experten zu diesem Thema sind die Jugendlichen selbst. Für dieses Prinzip haben junge Gewerkschaftsmitglieder schon in den sechziger Jahren gekämpft. Zu diesem Zeitpunkt hatten sie bereits in beiden Gewerkschaftsverbänden eine eigene Organisation, waren finanziell jedoch von den Mutterorganisationen abhängig. Solange sie sich auf Freizeitaktvitäten beschränkten, ergaben sich aus dieser Abhängigkeit keine Konflikte. Finanzielle Probleme traten allerdings auf, als sie sich auch anderen Aktivitäten, beispielsweise im sozialen Sektor, zuwandten. Doch seit sie vom Staat finanziell gefördert werden, haben sich diese Probleme von selbst gelöst. Im Laufe der Zeit hat sich die Jugendorganisation zu einer *Organisation von jungen Gewerkschaftsmitgliedern für junge Gewerkschaftsmitglieder* entwickelt. Sie versteht sich als eine unabhängige Stimme in den Gewerkschaften und im Gewerkschaftsbund, die die tatsächlichen Auffassungen junger Menschen zum Ausdruck bringt. Bis heute sind es das Prinzip und die Basis unserer Jugendarbeit, daß sie von den Jugendlichen selbst bestimmt wird. Manchmal bedeutet dies, daß die Jugendorganisation des CNV (Christlicher Gewerkschaftsbund) eine andere Meinung als der Gewerkschaftsbund vertritt, genauso wie es auch unter den angegliederten Gewerkschaften verschiedene Meinungen gibt. Dennoch ist die Jugendorganisation Teil des Gewerkschaftsbundes und gibt dessen Arbeit positive Anstöße. Eine unabhängige Jugendorganisation erhöht die Bedeutung und Attraktivität gewerkschaftlicher Arbeit für junge Menschen.

* Übersetzung aus dem Englischen von Sabine Hedinger

2. *Probleme junger Menschen auf dem Arbeitsmarkt*

Arbeitslosigkeit

Eines der größten Probleme der Jugendlichen ist die Arbeitslosigkeit. Auch bereits in ihrem Leben hat die Arbeit einen zentralen Stellenwert, und zwar nicht nur weil sie die eigene Existenz sichert: Arbeit bedeutet auch Sozialkontakte und ein geregeltes Leben zu haben; sie bedeutet Sinn, Perspektiven und die Möglichkeit, eigene Talente zu entfalten, Selbstwertgefühl zu entwickeln und gesellschaftlich akzeptiert zu werden. Fast alle jungen Menschen in den Niederlanden stimmen der Auffassung zu, daß Arbeit mehr bedeutet als die Abdeckung materieller Bedürfnisse. Über 95 % wünschen sich eine geregelte, bezahlte Arbeitstätigkeit.

90 % aller Schulabgänger treten innerhalb eines Jahres in ein Arbeitsverhältnis ein. Damit scheint das Problem der Jugendarbeitslosigkeit heute nicht mehr so gravierend zu sein: Wer sich beruflich richtig orientiert, findet auch einen Arbeitsplatz. Die Statistik beweist allerdings das Gegenteil. 32 % aller Arbeitslosen sind junge Menschen. 140400 Personen unter 23 Jahren sind arbeitslos. Dieses scheinbare Paradox läßt nur den Schluß zu, daß es einen sogenannten harten Kern von jungen Arbeitslosen gibt. Diese Gruppe besteht aus jungen Langzeitarbeitslosen, jungen Immigranten, jungen Behinderten, Aussteigern und schlecht ausgebildeten jungen Frauen. Für sie hat der wirtschaftliche Aufschwung nicht genügend neue Arbeitsstellen mit sich gebracht.

Wer mehr als zwei Jahre arbeitslos ist, wird als Langzeitarbeitsloser eingestuft. Derzeit gibt es etwa 7000 Langzeitarbeitslose unter 25 Jahren. Auch wenn diese Zahl nicht allzu hoch zu sein scheint, handelt es sich dabei doch um 20 % aller Langzeitarbeitslosen. Für diese Gruppe ist es besonders schwierig, sich auf dem Arbeitsmarkt durchzusetzen. Ihre beruflichen Erfahrungen — wenn überhaupt vorhanden — liegen einige Zeit zurück, und sie verfügen nicht über Kontakte, die die Arbeitssuche erleichtern könnten. Außerdem sind sie größtenteils schlecht ausgebildet. Bekanntlich wird es bei zunehmend langer Arbeitslosigkeit immer schwieriger, Arbeit zu finden.

Die Arbeitslosigkeit unter jungen Immigranten ist zwei- bis dreimal höher als unter jungen Holländern. Arbeitslosigkeitsraten von 50 bis 70 % bedeuten, daß die Gruppe junger Immigranten in ihrer Mehrheit keine Arbeit hat. Ihr Ausbildungsstand ist vergleichsweise niedrig, und diese Gruppe stellt relativ mehr „Aussteiger". Für den niedrigen Ausbildungsstand sind verschiedene Faktoren verantwortlich. Sprachprobleme, kulturelle Unterschiede, geringe Kenntnisse der Ausbildungsmöglichkeiten, ein Mangel an Anregungen, faktische Diskriminierung usw. Zusammen mit der Diskriminierung stellt der niedrige Ausbildungsstand jedoch den Hauptgrund für die schlechte Position junger Immigranten auf dem Arbeitsmarkt dar.

In gleicher Weise desolat ist die Situation junger Behinderter auf dem Arbeitsmarkt. Viele behinderte junge Menschen müssen nur wenige Jahre, nachdem sie die Schule verlassen haben, feststellen, daß sie keine Beschäftigung finden, obgleich sie gerne arbeiten würden. Natürlich ist ein Teil dieser Gruppe aufgrund physischer Probleme nicht in der Lage zu arbeiten, aber andere könnten trotz ihrer Behinderung durchaus einer Beschäftigung nachgehen. Leider existiert keine genaue Statistik darüber, wieviele junge Menschen in den Niederlanden körperlich behindert sind, wie viele von ihnen arbeiten könnten und wieviele tatsächlich arbeiten. Allerdings gibt es einige Hinweise, die die hohe Arbeitslosigkeit dieser Gruppe erklären könnten: Ihre schulische Bildung ist zumeist vergleichsweise gering, sie haben nur in den wenigsten Fällen eine Berufsausbildung, sie sind oft erheblich älter als andere Schulabgänger, die auf den Arbeitsmarkt drängen, sie suchen eine Teilzeitbeschäftigung, und nicht zuletzt sind sie auf dem Arbeitsmarkt von Diskriminierung betroffen.

Jedes Jahr entschließen sich viele junge Menschen, ihre schulische Ausbildung abzubrechen und stattdessen auf Arbeitssuche zu gehen. Wenn sie noch sehr jung sind, gelingt es ihnen manchmal, Arbeit zu finden, aber wenn sie älter und damit als Arbeitskräfte „teurer“ werden, verlieren sie diese auch wieder. Der Entschluß, die Schule nach der Schulpflicht abzubrechen, hat langfristig für sie ein niedrigeres Einkommen und eine höhere Gefährdung, zukünftig arbeitslos zu werden, zur Folge. Nur ein kleiner Teil dieser Gruppe entschließt sich später, sich in der Erwachsenenbildung weiterzuqualifizieren.

Junge Frauen bleiben länger arbeitslos als junge Männer. Dafür ist zum Teil ihre Ausbildung verantwortlich. Die „typisch weibliche“ Ausbildung bietet keine sonderlich guten Perspektiven auf dem Arbeitsmarkt. Außerdem haben sie häufiger als junge Männer überhaupt keine Berufsausbildung. Doch auch gut ausgebildete junge Frauen haben größere Schwierigkeiten, einen Arbeitsplatz zu finden. Die Niederlande gehören seit jeher zu den Ländern mit dem niedrigsten Anteil verheirateter Frauen an der arbeitstätigen Bevölkerung. Hollands Arbeitgeber glauben noch immer, daß junge Frauen weniger karriereorientiert sind und ihre Arbeit aufgeben, sobald sie Kinder bekommen. Diese Vorurteile wirken sich im Einstellungsverhalten der Arbeitgeber aus und haben zur Folge, daß jungen Frauen größtenteils Arbeitsverhältnisse angeboten werden, die ihnen nur geringe Karrieremöglichkeiten bieten. Zusammengefaßt bedeutet dies: Wer die richtige Ausbildung und die richtige Hautfarbe hat, wer männlichen Geschlechts und nicht behindert ist, kann heute im allgemeinen davon ausgehen, daß er in den Niederlanden einen Arbeitsplatz findet. Wer diesem Profil allerdings nicht entspricht, dem droht mit hoher Wahrscheinlichkeit Arbeitslosigkeit.

Probleme junger Menschen am Arbeitsplatz

Gerade unter jungen Menschen ist es ein weitverbreiteter Glaube, daß alle Schwierigkeiten überwunden sind, wenn die Suche nach einem Arbeitsplatz erfolgreich war. Doch die Realität stellt sich anders dar: Zwar sichert ihnen die Arbeit ein Einkommen und sozialen Halt, dafür sehen sie sich aber mit anderen Problemen konfrontiert. Die Arbeitsbedingungen, die Beschäftigungsbedingungen, die betrieblichen Arbeitsbeziehungen und nicht zuletzt die Mitbestimmungsmöglichkeiten — also all das, was wir in den Niederlanden unter Qualität der Arbeit verstehen, sind häufig nicht zufriedenstellend geregelt.

Gerade die qualitativen Aspekte der Arbeit sind in unserer Organisation ein relevantes Thema geworden, zu dem wir in letzter Zeit mehrere Untersuchungen vorgenommen haben, um diesen Aspekt im öffentlichen Bewußtsein zu stärken. In der Vergangenheit hatte sich allzu deutlich gezeigt, daß die Allgemeinheit — und damit auch die Gewerkschaften — begonnen hatte, Vollbeschäftigung als oberstes Ziel zu betrachten und vor allem anderen auf ökonomisches Wachstum, Investitionen und gute wirtschaftliche Unternehmenserträge zu setzen. Daher leben wir heute in einer Gesellschaft, in der der Erfolgsdruck sowie die Anforderungen an Produktivität und Effizienz bei der Arbeit ständig zunehmen. Die Arbeitswelt wird immer härter; Streß ist zu einem bestimmenden Belastungsfaktor schon für junge Arbeitnehmer geworden. Für viele ist der Druck mittlerweile zu hoch. Sie können den Anforderungen ihrer Arbeitgeber nicht mehr genügen. Kündigung bzw. Entlassung aufgrund psychischer Probleme ist häufig die Folge.

Einer der Aspekte von Arbeitsqualität sind die Arbeitsbedingungen. Die Anzahl junger Arbeitnehmer, die aus psychischen oder physischen Gründen ihren Arbeitsplatz aufgeben müssen, ist sehr hoch. Bei 27 % von ihnen steht diese Entscheidung im Zusammenhang mit einem vorausgegangenen Arbeitsunfall. Streß ist jedoch nicht der einzige Belastungsfaktor; hinzu kommen Mängel im Arbeitsschutz, die allerdings nicht unbedingt auf fehlende gesetzliche Bestimmungen zurückzuführen sind: So existiert schon seit 1977 ein spezielles Jugendarbeitsschutzgesetz, das vor allem die Arbeitszeiten regelt, den Gefahrenschutz ausgestaltet und junge Menschen insbesondere vor dem Umgang mit Gefahrenstoffen zu schützen versucht. Ein zweiter Teil regelt Informations- und Fürsorgepflichten. Soweit sind, wie gesagt, die gesetzlichen Grundlagen nicht schlecht. Das Problem ist vielmehr, daß sie in der betrieblichen Praxis nicht greifen. Arbeitgeber wie Arbeitnehmer schenken ihnen keinerlei Beachtung. Der Arbeitgeber erinnert sich nicht an den Jugendarbeitsschutz, beachtet weder die Sonderschutz- noch die Ausnahmebestimmungen — er macht einfach viele Ausnahmen. Die jungen Arbeitnehmer ihrerseits fordern ihre Rechte nicht ein, entweder weil sie das Gesetz nicht kennen oder

oder es nicht wagen, darauf hinzuweisen, oder auch, weil sie beweisen wollen, daß sie die an sie gestellten Anforderungen erfüllen können.

Spricht man von der Qualität der Arbeit, so ist dabei den Arbeitsschutzbestimmungen ein hoher Stellenwert einzuräumen, was unter anderem bedeutet, daß Unfallsituationen begrenzt werden müssen. Dabei spielt Information eine wesentliche Rolle. Ein Beispiel soll dies anschaulich machen: In den Niederlanden gehen etwa 70 % aller Schüler und Studenten einer bezahlten Ferientätigkeit nach. Letzten Sommer hat die Aufsichtsbehörde in einem der Distrikte eine Untersuchung durchgeführt, die zu dem Ergebnis kam, daß das Unfallrisiko für Aushilfskräfte doppelt so hoch ist wie für normale Arbeitnehmer. Als Gründe dafür werden genannt, daß Aushilfskräfte nur für kurze Zeit arbeiteten, nicht richtig eingearbeitet würden und auch keinen Zugang zu den Informationen hätten, die den anderen Arbeitnehmern zur Verfügung stünden.

Zwei wichtige Entwicklungen haben die Arbeitsmarktchancen und Arbeitsbedingungen junger Arbeitnehmer beeinflußt. Die erste ist die Arbeitsmarktsegmentation, das heißt in diesem Fall die Teilung des Arbeitsmarktes in einen öffentlichen und einen privaten Sektor, in dem junge Menschen gute Arbeits- und Aufstiegsmöglichkeiten vorfinden. Natürlich treten auch hier Probleme auf, aber die Attraktivität des privaten Sektors zeigt sich gerade im Vergleich mit dem öffentlichen, der finanziell wesentlich schlechter gestellt ist und jungen Menschen keine zufriedenstellenden Arbeitsmöglichkeiten und normale Einkommen bieten kann. Deshalb ist eine Arbeit im öffentlichen Sektor weniger attraktiv. Besonders anschaulich zeigen sich diese Konditionen im Erziehungs- und Gesundheitswesen. Die zweite Entwicklung, von der wir weiter oben gesprochen haben, bezieht sich auf die sogenannte Flexibilisierung der Arbeit. Dabei können die Flexibilisierungsbestrebungen an zweierlei festgemacht werden: an den Versuchen, Arbeitszeit hinsichtlich der Dauer und Lage flexibler zu gestalten und die Arbeitnehmer zugleich stärker an die Weisungen des Arbeitgebers zu binden. Flexibilisierung der Arbeitszeit muß an sich nicht negativ sein. Allerdings bedeutet diese Entwicklung in der Praxis, daß mehr und mehr junge Arbeitnehmer unter Bedingungen tätig sind, die nichts anderes als „Arbeit auf Abruf" bedeuten. Hiermit ist der gesamte Bereich der sogenannten geringfügigen Beschäftigung angesprochen. Für manche Arbeitnehmer bedeutet dies im Extremfall, mit einem Arbeitsvertrag über null Wochenstunden zu leben. Damit haben sie keinerlei Kontrolle über ihre Arbeitszeiten und ihr Einkommen. Besonders junge Menschen und Frauen sind von dieser Entwicklung betroffen.

Doch selbst für junge Menschen mit einem „normalen" Arbeitsvertrag — also für diejenigen, die zu tariflichen Bedingungen beschäftigt werden — haben sich die Einkommensmöglichkeiten verschlechtert. Unter den Bedingungen hoher Jugendarbeitslosigkeit werden die Einkommen junger Menschen mit der Begründung abgesenkt, daß dadurch eine Mehrbeschäftigung bzw. ein

Abbau der Arbeitslosigkeit zu erreichen sei. Tatsächlich hat diese Maßnahme aber zu keinerlei Mehrbeschäftigung geführt, doch erst seit dem letzten Jahr ist die Diskussion um Einkommenserhöhungen für junge Menschen wieder neu entbrannt. Das gesetzlich garantierte Mindesteinkommen für Jugendliche in den Niederlanden ist sehr gering, besonders wenn man es im internationalen Vergleich betrachtet. Sogenannte Jugendlöhne gibt es bis zum Alter von 23 Jahren. Das heißt, daß man — auch in den Niederlanden — zwar schon mit 18 Jahren volljährig ist, im Hinblick auf die Entlohnung jedoch bis zum Alter von 23 Jugendlicher bleibt.

Schließlich ist noch das Problem zu nennen, daß eine gewisse Beschäftigungssicherheit von der Betriebszugehörigkeit abhängig ist: „last in, first out" ist stichwortartig das Prinzip, nach dem bei Entlassungen vorgegangen wird. Es bedarf keiner weiteren Erklärung, daß es gerade die jungen Arbeitnehmer sind, die als letzte eingestellt und als erste entlassen werden.

In der betrieblichen Interessenvertretung sind die jungen Arbeitnehmer unterrepräsentiert. Das liegt zum Teil daran, daß die betrieblichen Interessenvertreter ihr Amt gewöhnlich für mehrere Jahre innehaben. Wer einmal gewählt ist, wird in der Regel — und vielleicht nicht nur einmal — wiedergewählt. Eine „Überalterung" der Interessenvertretung ist die Folge. Umgekehrt bedeutet das, daß die jungen Arbeitnehmer kaum die Chance haben, in dieses Gremium hineingewählt zu werden. Dies liegt allerdings nicht allein daran, daß die gewählten Vertreter gern im Amt bleiben, sondern es hängt auch mit der Haltung der jungen Arbeitnehmer selbst zusammen. In einigen Betrieben bemüht man sich gezielt, mehr junge Arbeitnehmer in die Arbeit der betrieblichen Interessenvertretung einzubeziehen. Hier zeigt sich jedoch, daß es nicht genügend aktive junge Arbeitnehmer gibt, die bereit sind, eine solche Aufgabe zu übernehmen. Einer der Gründe dafür ist, daß junge Menschen, die ihre berufliche Laufbahn gerade erst begonnen haben, ihre Chancen auf berufliches Weiterkommen nicht gefährden wollen. Solche Überlegungen sind im übrigen nicht unbegründet. Gerade die Jugendarbeit in der Interessenvertretung ist keine sonderlich populäre Aufgabe.

3. Gewerkschaftliche Jugendarbeit: Vorstellungen und Aktivitäten

Arbeitslosigkeit

Als ein Teil der Gewerkschaftsbewegung steht die CNV-Jugendorganisation geschlossen hinter der Forderung nach Arbeitszeitverkürzung als der wichtigsten Maßnahme zur Senkung der (Jugend-)Arbeitslosigkeit. Konkret bedeutet dies: Verkürzung der Wochenarbeitszeit, mehr Teilzeitarbeitsplätze (mit 20 Wochenstunden oder mehr) und früherer Ruhestand. Außerdem schlägt die Organisation eine Variante der Sabbatical-Idee vor: die Möglichkeit nämlich, sich als Arbeitnehmer alle sieben Jahre für ein halbes Jahr bei 80 %igem Lohnausgleich beurlauben zu lassen — ein attraktiver Vorschlag, besonders für junge Menschen.

Vor etwa fünf Jahren stellte die CNV-Jugendorganisation fest, daß die Betreuung junger Menschen durch die Arbeitsämter nicht sonderlich effektiv war und zudem in eine falsche Richtung wies. Wir entwickelten ein auf den persönlichen Erfahrungen junger Arbeitsloser basierendes Konzept, das den Namen „individuelle Wegbetreuung" erhielt. Neu an diesem Konzept ist vor allem, daß der Arbeitslose von der ersten bis zur letzten Beratung mit demselben Ansprechpartner zu tun hat, der auch die Arbeitsvermittlung für ihn übernimmt. Dieser persönliche Berater weist den Arbeitslosen auf seine Möglichkeiten und Perspektiven hin und steht ihm bei allen Fragen zur Verfügung. Die Entscheidung über seine berufliche Zukunft trägt der junge Arbeitslose selbst.

Die CNV-Jugendorganisation hat bislang schon viele Erfahrungen mit dieser erfolgreichen Methode sammeln können. Zwanzig lokale Projekte unserer Organisation arbeiten mittlerweile nach diesem Prinzip, und es ist ihnen gelungen, einen hohen Prozentsatz ihrer Teilnehmer erfolgreich zu vermitteln, obgleich diese zu den sogenannten Problemgruppen des Arbeitsmarktes gehören, die schon lange arbeitslos sind. In diesen Projekten arbeiten wir mit örtlichen Behörden, örtlichen Arbeitgebern und Gewerkschaften zusammen. Die von uns entwickelte Methode, die sich nicht nur bei jungen Arbeitslosen bewährt hat, sondern auch bei anderen Gruppen, die von Arbeitslosigkeit betroffen sind, findet viele Nachahmer, und die Projekte sollen in Zukunft bei der örtlichen Arbeitsverwaltung angesiedelt werden.

Des weiteren hat die Gewerkschaft durchsetzen können, daß Beschäftigungspläne für Jugendliche Bestandteil der Tarifvereinbarungen sind. Ihre genaue Ausgestaltung ist branchenabhängig, aber allen gemeinsam ist, daß die Arbeitgeber damit verpflichtet werden, Anstrengungen zu unternehmen, um mehr arbeitslose junge Menschen einzustellen. Leider ist die Rechtsposition dieser jungen Arbeitnehmer schlecht, weil diese besonderen Einstellungsmaßnahmen nicht auf ein reguläres Arbeitsverhältnis hin orientieren. Hinsichtlich der Beschäftigungsperspektiven kann das zu einem negativen innerbetrieblichen Sonderstatus dieser Arbeitnehmergruppe führen. In der Praxis werden solche Angebote von jungen Menschen deshalb nicht gern angenommen. Wir weisen immer wieder darauf hin, daß solche Beschäftigungspläne für junge Menschen (nach einem Jahr) den Übergang in ein normales Beschäftigungsverhältnis ermöglichen müssen. Tatsächlich zeichnen sich hier auch erste Erfolge ab.

Diskriminierung auf dem Arbeitsmarkt ist einer der Gründe für die hohen Arbeitslosenraten bei den oben beschriebenen Gruppen. Natürlich gibt es ein gesetzliches Diskriminierungsverbot und spezielle Kommissionen, die über seine Einhaltung wachen. Nach über zehn Jahren Erfahrung mit Gesetz und Kommissionen erweist sich jedoch, daß diese Maßnahmen nicht ausreichen. Deshalb werden immer neue Vorschläge dazu entwickelt, wie man dem faktisch existierenden Diskriminierungsproblem begegnen kann. Die meisten dieser Vorschläge beziehen sich nicht nur auf eine diskriminierte Gruppe. Fast alle basieren auf dem Prinzip, daß die Zusammensetzung der Arbeitnehmerschaft eines Betriebes die Zusammensetzung der Gesellschaft widerspiegeln muß.

Gerade im Hinblick auf Frauen und Immigranten treten wir für die amerikanische Idee der positiven Aktionspläne ein. Diese Pläne sollen es ermöglichen, daß Frauen bzw. Immigranten auf jeder betrieblichen Ebene ihrem Anteil in der Bevölkerung entsprechend vertreten sind. Der erste Schritt zu diesem Ziel besteht aus einer Untersuchung des Ist-Zustands auf allen betrieblichen Ebenen. Im zweiten Schritt soll die Unternehmensführung schriftlich ihre Absicht bekunden, eine proportionale Repräsentierung der entsprechenden Bevölkerungsgruppe im Betrieb anzustreben. Der dritte Schritt ist ein Aktionsplan, in dem die notwendigen Maßnahmen zur Erreichung dieses Ziels festgehalten werden. Dazu stichwortartig einige Beispiele: Wenn eine Frau / ein Immigrant sich um eine Stelle bewirbt und den Arbeitsplatzanforderungen entspricht, dann wird die Frau / der Immigrant bevorzugt eingestellt; Gewährleistung von Kinderbetreuung; mehr Teilzeitarbeitsplätze (auch in höheren betrieblichen Positionen); Frauen / Immigranten als ständige Mitglieder in Einstellungskommissionen, Soll-Zahlen als Orientierungshilfe.

Für Behinderte, aber auch für Immigranten, diskutieren wir zur Zeit die an die Politiker gerichtete Forderung nach Quotierungen. Wir sehen dies als letzte Möglichkeit an, wenn die Arbeitgeber ihre Einstellungspraxis nicht freiwillig ändern. Für Behinderte existiert bereits eine entsprechende Regelung. Jedes Unternehmen muß auf mindestens 3 % aller Arbeitsplätze Behinderte beschäftigen. Am Beispiel junger Behinderter läßt sich allerdings auch erkennen, daß allein durch die Existenz einer gesetzlichen Regelung ihre Zweckerreichung nicht automatisch garantiert ist: Die Dreiprozentquote setzt sich in der Regel aus Arbeitnehmern zusammen, die schon vor ihrer Behinderung im selben Betrieb beschäftigt waren. Praktisch wird kein behinderter Arbeitnehmer neu eingestellt.

Berufliche Bildung scheint für alle der bereits angesprochenen Gruppen von großer Bedeutung zu sein. Deshalb versuchen wir, die Anzahl der jungen Menschen, die an den beruflichen Bildungsprogrammen teilnehmen, zu verdoppeln. Auch wenn wir dabei einige Erfolge zu verzeichnen haben, zeigt sich doch in der Praxis, daß genau die Gruppen, die besonders stark von Arbeitslosigkeit betroffen sind, gezielter angesprochen werden müssen, als dies durch allgemeine Pressekampagnen zu erreichen ist. Aus diesem Grund hat die

CNV-Jugendorganisation neue Projekte auf örtlicher Ebene ins Leben gerufen. Speziell für junge Immigranten haben wir Projekte eingerichtet, die sie zu einer besseren Ausnutzung der beruflichen Bildungsangebote anregen und die Zahl der Aussteiger verringern sollen. Zielgruppen für diese Projekte sind neben den jungen Immigranten auch ihre Eltern und Lehrer. Da die meisten jungen Immigranten in ihrer Umgebung nur „negative Beispiele" vor Augen haben — das heißt viele Arbeitslose und schlechte Arbeitsplätze — arbeiten wir mit positiven Beispielen aus ihrem Lebenszusammenhang, um ihre Motivation zu erhöhen. Fester Bestandteil dieses Projektes sind Informationen über das Schulsystem und, speziell für Lehrer, über die sozialen und kulturellen Hintergründe junger Immigranten. Wir bemühen uns, mit allen Gruppen zur selben Zeit in Kontakt zu treten. Daß wir in diesen Programmen auch eng mit Immigranten-Organisationen und Schulen zusammenarbeiten, bedarf keiner weiteren Erklärung.

Der Arbeitsplatz

Die Qualität der Arbeit ist zum wichtigsten Thema für die Tarifverhandlungen '92 aller CNV-Organisationen erklärt worden. Die Jugendorganisation des CNV hat zu diesem Thema ein umfangreiches Programm ausgearbeitet, das Ende 1991 beginnen soll. Unsere Bezirksgruppen versorgen junge Menschen — also sowohl Arbeitnehmer als auch Schüler — mit Informationsmaterial. Dazu gehört auch eine Checkliste, mit deren Hilfe junge Arbeitnehmer die Qualität der Arbeit an ihrem eigenen Arbeitsplatz überprüfen können. Außerdem werden Kurse angeboten, in denen junge Menschen lernen sollen, mit ihrem persönlichen Arbeitsstreß umzugehen. Die wichtigste Aufgabe dieses Programms ist den gewerkschaftlichen Jugendgruppen übertragen worden. Sie sollen die — von Branche zu Branche unterschiedlichen — Gründe für Streß am Arbeitsplatz untersuchen und Vorschläge zur Streßvermeidung erarbeiten. Ein so neues Thema wie das der „Arbeitsqualität" umfassend zu behandeln, ist natürlich sehr zeitaufwendig. Stützen kann sich dieses Arbeitsprojekt dafür aber auf die persönlichen Erfahrungen junger Menschen. Mit den Ergebnissen ihrer Arbeit werden die Jugendgruppen an die entsprechenden Gewerkschaftsgremien herantreten, die dann ihrerseits als Lobby bei den staatlichen Stellen tätig werden. Ganz allgemein läßt sich sagen, daß unsere Empfehlungen auf Prävention abzielen werden.

Um die Arbeit im öffentlichen Sektor für junge Menschen attraktiver zu machen, sind erhebliche Verbesserungen der Arbeitsbedingungen vonnöten. Der Gewerkschaftsbund sowie die im öffentlichen Sektor tätigen Gewerkschaften werden sich bei den nationalen Behörden und den Politikern dafür einsetzen, daß für diesen Bereich zusätzliche finanzielle Mittel bereitgestellt werden.

Nur unter dieser Voraussetzung wird es möglich sein, die Einkommen anzuheben und über eine Verbesserung der Perspektiven junger Arbeitnehmer zu verhandeln. Im privaten Sektor bemühen wir uns, die Altersgrenze für Jugendlöhne auf gesetzlicher wie tariflicher Ebene herabzusetzen. Einen entsprechenden Vorstoß haben wir auch bei der EG unternommen, weil die Altersgrenze von 23 Jahren international gesehen nicht haltbar ist.

Bei den Tarifverhandlungen stellt der Sonderzuschlag auf die Jugendlöhne eine wichtige Forderung dar. Im Bereich der „geringfügigen Beschäftigung" haben wir vor einigen Monaten eine Vereinbarung erzielt: Noch in diesem Jahr soll ein Gesetz angenommen werden, das den Beschäftigten in diesem Bereich ein Mindesteinkommen garantiert. Obgleich dieses Einkommen nicht hoch ist, dürfte das Gesetz zur Folge haben, daß es für Arbeitgeber weitaus weniger attraktiv wird, Jugendliche unter solchen Vertragsbedingungen zu beschäftigen, ohne ihnen tatsächlich Arbeit zu geben.

Wir bemühen uns darum, junge Menschen stärker als bisher für eine Mitarbeit in der betrieblichen Interessenvertretung zu gewinnen. So bieten wir beispielsweise Kurse an, in denen die für solche Funktionen notwendigen Kenntnisse und Fertigkeiten vermittelt werden. Ähnliche Kurse organisieren wir auch für Schülervertreter — in der Hoffnung, daß sie sich als Berufstätige wieder als Interessenvertreter engagieren werden. Außerdem regen wir an, daß die innerbetrieblichen Interessenvertretungen eigene Jugendausschüsse einrichten, wozu sie gesetzlich berechtigt sind. Bisher wird von diesem Recht allerdings kaum Gebrauch gemacht. Wir gehen davon aus, daß ein junger Arbeitnehmer, der schon in einem solchen Ausschuß mitgearbeitet hat, sich später beispielsweise im Betriebsrat leichter zurechtfinden wird.

Praktische Vorschläge, eine stringente Politik und die Solidarität mit benachteiligten Gruppen sind wichtige Bestandteile unserer Arbeit. Aber entscheidend ist, daß die Gewerkschaften ihre Erkenntnisse tatsächlich in die Praxis umsetzen. So sind in den Tarifverhandlungen unsere Lohnforderungen immer moderat geblieben. Wir haben uns entschieden, sozusagen einen „Teil der Gehaltssumme" für immaterielle Werte wie Arbeitsplatzsicherung und Qualität der Arbeit zu verwenden. Wieviel dies jeweils ist, hängt von den wirtschaftlichen Erträgen des einzelnen Unternehmens ab, aber die Solidarität sollte in unserer Politik stets einen hohen Stellenwert haben. Unsere Verhandlungsergebnisse bedeuten für uns mehr als prozentuale Einkommenserhöhungen. Vielleicht ist das der Grund dafür, daß wir zu den Gewerkschaften in Europa gehören, die schon seit einigen Jahren einen Mitgliederzuwachs feststellen können, und zwar auch bei den Jugendlichen und jungen Erwachsenen.

4. Junge Menschen und die Gewerkschaften

Doch trotz der Organisationserfolge, die wir unter den Jugendlichen verzeichnen können, machen wir insgesamt die Erfahrung, daß es nicht leicht ist, diese Gruppe für die Gewerkschaftsarbeit zu interessieren. Viele junge Arbeitnehmer fragen sich, wozu sie einer Gewerkschaft beitreten sollen, wenn sie als Nicht-Mitglieder von deren Arbeit genauso profitieren. Gleichzeitig darf man aber nicht übersehen, daß das „Prinzip Solidarität" allmählich an Überzeugungskraft zu gewinnen scheint.

Ein weiterer wichtiger Punkt, der in der Arbeit mit Jugendlichen berücksichtigt werden muß, ist ihr geringer Informationsstand über die Aufgaben der Gewerkschaften. Streiks scheinen fast die einzige gewerkschaftliche Aktivität zu sein, von der sie erfahren, und Hollands Gewerkschaften rufen nicht besonders häufig zum Streik auf. Wir setzen dagegen auf die Strategie, junge Menschen so früh wie möglich in die Gewerkschaftsarbeit einzubeziehen. So helfen wir beispielsweise Jugendlichen, die in den Ferien arbeiten, bei anstehenden Problemen. Auf diese Weise lernen sie die Gewerkschaften von einer anderen Seite kennen.

Wir halten es für das Verdienst der aktiven Jugendvertretung in allen Teilen der Gewerkschaft, daß wir bei den jungen Menschen einen Mitgliederzuwachs verzeichnen können. Aber wir dürfen nicht vergessen, daß wir unseren gut ausgebildeten, engagierten neuen Mitgliedern wirklich die Möglichkeit bieten müssen, die politische Linie und die Aktivitäten einer Gewerkschaft mitgestalten zu können. Freizeitaktivitäten können sie überall finden, dafür brauchen sie keine Gewerkschaft. Die Gewerkschaften müssen die Jugend ernstnehmen, dann wird die Jugend auch die Gewerkschaften ernstnehmen.

Manuela Tulli

Jugendliche und Gewerkschaften in Italien — Erfahrungen des CISL*

Vorbemerkung

Das Verhältnis zwischen Jugend und Gewerkschaft in Italien ist nicht einfach: Angefangen von der Einstellung zur Arbeit bestehen Unterschiede in den Interessen, der Sprache und in der Art, sich den Anforderungen des Lebens zu stellen. Deshalb hat die CISL (Confederazione Italiana Sindacato dei Lavoratorie) schon vor Jahren ein spezifisches Jugendprojekt eingerichtet, um die schwierige Welt der Jugendlichen besser zu verstehen. Es soll neue Instrumente der Interessenwahrnehmung bereithalten und macht die Jugendlichen direkt zu Protagonisten der Planung und Realisierung möglicher Aktionen.

Jugend und Gewerkschaft: ein ungleiches Tandem

Im Vergleich zu anderen gesellschaftlichen Kräften haben die Gewerkschaften in Italien ein erhebliches Gewicht. Auch der CISL ist es gelungen, eine beträchtliche Zahl junger Arbeitnehmer in die Organisation einzubeziehen. Trotzdem bleibt die historische Distanz zwischen den Gewerkschaften und der Jugend unübersehbar.

Nach vorliegenden Untersuchungen ist heute im Bereich der Europäischen Gemeinschaft von fünf jungen Beschäftigten nur einer gewerkschaftlich organisiert. Dieser Anteil wird noch niedriger, wenn man die spezifische Situation in unserem Land betrachtet. Die Organisationsrate — so unterstreichen die Studien — steigt nicht nur mit zunehmendem Alter merklich an, sondern auch mit dem Qualifikationsniveau oder der beruflichen Anerkennung am Arbeitsplatz. Das bedeutet, daß die Qualität der Arbeit, ohne Zweifel durch die Aktivität der Gewerkschaft gefördert, ein wichtiger Faktor ist, der das Vertrauen der Jugendlichen in die Gewerkschaft beeinflußt — auch bei denjenigen, die gerade erst in die Arbeitswelt eingetreten sind.

Übersetzung aus dem Italienischen von Bruno Cattero und Sigrun Zühlke

Noch schwieriger stellt sich das Problem der Arbeitslosen dar: Hier muß die Gewerkschaft besondere Wege finden, um sie zu erreichen. Die Distanz, die noch immer zwischen Jugendlichen und Gewerkschaft besteht, scheint zwei Seiten zu haben:

— eine physische: Die Jugendlichen sind heute meistens in Arbeitsbereichen beschäftigt, wo die Gewerkschaft nicht präsent ist;
— eine psychologische: Manchmal besteht Mißtrauen gegenüber Organisationen, die in der Flut der Informationen mit anderen Institutionen oder Parteien verwechselt werden. Vor allem aber sprechen beide Welten verschiedene Sprachen.

Das Jugendprojekt der CISL

Mit dem Jugendprojekt strebt die CISL folgende Ziele an:

1. Die gewerkschaftliche Interessenvertretung auf diejenigen Jugendlichen auszuweiten, die bisher eher am Rande der Aufmerksamkeit der Organisation stehen.
2. Neue Formen der Beziehungen zu den Jugendlichen zu entwickeln durch Veränderung der Sprache, organisatorische Offenheit und unkonventionelle Arbeitsweise, also zu versuchen, die Jugendlichen „in ihrer eigenen Lebenswelt" aufzusuchen.

Junge Arbeitnehmer: Wie sind sie zu gewinnen?

Die Neueinstellungen der letzten Jahre haben — auch dank der Einführung der Ausbildungs-Arbeitsverträge (*contratti di formazione lavoro*) — neue Akteure in die Betriebe gebracht, zu denen die Gewerkschaft unbedingt Kontakt aufnehmen muß.

Ein Hindernis dabei ist, daß die mit den technologischen Innovationen verbundene größere Autonomie der jungen Arbeitnehmer häufig in Konflikt gerät mit den alten Denkschemata, dem rigiden Prozeß der Homogenisierung und der altmodischen Art der alten Gewerkschaftsvertreter, mit den jungen Kollegen umzugehen. Methoden und Inhalte der Verhandlungspolitik werden dementsprechend als erstes von den jungen Beschäftigten zur Diskussion gestellt. Zweifellos hat die alte Generation der Delegierten Schwierigkeiten damit, z.B. die Flexibilität (in der Arbeitszeit, im Gehalt, in der Arbeitsorganisation) zu thematisieren und als Gegenstand von Verhandlungen zu akzeptieren, obwohl sie doch als tragende Säule der industriellen Beziehungen in der nächsten Zukunft gelten können. Zudem haben neue Themen für die Jugendlichen absoluten Vorrang — Umwelt, Arbeitsorganisation, Ausbildung —, die noch viel zu wenig in die Tarif- und Betriebsvereinbarungen eingehen.

Die Sprache bildet ein weiteres Hindernis zwischen Gewerkschaften und Jugendlichen: Es sei nur darauf verwiesen, daß mehr als 20 Prozent der jungen Metaller in einer neuen Umfrage der CISL die Sprache der Gewerkschaftsvertreter als unverständlich bezeichnen. Zudem ist es nichts neues, daß der Modernisierung der Arbeitswelt häufig keinerlei innovative Instrumente der gewerkschaftlichen Arbeit entsprechen.

Schließlich ist der Eintritt in die Arbeitswelt für die Jugendlichen nicht nur ein notwendiger Schritt, um Geld zu verdienen, sondern kennzeichnet auch darüber hinaus einen besonderen Lebensabschnitt (Ende der Ausbildung, Unabhängigkeit von der Familie oder Gründung einer eigenen, vollständiger Eintritt in das soziale Leben etc.), mit dem viele Erwartungen verknüpft sind: Zufriedenheit, Selbstverwirklichung und vor allem gesellschaftliche Integration („Sozialisation"). Das betrifft gleichermaßen die jungen Beschäftigten im privaten wie auch diejenigen im öffentlichen Bereich. Die letzteren scheinen zwar „gesicherter" zu sein, aber sie sind in Wirklichkeit stark eingeschränkt durch eine Struktur, die den Verlauf der Karriere statt auf Qualifikation fast ausschließlich auf das Dienstalter stützt.

Um diese neuen Phänomene zu verstehen und neue Konzepte zu entwickeln, hat die CISL organisatorische Bereiche geschaffen, in denen die Jugendlichen sich treffen, ihre Vorschläge erarbeiten und selbst einen Beitrag zur täglichen Gewerkschaftsarbeit leisten können. Ein weiterer Faktor, der sich auf die Interessenwahrnehmung und die Organisation der jungen Beschäftigten auswirken dürfte, ist das jüngste Rahmenabkommen von CGIL (Confederazione Generale Italiana del Lavoro), CISL (Confederazione Italiana Sindacato dei Lavoratorie) und UIL (Unione Italiana Lavoratori) über die „Einheitlichen Gewerkschaftlichen Vertretungen" (*Rappresentanze Sindacali Unitarie*). Die Vereinbarung enthält einen spezifischen Teil über die Präsenz der Jugendlichen in den einheitlichen Basisorganisationen. Es handelt sich allerdings um eine programmatische Verpflichtung, nicht um eine bindende Klausel, dennoch bedeutet sie sicher einen entscheidenden Schritt zur Förderung der gewerkschaftlichen Beteiligung der Jugendlichen.

Das Engagement für Arbeitslose und nicht-vertretene Beschäftigte

Es gibt in Italien fast zwei Millionen Menschen unter 29 Jahren, die keinen Arbeitsplatz haben: dies ist eine der dringensten Fragen für die Interessenvertretung von Jugendlichen durch die CISL. Um dieser Situation gerecht zu werden, wurden Arbeitszentren ins Leben gerufen, in denen junge Arbeitslose über ihre Berufschancen beraten werden. Schon vor Jahren hat die CISL Zentren für die Berufsausbildung eingerichtet (jedes Jahr werden hier ca. 50000 Jugendliche auf die Arbeitswelt vorbereitet) und Stellen geschaffen, die besonders die von Jugendlichen organisierten Genossenschaften unterstützen.

Durch die von der CISL angeregten Jugendgenossenschaften sollen vor allem die tendenziell „armen“ Sektoren unserer Wirtschaft — Handwerk, Landwirtschaft, Umwelt — aufgewertet und gefördert werden. Das Engagement gilt aber auch den „neuen“ Sektoren: Dienstleistungen für die Produktion, Werbung, technische Assistenz, Informatik, Kunst und Kultur, sanfter Tourismus, Umweltschutz und Energiesparen, Ausbildung im Gesundheits- und Sozialwesen usw.

Weiterhin bietet die CISL interessante Beschäftigungsmöglichkeiten für Jugendliche im Bereich von Unterhaltung und Information. Indem wir Beratung, Assistenz, Information, Ausbildung und organisatorische Unterstützung bieten, versuchen wir als Gewerkschaft, den Jugendlichen die Tür zu einer Welt — der Welt des Theaters und der Kultur — zu öffnen, die ebenso faszinierend ist wie in vielerlei Hinsicht unerreichbar. In allen diesen Bereichen können wir jenen Jugendlichen ein konkretes Angebot machen, die ein wenig Unternehmungsgeist besitzen, den Willen haben, sich eine flexible und unbürokratische Beschäftigung zu suchen und die vor allem an den Wert der Solidarität glauben, den ja die genossenschaftliche Arbeit impliziert.

Von der Schule in die Arbeitswelt: Die Rolle der Gewerkschaft

Erste Erfahrungen macht die CISL auch mit Schülergesprächen, die nicht im Rahmen der traditionellen Schulprogramme stattfinden, sondern in einem Arbeitsprogramm, das die Jugendlichen an die Gewerkschaft binden soll (nicht nur hinsichtlich ihres zukünftigen Eintritts in die Arbeitswelt, sondern auch in bezug auf Momente kollektiven Engagements in der Schule).

Schon seit einigen Jahren besteht vor allem an der unteren Mittelschule, der Oberschule und der Universität ein Informations- und Vertretungsbedarf, auf den die Gewerkschaft reagieren muß. Ein Beispiel dafür sind die in vielen Städten organisierten Informationsveranstaltungen für Schüler, bei denen unter Einsatz moderner Instrumente (wie z.B. Videoclips) über das Arbeitsrecht informiert wird. Besonders zwei Themen stehen dabei im Vordergrund: a) Die bürokratischen Schwierigkeiten, auf die Jugendliche stoßen, wenn sie ihren ersten Arbeitsplatz suchen und b) ihre Unkenntnis hinsichtlich der Rechte und Pflichten, die mit einem Arbeitsverhältnis verbunden sind. Dieses Hintergrundwissen ist nicht nur für den von Bedeutung, der einen festen Arbeitsplatz sucht, sondern auch für diejenigen, welche versuchen, Arbeit und Studium unter einen Hut zu bringen und deshalb eine Teilzeitarbeit, eine befristete oder Saisonarbeit suchen.

Bezüglich der Berufsorientierung im ganzen Land bestehen folgende Pläne:

1) Die Einrichtung eines Büros, des sogenannten „Jugendschalters", das Informationen zu Fragen der beruflichen Orientierung sammelt, koordiniert und publiziert;
2) eine Equipe von gewerkschaftlichen Experten, die an (von Schulen im Rahmen eigener Projekte organisierten) Diskussionsveranstaltungen und Zusammenkünften teilnimmt;
3) Studien- und Arbeitserfahrungen unter Anleitung durch Praktika in Unternehmen.

Die CISL im universitären Bereich

Wenn man vom universitären Bereich in Italien spricht, fällt als erstes die hohe Abbrecherquote (*dispersione* *) auf: nur 30 Prozent von Hundert Eingeschriebenen an italienischen Universitäten schaffen es, das Examen abzulegen. Darüber hinaus kommen im Jahr auf mehr als 1 100 000 eingeschriebene Studenten nur wenig mehr als 70 000 Graduierte.

Bedenkt man, daß jeder Student den italienischen Staat vier Millionen Lire im Jahr kostet, so kann man leicht abschätzen, wie hoch nicht nur die sozialen, sondern auch die ökonomischen Kosten sind, die durch die Fehlfunktionen der Universitäten verursacht werden. Zur aktuellen Abbrecherquote an den Universitäten kommt eine im Vergleich zur Vergangenheit zweifellos größere Selektivität hinzu.

Es gibt allerdings einige zentrale Problempunkte (exzessive Bürokratisierung des Systems, quantitativ und qualitativ inadäquate Strukturen, die Kosten, die immer noch nicht für alle Bürger gleichermaßen erschwinglich sind etc.), zu deren Lösung die Gewerkschaften einen innovativen Beitrag leisten könnten.

Auf diesem Hintergrund hat die CISL an einigen italienischen Universitäten ein spezifisches Programm eingeführt, das — schematisch dargestellt — folgende Aktivitäten enthält:

— Informationen und Beratung bei bürokratischen Problemen wie der Einschreibung, der Erstellung von Studienplänen, der Organisation von Examensterminen oder der Bewerbung um private oder öffentliche Stipendien in Italien oder im Ausland;

- Erarbeitung von spezifischen Lösungen für „Arbeiter-Studenten" in den Vertretungsorganen (Rat der Fakultät);
- Erarbeitung von präzisen gewerkschaftlichen Forderungen und Strategien, die sich besonders auf die Wohnungsprobleme auswärtiger Studenten konzentrieren;
- Zugang zu gewerkschaftseigenen Archiven und Bibliotheken für Studenten, die sich für die Geschichte und die Aktivitäten der Gewerkschaften interessieren;
- Kultur- und Freizeitangebote oder Ferienstudiengänge zu erschwinglichen Preisen, Austausch im Rahmen von Programmen der EG (Jugend für Europa, Petra, Comett, Erasmus, Lingua etc.) oder mit Gewerkschaften (Jugendabteilungen) aus anderen Ländern.

Das organisatorische Modell

Um die Jugendarbeit effektiver zu gestalten hat die CISL auf allen Ebenen organisatorische Räume geschaffen, die direkt von Jugendlichen verwaltet werden. Darin besteht eine Möglichkeit, die jugendliche Welt im Ganzen besser zu verstehen und sowohl die Organisationsarbeit wie auch die Interessenvertretung effektiver zu gestalten.

Gewerkschaftliche Bildung: Erfahrungen mit der Camposcuola

Für die Jugendlichen der CISL ist die *Camposcuola* die interessanteste Erfahrung in ihrer Ausbildung. Dieses jährliche Treffen von ungefähr zweihundert Jugendlichen aus allen Teilen Italiens dient dazu, sich kennenzulernen und auszutauschen, mehr über die Gewerkschaft zu erfahren und zusammen Ferien zu machen. Die *Camposcuola* — entstanden zusammen mit der CISL, aber für einige Zeit unterbrochen — ist die erste wichtigere Gelegenheit einer internen gewerkschaftlichen Schulung für die Jugendlichen der CISL.

Informationspolitik

Um die Kommunikation unter und mit den Jugendlichen zu erleichtern, haben wir einen „heißen Draht" — ausgehend von unserer nationalen Tageszeitung „Conquiste del lavoro" — in allen Publikationen unserer Organisation geschaffen. In vielen Städten haben die Jugendlichen schnellere und modernere Wege der Kommunikation gewählt und verschiedene Radio- und Fernsehprogramme auf lokaler Ebene eingerichtet.

Freizeitaktivitäten

Die Jugendlichen in der CISL hielten es außerdem für wichtig, Räume und Treffpunkte außerhalb des traditionellen gewerkschaftlichen Bereiches zu finden, in denen Möglichkeiten der Unterhaltung im Bereich von Kultur und Freizeit geboten werden. Innerhalb der CISL betreut die ETSI diese Aktivitäten und fördert die Gründung von kulturellen Zirkeln, die Realisation von Vorstellungen (Theater, Musik, Tanz), sowie Vereinbarungen mit anderen kulturellen Institutionen (z.B. wegen ermäßigter Kino- und Theaterkarten).

Typisch ist, daß der wichtigste Festtag für die Gewerkschaften und für die Arbeiterbewegung — der 1. Mai — in Italien seit zwei Jahren zu einem Treff der Jugend geworden ist: Zu diesem Anlaß findet in Rom ein Rockkonzert mit den größten Stars auf nationaler und internationaler Ebene statt.

Schlußfolgerungen

Die Initiativen sind also recht zahlreich und die Anstrengungen, die die CISL bezüglich der Interessenvertretung von Jugendlichen und ihrer Bindung an die Gewerkschaften unternimmt, kann man schon als „außergewöhnlich" bezeichnen. Die Jugendfrage wird übrigens auch ein Diskussionsthema auf der nächsten organisatorischen Konferenz der CISL sein. Auch bezüglich der Beitrittszahlen kann man heute das organisatorische Resultat als zufriedenstellend einschätzen. Ungefähr 44000 nicht beschäftigte Jugendliche (Studenten oder Jugendliche, die ihre erste Arbeit suchen) sind Mitglied in der CISL. Was dagegen die jungen Arbeitnehmer angeht — auch wenn keine präzisen Daten nach Altersklassen zur Verfügung stehen — so müßten diese ungefähr 25-30 Prozent der ca. 3,5 Millionen beschäftigten Mitglieder in unserer Gewerkschaft ausmachen. Außerdem gibt es in fast allen regionalen Strukturen der CISL aktive Jugendgruppen, sowohl für die einzelnen Branchen als auch auf Provinzebene.

Diese Daten dürfen aber nicht dazu verleiten, den Jugendlichen weniger Aufmerksamkeit zu schenken. Die CISL plant eine Verstärkung der gewerkschaftlichen Aktivitäten, um die Bedingungen für Jugendliche aus dem Mezzogiorno zu verbessern, wo die Arbeitslosigkeit (ca. 45 Prozent), die schulische Dispersion* und das Fehlen eines konkreten Entwicklungsprojektes für die ganze Region eine Reihe von ernsten Problemen für die Zukunft dieser Jugendlichen stellt. In einem Land, wo niemand sich wirklich ernsthaft dafür engagiert, versucht die CISL deshalb, die Aufmerksamkeit auf die Jugendlichen zu lenken. Es genügt, daran zu erinnern, daß Italien das einzige Land der europäischen Gemeinschaft ist, wo es keine institutionalisierte Koordination der Jugendpolitik gibt.

Der Einsatz der CISL für die Jugendlichen hat folglich noch ein weiteres wichtiges Ziel: dafür zu sorgen, daß die Jugend, in der Gewerkschaft genauso wie in der Gesellschaft, nicht länger nur als eine Hoffnung für die Zukunft angesehen wird, sondern vielmehr als Ressource für die Gegenwart.

* Unter „dispersione" versteht man in Italien das Phänomen jener Schüler, die bis zum Ende des schulpflichtigen Alters keinen Schulabschluß erreichen oder jener Studenten, die ihr Studium abbrechen.

Reinhold Götz

Perspektiven und Probleme gewerkschaftlicher Jugendarbeit aus der Sicht der IG Metall

Es ist schwieriger geworden, junge Auszubildende und junge Arbeitnehmer von der Notwendigkeit gewerkschaftlicher Organisation zu überzeugen. Ich denke, daß diese These auf alle Gewerkschaften — unabhängig davon, welches Gewerkschaftsverständnis für die Arbeit maßgebend und wie die Jugendarbeit konzeptionell angelegt ist — zunächst zutrifft, aller Voraussicht nach auch auf die Situation in den neuen Bundesländern.

Was macht nun den Unterschied zu früheren Generationen aus und welche Konsequenzen ziehen wir daraus in unserer gewerkschaftlichen Jugendarbeit?

Wie sehen die Fakten für den Metallbereich aus?

„Den Gewerkschaften läuft die Jugend davon" — mit solchen Hiobsbotschaften erschreckt eine „interessierte Presse" in regelmäßigem Abstand immer wieder die gewerkschaftliche Öffentlichkeit. Betrachtet man die Zahl jugendlicher Mitglieder der IG Metall im historischen Vergleich und unter Berücksichtigung struktureller Entwicklungen bei der Erwerbstätigkeit junger Menschen, so besteht für uns zunächst kein Grund, die Mitgliederentwicklung im Jugendbereich besonders zu problematisieren.

Ich will die Fakten für den Jugendbereich der IG Metall nur anhand weniger Kennziffern erläutern:

- Noch immer erfolgen ca. 50 % der „Neuaufnahmen" von Mitgliedern (ohne Berücksichtigung der Entwicklung in den neuen Bundesländern) im Jugendbereich; Ende 1990 zählte die IG-Metall-Jugend immerhin ca. 430000 Mitglieder (ohne neue Bundesländer). Gegenwärtig hat die IG-Metall-Jugend fast 550000 jugendliche Mitglieder.
- Der Rückgang bei der Organisation von Auszubildenden ist geringer als der Rückgang an Ausbildungsplätzen in der Metallwirtschaft (1989 betrug bei-

spielsweise der Mitgliederrückgang im Ausbildungsbereich weniger als 1 %, während die Zahl der Ausbildungsplätze um mehr als 4 % zurückging).
— Die Mitgliederentwicklung der Jugend der IG Metall (Jugendliche bis 25 Jahre) ist nur leicht rückläufig. Berücksichtigt man dabei, daß die Jugendlichen bei Eintritt in das Berufsleben heute älter als die Berufsanfänger früherer Generationen sind — und damit ganze Jahrgänge im Gegensatz zu früheren Jahrzehnten noch nicht organisierbar sind, da sie noch zur Schule gehen —, so ist der Organisationsgrad im Jugendbereich zumindest konstant geblieben.

Dennoch dürfen diese Fakten nicht darüber hinwegtäuschen, daß es beträchtliche Organisationsdefizite auch im Bereich der IG Metall gibt. Es ist ein erhebliches Potential an Auszubildenden und jungen Beschäftigten auch in der Metallwirtschaft vorhanden, die wir bisher mit unserer Jugendarbeit offensichtlich nur sehr unzureichend ansprechen.

Das sind vor allem die jungen Angestellten. Nur ca. 10 % der organisierten Auszubildenden sind Jugendliche, die einen „Angestelltenberuf“ erlernen. Bei den bis zu 25jährigen Mitgliedern beträgt dieser Anteil sogar nur 6 %.

Auch das Metallhandwerk ist ein weitgehend „unbearbeitetes Feld“. Von den mehr als 150000 Jugendlichen, die in den westlichen Bundesländern die Ausbildung in einem Handwerksbetrieb machen, arbeiten nur etwa 10 % in einem Betrieb, in dem es überhaupt eine gewählte Jugend- und Auszubildendenvertretung gibt.

Aber auch bei den gewerblich-technischen Auszubildenden, z.B. im Elektrobereich können noch viele Jugendliche für die IG Metall gewonnen werden.

Obwohl über die neuen Bundesländer bisher noch keine detaillierten Zahlen vorliegen, können wir davon ausgehen, daß gegenwärtig der Organisationsgrad dort auch im Jugendbereich höher liegt als im westlichen Teil der Republik. Ob es uns gelingt, diesen hohen Organisationsgrad auch zukünftig zu halten und eventuell sogar noch auszubauen, hängt neben der ökonomischen und sozialen Entwicklung auch davon ab, inwieweit wir in der Lage sind, Jugendlichen inhaltliche Perspektiven aufzuzeigen und konkrete Angebote zur Mitarbeit und Mitgestaltung zu unterbreiten.

Worin liegen die Ursachen?

Wir wissen aus unserer täglichen Arbeit, daß junge Erwachsene sich immer weniger „mal-eben-so“ gewerkschaftlich organisieren und engagieren. Das ist kein neuer Sachverhalt. Diese Entwicklung ist schon seit vielen Jahren zu verzeichnen, obwohl manche davor allzulange die Augen verschlossen hielten.

Junge Erwachsene finden aufgrund der Auflösung klassen- und schichtspezifischer Sozialisationsmuster und „arbeiterbewegter" Traditionen immer weniger ihren Weg zu den Gewerkschaften. Andererseits wissen wir aus vielen Unterschungen, daß die überwältigende Mehrheit der Jugendlichen, die vor dem Schulabschluß stehen, Gewerkschaften für notwendig erachtet und ihnen eine große und wichtige Schutzfunktion zumißt. Das sagt aber noch nichts über ihre Bereitschaft zur Mitgliedschaft, geschweige denn Mitarbeit in den Gewerkschaften aus.

Beim Stichwort „junge Angestellte" haben viele ein Erklärungsmuster für die mangelnde Organisationsbereitschaft parat. Demnach sind junge Angestellte vor allem individualistisch, gewerkschaftsfern, aufstiegs- und freizeitorientiert. Die Jugendlichen in gewerblich-technischen Berufen gelten weiterhin als das sichere Potential für die Organisation.

Diese strikte Trennung von jungen Angestellten und „Arbeiterjugendlichen" stimmt heute ganz sicher nicht mehr. Der Angestelltenstatus als Merkmal reicht lange nicht mehr aus, um signifikante Bewußtseinsunterschiede im Gegensatz zu Arbeitern festmachen zu können. Vorliegende empirische Untersuchungen und die langjährigen Erfahrungen mit Jugendlichen aus der Großindustrie sind dafür ein anschaulicher Beleg. Außerdem ist eine pauschalisierende Charakterisierung der Angestellten und der Angestelltenarbeit für die Jugendarbeit wenig hilfreich. Auch innerhalb der Gruppe der Angestellten existiert vielmehr ein breites Spektrum von Arbeitsbereichen, Tätigkeiten, Qualifikationsvoraussetzungen und Funktionen innerhalb der betrieblichen Hierarchie.

Neben den klassischen Ausbildungsverläufen, wie Ausbildung im Betrieb oder an einer Hochschule, nimmt die Zahl derer zu — vor allem in Großbetrieben —, die über Berufsakademien, eine Verbundausbildung von Hochschule und Betrieb oder über andere Formen ihren Weg in die Betriebe finden.

Ein weiterer Aspekt kommt hinzu: Junge Frauen sind in der Gruppe junger Angestellter stärker vertreten als Frauen im Angestelltenbereich insgesamt. Ihr Anteil in der Metallwirtschaft beträgt ca. zwei Drittel. Ein nicht unerheblicher Teil dieser jungen Frauen lernte in der Vergangenheit den Beruf der Bürogehilfin / Stenokontoristin und fand anschließend eine Beschäftigung in Schreibbüros bzw. in „einfacheren" Angestelltentätigkeiten. Gerade hier bietet die vor wenigen Monaten in Kraft getretene Neuordnung der bürowirtschaftlichen Berufe gewerkschaftliche Ansatzpunkte, um mehr jungen Frauen als bisher im Angestelltenbereich Sachbearbeiterfunktionen zu öffnen.

Generell läßt sich festhalten: Auszubildende und Berufsanfänger / Berufsanfängerinnen — zumindest in den alten Bundesländern — sind heute häufig älter als 18 Jahre, zumeist mit einer guten schulischen Ausbildung ausgestattet und sind gegenüber einer eigenen Mitgliedschaft in den Gewerkschaften zunächst eher skeptisch eingestellt. Aufgrund ihres Alters und ihrer Ausbildung formulieren sie meist umfangreiche Ansprüche an Qualität und Inhalte von Berufsausbildung und Berufstätigkeit. Hier liegen Ansatzpunkte gewerkschaftlicher Jugendarbeit, die sowohl bei gewerblich-technischen Auszubildenden als auch jungen Angestellten zu finden sind.

Was ist zu tun?

Gewerkschaftliche Jugendarbeit ist heute Arbeit mit jungen Erwachsenen. Die auch in unserer Organisation immer noch zu häufig vorhandene Auffassung von einer Jugendarbeit, die sich am Leitbild eines „noch nicht Erwachsenen" orientiert, den man betreuen und nach und nach vorsichtig an die „richtige" Arbeit der Organisation heranzuführen hat, ist überholt. Jugendliche wollen vielmehr angenommen werden mit ihren Vorstellungen, sie wollen das Gefühl haben und die Erfahrung machen, daß sie sich einbringen und durchsetzen können.

Das schließt natürlich auch ein, daß die Jugend angemessen auf allen Ebenen der Organisation in den Entscheidungsgremien vertreten sein will und auch tatsächlich mitentscheiden kann. Gerade dieser Aspekt gewinnt innerhalb der IG-Metall-Jugend aktuell an Bedeutung und wird sich in der gerade jetzt begonnenen Diskussion über neue „Richtlinien für die Jugendarbeit" niederschlagen müssen.

Offensichtlich haben viele Jugendliche den Eindruck, daß auch die *Jugendarbeit* in den Gewerkschaften stärker von Ritualen und Formalitäten bestimmt wird als von den Interessen und der Motivation der Anzusprechenden, der Beteiligten. Ansätze, dies zu verändern, hat es immer gegeben, gibt es immer wieder. Aber sie scheitern oft mit der gleichen Regelmäßigkeit an festgefügten und starren Strukturen. Auch hier scheint mir ein wichtiger Ansatzpunkt für unsere zukünftige Gewerkschaftsjugendarbeit zu liegen, damit mehr junge Erwachsene als bisher als engagierte Mitarbeiter / innen gewonnen werden können.

Dazu ist es auch notwendig, daß die Glaubwürdigkeit unserer Arbeit zunimmt. Bei manchen Jugendlichen besteht — teilweise wohl auch zu Recht — der Eindruck, daß zwischen unseren programmatischen Aussagen, die ja meist eher oberflächlich und in Schlagworten wahrgenommen werden, und unserer konkreten gewerkschaftlichen Praxis eine Lücke klafft. Beispiele hierfür sind die zwischenzeitlich weiterentwickelte Programmatik im Umweltschutz und der in der der Organisation und in den Betrieben praktizierte Umweltschutz oder aber die Mitbestimmungsforderungen und die konkrete Mitbestimmungspraxis.

Wenn wir mehr Jugendliche als bisher für unsere Organisation gewinnen wollen, muß eine größere Übereinstimmung von Reden und Handeln hergestellt werden. Dieser Aspekt kann dazu beitragen, daß das kritisch-distanzierte Verhältnis eines Teils der Jugendlichen gegenüber den Gewerkschaften abgebaut werden kann. Dies bezieht sich übrigens nicht nur auf die Institutionen betrieblicher Interessenvertretung. Wer als Tarifkommissionsmitglied beispielsweise im Rahmen einer Tarifbewegung dem drastischen Abbau von Mehrarbeit zustimmt, als Betriebsrat dies jedoch nicht auf betrieblicher Ebene durchsetzt, gewinnt bei jungen Erwachsenen (und nicht nur bei ihnen) nicht gerade an Glaubwürdigkeit.

Wenn wir die Ergebnisse von Jugendstudien ernst nehmen, müssen wir uns auch mit dem bereits seit längerer Zeit immer wieder festgestellten Wunsch Jugendlicher nach mehr Individualität, nach individuellerem Leben auseinandersetzen.

Jugendliche wollen nicht anonym untergehen in einer Gruppe, in Großorganisationen oder ähnlichem, sondern sie möchten sich individuell einbringen, zur Geltung kommen. Dies drückt sich nicht nur in Kleidungs- und Musikstilen aus. Der Wunsch nach mehr Individualität hat auch Auswirkungen auf ihre Vorstellungen über die Praxis von Institutionen, Parteien und natürlich auch Gewerkschaften.

Es zeigt sich, daß ein großer Teil der Jugendlichen bereit ist, sich aktiv für eigene Interessen einzusetzen. Jugendliche benötigen dafür aber nicht unbedingt organisatorische Strukturen, die auf eine längere Mitarbeit eingestellt sind. Notwendig erscheint vielmehr das Angebot und die Möglichkeit, sich an einzelnen, zeitlich befristeten Aktivitäten/Projekten beteiligen zu können, *ohne* größere Verbindlichkeiten und Verpflichtungen eingehen zu müssen, beispielsweise wenn es darum geht, ökologische Ansätze in die Ausbildung zu integrieren.

Dazu bedarf es auch entsprechender Gewerkschaftsstrukturen zwischen gewerkschaftlichen Funktionärinnen und Funktionären und Unorganisierten, vor allem im Jugendbereich. Jugendliche sind häufig nicht bereit, sich nur auf eine langfristig festgelegte und festgefügte Arbeit in Gremien einzulassen. Offenere Diskussionsstrukturen und -angebote kommen ihren Vorstellungen besser entgegen. Um Mißverständnissen vorzubeugen: Dies macht eher traditionelle Angebote zur Mitarbeit in der gewerkschaftlichen Jugendarbeit *keinesfalls* überflüssig! Angebote zur spontanen, zeitlich befristeten Mitarbeit sollten vielmehr *ergänzend* gemacht werden. Dies gilt besonders, wenn wir eine stärkere Einbeziehung junger Angestellter und/oder junger Frauen in unsere gewerkschaftliche Jugendarbeit und Gewerkschaftsarbeit wünschen.

Wir wissen, daß Jugendliche einzig und allein für ihre eigenen, ganz individuellen Probleme sich einzusetzen bereit sind. Dies sollten wir in unseren Angeboten berücksichtigen. Die Einsicht in eine — trotz aller Individualisierungstendenzen — notwendige gemeinsame und solidarische Interessenvertretungsarbeit muß und wird sich im Verlauf konkreter Mitarbeit entwickeln, z.B. wenn es darum geht, die materielle Situation von Auszubildenden und Ausgebildeten zu verbessern.

Nachdenken müssen wir in diesem Zusammenhang auch über die Anforderungen und die notwendige Unterstützung für unsere jungen Vertrauensleute und Jugend- und Auszubildendenvertreter/innen. Die immer kürzere „Verweildauer" Jugendlicher in dieser Funktion macht es notwendig, Überlegungen anzustellen, wie in der gewerkschaftlichen Betriebspolitik die betriebliche Jugendarbeit besser unterstützt werden kann, wie es uns gelingt, z.B. Fragen der Qualifikation ein größeres Gewicht in der Arbeit der Vertrauenskörper und Betriebsräte zu verleihen.

Mit welchen inhaltlichen Themen wollen wir als IG-Metall-Jugend junge Erwachsene ansprechen?

Da sind zunächst einmal die „traditionellen" Themenfelder der beruflichen Bildung zu nennen.

Herausragend ist vor allem das Interesse junger Erwachsener an einer qualifizierten, interessanten und sinnvollen Ausbildung und Arbeit. Sie wollen sich in ihrer Arbeit wohlfühlen, unabhängig sein, selbstbestimmt und eigenständig arbeiten können. Dazu haben wir als IG-Metall in den letzten Jahren durch die *Neuordnung der industriellen, handwerklichen und bürowirtschaftlichen Berufe* notwendige Voraussetzungen geschaffen. Die praktische Umsetzung in den Betrieben läßt jedoch noch viel zu wünschen übrig. Die Neuordnung der Ausbildung ist für uns eben mehr als die Veränderung von Berufsbezeichnungen. Sie ist für uns ein wesentlicher Ansatzpunkt, mehr Chancengleichheit in der Berufsausbildung zu erreichen, neue Lehr- und Lernmethoden einzuführen, durch Ausbildung nicht nur Technikbeherrschung, sondern auch Arbeits- und Technikgestaltung zu vermitteln und durch das Aufgreifen umweltorientierter Ausbildungsprojekte umweltbewußtes Denken und Handeln zu fördern. Um diese Interessen stärker in den Betrieben umsetzen zu können, bereiten wir als IG Metall gerade eine groß angelegte *Aktion „Ausbildung — Checken und Verbessern"* vor.

Diese Aktion zielt vor allem auf

— die fortwährende Problematisierung des Themas „Berufliche Bildung im Betrieb",
— die Erweiterung von Austausch- und Gesprächsmöglichkeiten zwischen allen Personen und Gruppen, die in der betrieblichen Ausbildung tätig sind (Auszubildende, Ausbilder und Ausbilderinnen, Vertrauensleute, JAV und BR),

— die stärkere Berücksichtigung von Erfahrungen aller an der Ausbildung Beteiligter — insbesondere der Azubis und Ausbilder / Ausbilderinnen (denn sie wissen am besten, was, wie und wo zu verbessern ist),
— die Durchführung inner- und außerbetrieblicher Aktionen zur Verbesserung der betrieblichen Ausbildung.

Bezogen auf junge Angestellte bedeutet dies, die Neuordnung der bürowirtschaftlichen Berufe, die in Aussicht stehende Neuordnung des Berufsbildes Industriekauffrau / mann muß ebenso zu einem zentralen Thema gewerkschaftlicher Jugend- und Angestelltenpolitik gemacht werden, wie die Ausbildung an „Berufsakademien" oder in „Sonderausbildungsgängen" für Abiturienten.

Im Zentrum gewerkschaftlicher Vorschläge sollten Forderungen nach strukturellen Verbesserungen der Ausbildung, nach Projektausbildung, „Lehrbüros", nach Integration wichtiger Aspekte der kaufmännischen wie gewerblich-technischen Ausbildung gemäß der im Unternehmen sich vollziehenden informationstechnologischen Vernetzung stehen, ebenso die Förderung ökologischer Kompetenzen auch im kaufmännischen Bereich.

Da alle neuen Ausbildungsgänge auch *ökologische Kompetenzen* verlangen, sind hier auf betrieblicher Ebene Ansatzpunkte, um die Umweltschutzproblematik generell zu thematisieren. Verschiedenen Studien — aber auch unserer alltäglichen Erfahrung — zufolge rangieren *Umweltthemen* bei Jugendlichen in Ost und West an vorderster Stelle. Allerdings verbinden Jugendliche damit nicht automatisch das Engagement der Gewerkschaften für den Umweltschutz. Bisher ist es uns noch nicht ausreichend gelungen, die IG Metall als eine wichtige Organisation, die sich für den Umweltschutz einsetzt, in die Wahrnehmung der Jugendlichen zu rücken. Genau dies muß jedoch thematisch in den nächsten Jahren stärker angegangen werden. Dabei geht es darum — wie oben beschrieben — einerseits Ökologieprojekte in der Ausbildung zu initiieren, andererseits aber auch Diskussionsforen für Jugendliche zu bieten, in denen über den notwendigen ökologischen Umbau der Gesellschaft diskutiert werden kann. Beispielhaft könnte hier an die Thesen der IG Metall zu dem Bereich Auto / Umwelt / Verkehr angeknüpft werden. Dazu ist es auch notwendig, auf andere Jugendorganisationen zuzugehen und mit ihnen Überlegungen anzustellen, wie wir gemeinsam mit den Jugendlichen unsere Ziele umsetzen können.

Als IG-Metall-Jugend wollen wir zukünftig deshalb verstärkt mit anderen Jugendorganisationen im Umweltbereich zusammenarbeiten. Wir knüpfen damit an eine gute „Tradition der Bündnispolitik an, die wir bereits erfolgreich beim Kampf um die 35-Stunden-Woche und der Abwehr der Wochenendarbeit praktiziert haben und im Bereich der Friedensarbeit bis hin zur Aufklärungskampagne über das Recht auf Kriegsdienstverweigerung noch praktizieren. Die IG-Metall-Jugend wird gerade bei der Auseinandersetzung um die großen

Zukunftsthemen (Arbeit/Umwelt/Frieden) die Kontakte und Bündnisse mit anderen Jugendverbänden und Gruppierungen der sozialen und ökologischen Bewegung fortsetzen und weiter ausbauen.

In der *Tarifpolitik* wird gegenwärtig die Zukunftsdiskussion unter der Überschrift „Tarifreform 2000" geführt. Dabei geht es vor allem um die Komplexe Eingruppierung und Entgeltgrundsätze, Qualifikation, Gestaltung von Arbeit und Technik und stärkere Beteiligungsmöglichkeiten der Arbeitnehmer. Unabhängig davon, daß sich die IG-Metall-Jugend generell in diese Diskussion einbringen wird, ist es für den Ausbildungsbereich von besonderer Bedeutung, in welcher Form die Ausbildungsvergütung an jene Entgeltgruppe angebunden werden soll, in die Arbeitnehmer/innen eingruppiert werden, die eine mindestens dreijährige, in der Metallindustrie verwertbare Berufsausbildung oder eine vergleichbare Qualifikation erworben haben.

In diesem Zusammenhang muß die Diskussion über den Stellenwert der Ausbildungsvergütung, die in den letzten Jahren sowohl im Jugendbereich als auch in der Gesamtorganisation an Bedeutung gewonnen hat, fortgeführt werden. Zielsetzung ist, die Voraussetzungen zu schaffen, daß bei der Festlegung der Höhe der prozentualen Anbindung das Ziel verwirklicht werden kann, mit der Ausbildungsvergütung eigenständig für den Lebensunterhalt aufkommen zu können.

Die besondere Situation in den neuen Bundesländern

Die Ausbildungssituation und die soziale Lage der Jugendlichen in den fünf neuen Bundesländern stellt die IG Metall insgesamt, aber auch die gerade erst im Aufbau sich befindende Jugendarbeit dort vor große Herausforderungen. Die Fakten sind bekannt: das Fehlen von Zehntausenden von Ausbildungsplätzen, die weitere rapide Vernichtung von betrieblichen Ausbildungsplätzen, die Schließung von betrieblichen Ausbildungsstätten, die Entlassung/Kurzarbeit von Auszubildenden und Ausbildungspersonal, die Abwanderung vieler Jugendlicher gen Westen, die schlechten Wohnverhältnisse in den viel zu teuren Lehrlingswohnheimen. Diese Fakten beschreiben eine dramatische Situation, die in den alten Bundesländern noch nicht einmal beim Höhepunkt der Jugendarbeitslosigkeit vorzufinden war.

Nur durch eine Vielzahl von Maßnahmen auf staatlicher und betrieblicher Ebene kann dieser Entwicklung wirksam begegnet werden. Das Ziel gewerkschaftlicher Politik muß darin bestehen, schnellstmöglich gemeinsam zu einer Verbesserung der Situation in den neuen Ländern und langfristig zur Schaffung mit den alten Bundesländern vergleichbarer Lebens- und Arbeitsbedingungen zu kommen. Unsere grundlegenden Forderungen liegen schon seit längerem auf dem Tisch und sind nachzulesen in dem 12-Punkte-Sofort-Programm zur beruflichen Bildung der IG Metall und dem erst vor wenigen Wochen erarbeiteten Forderungskatalog der DGB-Jugend zur Ausbildungssituation in den neuen Ländern. Von besonderer Bedeutung ist dabei, inwieweit es gelingt, den Vorrang der betrieblichen Berufsausbildung durchzusetzen und die Auslagerung der Ausbildung und sogenannte Ausbildungsringe mit teilweise obskuren Trägerkonstruktionen zu verhindern. Nur wenn Ausbildung grundsätzlich Sache der Betriebe bleibt, können wir tarifvertragliche Rechte und Ansprüche durchsetzen, betriebliche Interessenvertretungsstrukturen aufbauen und uns aktiv in die Fragen der beruflichen Bildung einmischen. Deshalb wäre es gewerkschaftspolitisch fatal, wenn große Teile der beruflichen Bildung in den fünf neuen Bundesländern privaten Trägervereinen oder den von den Kammern gesteuerten Ausbildungsringen übertragen würden.

Um Gegenwehr organisieren und unsere Perspektiven diskutieren zu können, müssen wir inner- und außerhalb der Betriebe Jugendstrukturen aufbauen bzw. neue schaffen. Dazu gehört u.a. die Organisierung von Jugendlichen, die Initiierung der Wahlen von Jugend- und Auszubildendenvertretungen, die Entwicklung von Angeboten in der gewerkschaftlichen Jugendbildungsarbeit und vor allem das Entwickeln neuer Angebote für den Freizeitbereich in Form von Jugendcafes, -clubs und sonstigen Freizeiteinrichtungen mit einer Fülle von kulturellen Angeboten, die eben nicht nur konsumorientiert sind. Als Folge der Schließung vieler Jugendclubs stehen Jugendlichen immer weniger Möglichkeiten zur Verfügung, ihre Freizeit selbstbestimmt und finanzierbar zu gestalten. Dieser Aspekt gewinnt noch dadurch an Bedeutung, daß ein nicht unerheblicher Teil auch der jugendlichen Mitglieder der IG Metall bereits schon arbeitslos bzw. akut von Arbeitslosigkeit bedroht ist.

Es wird offensichtlich, daß die berufliche, materielle und soziale Situation der Jugendlichen in den fünf neuen Bundesländern ein umfassendes Konzept von Bildungs-, Informations- und Beratungsangeboten erfordert, wobei auch hier eine intensive Zusammenarbeit mit anderen Institutionen wie Kirche, Arbeiterwohlfahrt, Jugendverbänden etc. notwendig ist. Ein breites gesellschaftliches Bündnis ist auch deshalb erforderlich, um sich offensiv mit rechtsextremen Tendenzen, die sicherlich auch bei einem Teil unserer jugendlichen Mitglieder vorhanden sind, auseinandersetzen zu können. In den neuen Bundesländern hat sich ein Neonazismus von beängstigender Militanz entwickelt, wobei die Häufigkeit der brutalen Ausschreitungen, gepaart mit massiven Auftritten von neonazistischen Gruppierungen besonders erschreckend ist. In der alten Bundesrepublik entwickelte Erklärungsmuster über die Ursache von rechtsextremer Gesinnung, besonders der Jugendlichen, lassen sich wahrscheinlich nur begrenzt auf die ostdeutsche Situation übertragen, wenngleich auch dort sicherlich soziale Probleme eine Schlüsselrolle spielen.

Vielfalt der Interessen zulassen

Zwei Tendenzen lassen sich als Ausgangsbedingungen unserer Jugendarbeit zumindest in den alten Bundesländern feststellen:

Jugendliche, die eine Ausbildung in der Metallindustrie beginnen, sei es im gewerblichen, sei es im Angestelltenbereich, haben heute zumeist eine vergleichbare schulische Sozialisation durchlaufen, kommen aus vergleichbaren Herkunftsmilieus. Dies gilt ganz besonders für städtisch strukturierte Regionen. Gerade in den qualifizierten Ausbildungsgängen haben sie keine eindeutige Klassengebundenheit mehr. Sie sind geprägt von der Leistungs- und Aufstiegsorientierung ihrer Eltern — jedoch groß geworden in einem völlig anderen Zeitgeist. Traditionelle Wertvorstellungen sind für sie brüchig geworden, und ihre Persönlichkeit ist eher durch eine Vielfalt von verschiedenen Lebensorientierungen geprägt. So können insbesondere zum Beispiel junge Frauen sich kaum mehr mit dem Lebensweg ihrer Mütter identifizieren. Für sie ist die Erlangung von Unabhängigkeit und Anerkennung über Berufsarbeit selbstverständlich — gleichwohl schließt das die spätere Familienorientierung nicht aus.

Andererseits ist zu sehen, daß gewerkschaftliche Jugendarbeit sich nicht nur an dieser „Zielgruppe“ orientieren kann. Nach wie vor hat sie auch Auszubildende im Handwerk, junge Un- und Angelernte anzusprechen.

Gewerkschaftliche Jugendarbeit muß der gesamten Palette der hinter diesen verschiedenen Lebenswegen stehenden Interessenlagen gerecht werden. Eine zu einseitige Orientierung der „Themen“ gewerkschaftlicher Jugendarbeit an den Interessen der qualifiziert Ausgebildeten und an ihrer wachsenden Sensibilität gegenüber globalen Bedrohungen wäre ebenso verkehrt wie eine Jugendarbeit, die glaubt, allein mit „traditionellen“ Angeboten einer Schutzpolitik, mit „Neigungsgruppen“, mit Gremienarbeit Jugendliche begeistern und an sich binden zu können. Jugendarbeit, die nicht nur interessant und bunt sein soll, muß Angebote entwickeln, die die unterschiedlichen Einstellungen und Probleme von Jugendlichen aufgreift, die aber auch gemeinsame Interessen ihrer Lebenssituation deutlich macht.

Für immer mehr Auszubildende — auch der gewerblich-technischen Ausbildung — beginnt nach der Ausbildung eine Phase beruflicher Fortbildung — an Technikerschulen, Fachhochschulen, sonstigen Bildungsinstitutionen. Sie kommen mit hoher Wahrscheinlichkeit später als qualifizierte Fach- und Führungskräfte in die Metallwirtschaft zurück. Gewerkschaftliche Jugendarbeit muß verstärkt versuchen, die Interessen dieser Jugendlichen in ihrer „neuen Bildungssituation“ aufzugreifen: Fragen der Schüler/innen- und Studentensituation; Wohnprobleme; Ausbildungsunterstützung in solchen Ausbildungsgängen.

Vergleichbares gilt für die Interessen der wachsenden Zahl Jugendlicher, die nicht mehr in den betrieblichen Ausbildungsgängen ausgebildet werden, sondern an Berufsakademien und ähnlichen Institutionen.

Schließlich müssen junge Frauen, die für die weitere Entwicklung der Gewerkschaften von großer Bedeutung sind, und die heute das aufgeschlossenste Mitgliederpotential darstellen, in ihren Interessen ernster genommen werden: Das gilt hinsichtlich ihrer Doppelorientierung auf Beruf und Familie, das gilt aber auch für ihre „emanzipatorischen Interessen". In allen Jugendstudien wird deutlich, daß junge Frauen mehr denn je bereit sind zum gesellschaftlichen Engagement. Sie haben jedoch spezifische Politikzugänge und finden daher zum Beispiel in starren, männlich orientierten Organisationen wie den Gewerkschaften oftmals nur wenig Raum sich einzubringen.

Stefan Weis

Stand und Perspektiven gewerkschaftlicher Jugendarbeit in der IG Chemie-Papier-Keramik

In der IG Chemie-Papier-Keramik waren Ende 1990 rund 100000 Mitglieder unter 25 Jahren organisiert. Bei einer Gesamtmitgliederzahl von ca. 670000 Mitgliedern entsprach dies einem Anteil von rund 15 %. (Die Zahlen beziehen sich auf die alten Bundesländer.) Die Entwicklung der jugendlichen Mitglieder war in den vergangenen Jahren positiv. Zum Jahresende wurde erstmalig der Stand des Vorjahres leicht unterschritten.

Ausbildungsplatzsituation im Organisationsbereich

Die Entwicklung der Zahl der jugendlichen Mitglieder ist vor allem abhängig von der Zahl der neu abgeschlossenen Ausbildungsverträge in den Betrieben des Organisationsbereiches. Die Zahl der Ausbildungsplätze war in den Jahren 1990 und 1991 rückläufig, was zum großen Teil auf die demographische Entwicklung zurückzuführen ist. Viele angebotene Ausbildungsplätze in den Produktionsberufen (z.B. Chemikant/in, Pharmakant/in, Papiermacher/in) blieben unbesetzt, während nach wie vor ein deutlicher Bewerberüberhang in den Labor- und Verwaltungsberufen erkennbar war. Als Folge eines größeren Bedarfs an qualifizierten Fachkräften in den modernisierten und automatisierten Produktionsanlagen ist in den letzten Jahren eine Verlagerung der Ausbildungsaktivitäten auf die Produktionsberufe zu beobachten. In der Vergangenheit wurde dieser Personalbedarf häufig durch Einstellung jüngerer Mitarbeiter und Mitarbeiterinnen, die in einem anderen Beruf (z.B. Handwerksberufe) ausgebildet wurden, gedeckt. Auch diese Einstellungszahlen sind rückläufig, was eine Wirkung auf die Entwicklung der Zahl der jugendlichen Mitglieder hat. Insgesamt ist der Organisationsbereich der IG Chemie-Papier-Keramik durch Betriebe mit sehr unterschiedlichen Modernitätsgraden gekennzeichnet. Sehr unterschiedlich sind auch die Anforderungen und Möglichkeiten der

Berufsausbildung. Während ein Teil der Betriebe moderne Ausbildungseinrichtungen mit innovativen Ausbildungskonzepten aufweisen kann, finden wir auch Betriebe vor, in denen die Anforderungen des Berufsausbildungsgesetzes und der Ausbildungsrahmenpläne gerade eben erfüllt werden, und der Großteil der Ausbildung ausschließlich in den Betriebsabteilungen durchgeführt wird. In diesen Betrieben ist die Ausbildung nicht optimal, insbesondere moderne Ausbildungsmethoden sind hier nur schwer umsetzbar.

Strukturen der Jugendarbeit

Die Richtlinien für die Jugendarbeit und die Satzung der IG Chemie-Papier-Keramik sehen für die Jugendarbeit vor allem die Jugendausschüsse auf der Ebene der Verwaltungsstellen, der Bezirke und des Bundes vor. Neben diesen festen, auf vier Jahre gewählten Gremien, findet ein Großteil der Jugendarbeit auch im Rahmen von gewerkschaftlichen Jugendgruppen, Arbeits- und Projektgruppen, Bildungs- und Arbeitstagungen, sowie regionalen und überregionalen Jugendtreffen statt. Die ersten Kontakte zur Gewerkschaft werden in der Regel über betriebliche Neuanfängerinformationen hergestellt. Häufig werden diese Informationsveranstaltungen gemeinsam von den Betriebsräten, den Jugend- und Auszubildendenvertretungen und Hauptamtlichen der IG Chemie-Papier-Keramik durchgeführt. Ein breit gefächertes Bildungsangebot steht den Interessierten zum näheren Kennenlernen der Gewerkschaft und zur politischen Bildung zur Verfügung. Die meisten Jugendlichen finden auf diesem Weg zur gewerkschaftlichen Jugendarbeit.

Jugend- und Auszubildendenvertretung

Wichtige Repräsentanten gewerkschaftlicher Jugendarbeit in den Betrieben sind die Jugend- und Auszubildendenvertretungen. Durch die Änderung des Betriebsverfassungsgesetzes im Jahre 1988 wurde der Aufgabenbereich der Interessenvertretung, der damaligen Jugendvertretung, ausgeweitet. Mit der Festlegung der Zuständigkeit für die jugendlichen Arbeitnehmer und alle Auszubildenden wurde gesetzlich nachvollzogen, was bereits überwiegende Praxis war. Die Jugend- und Auszubildendenvertretung kümmert sich vor allem um Fragen der Berufsausbildung. Mit der Änderung des Betriebsverfassungsgesetzes wurde die Zahl der Interessenvertretungsmandate erheblich gesteigert. Durch die Erweiterung des Wahlrechts stieg die Zahl der Mandate im Organisationsbereich der IG Chemie-Papier-Keramik von ca. 700 (1986) auf rund 1900 (Wahl 1988) an. Durch die Gesetzesänderung war es vor allem möglich, in vielen Betrieben erstmals wieder eine Interessenvertretung für Jugendliche Arbeitnehmer zu wählen. Die Ausweitung der Jugendvertretung auf eine Jugend- und Auszubildendenvertretung hat sich in qualitativer und quantitativer Hinsicht bewährt. Vor allem die stärkere Orientierung auf Ausbildungsfragen entspricht den veränderten Ansprüchen der Jugendlichen. Ausbildung soll mehr sein als eine möglichst rasche Durchlaufstation in das „richtige" Berufsleben. Sie soll breit qualifizieren, interessant sein, und vor allem ein gutes Sprungbrett für den beruflichen Aufstieg und Ausgangspunkt einer vielfältigen Weiterbildung bieten.

Die Neuordnung der Metall-, Elektro- und naturwissenschaftlichen Berufe fiel in die ersten Amtsperioden der Jugend- und Auszubildendenvertretungen. Die Umsetzung der Verordnungen in den betrieblichen Ausbildungsstätten war und ist ein wichtiges Aufgabenfeld für die Jugend- und Auszubildendenvertretung. Zur Umsetzung waren vor allem geänderte Ausbildungsplätze, z.T. modernere Ausbildungseinrichtungen und vor allem neue Ausbildungsmethoden, wie Leittextausbildung, notwendig. In vielen Betrieben haben sich die Jugend- und Auszubildendenvertretungen bei diesen Änderungen aktiv eingemischt. Allerdings muß auch gesagt werden, daß die kurze Amtszeit von 2 Jahren und eine kräftige Fluktuation in den Vertretungen die Arbeit erschwert. Kaum haben sich Jugend- und Auszubildendenvertreter in die Thematik eingearbeitet, stehen schon wieder Neuwahlen an. Solange sich Jugend- und Auszubildendenvertretungen überwiegend mit Beschwerden der Jugendlichen zu beschäftigen hatten, war dies unproblematisch. Notwendige Veränderungen in der Berufsausbildung sind in der Regel Prozesse, die länger dauern. Festzustellen ist, daß die Kandidatinnen und Kandidaten für die JAV-Wahl häufig durch ihre eigenen Ansprüche an die Ausbildung bzw. durch die Unzufriedenheit mit den vorhandenen Ausbildungsbedingungen zum Engagement motiviert werden.

Neuer Auszubildendentypus

In der Jugend vollzieht sich ein unbestreitbarer Wandel. Für gewerkschaftliche Jugendarbeit werden die Veränderungen an vielen Stellen deutlich, vor allem an veränderten biographischen Faktoren.

Die Jugendlichen, die heute eine Berufsausbildungen aufnehmen, sind in der Regel älter und verfügen über bessere Bildungsabschlüsse. Bei vielen war die Wahl des Berufes, in dem sie eine Ausbildung durchlaufen, nur eine der Möglichkeiten, die für die weitere Zukunft zur Wahl stand. Diese Entscheidung wird auch kaum als Entscheidung betrachtet, die nunmehr das restliche

Leben unabänderlich bestimmt. Vor allem sind die Auszubildenden, die heute mit der Berufsausbildung beginnen, stärker individualisiert.

Erklärungsmuster für Individualisierung

1. Das gewerkschaftliche Engagement der letzten Jahrzehnte um die Verkürzung der Arbeitszeit und um das Anwachsen des Lohnniveaus tragen zu den Möglichkeiten stärkerer Individualisierung bei. Durch den Anstieg erwerbsfreier Lebenszeit, durch enorme Zuwächse im durchschnittlichen Reallohn, wird dem einzelnen in zeitlicher, räumlicher und materieller Hinsicht die Möglichkeit für die Entwicklung individueller und gemeinsamer Bedürfnisse und Interessen gegeben.
2. Die gestiegene soziale und räumliche Mobilität der Bevölkerung löst Individuen aus traditionellen Lebensformen und Biographien heraus und eröffnet vielfältige gleichberechtigte Beziehungen in Arbeit, Kultur und Freizeit. Die Verlängerung der Ausbildungszeiten, die Notwendigkeit von Umschulung und Weiterbildung verkürzen die Phasen der Erwerbstätigkeit und reduzieren die Starrheit der Biographieverläufe. Bemerkbar wird dies z.B. daran, daß sich viele Auszubildende nach Abschluß der Ausbildung zum Besuch einer weiterführenden Schule und/oder zu einem Studium entschließen.
3. Die Effekte der Bildungsreform der 70er Jahre haben dafür gesorgt, daß Bildung zu einem „Massengut" geworden ist. Höhere Schulbildung und höhere Bildungsabschlüsse und die damit verbundene berufliche Wahlfreiheit ist gegenwärtig unabhängiger von Schicht- und Klassenzugehörigkeit erreichbar geworden.

Es wird deutlich, daß der Individualisierungsschub auch ein Ergebnis gewerkschaftlicher Reformpolitik ist. Die individualisierten Jugendlichen sind somit auch „Kinder" dieser Reformbemühungen.

Mit den folgenden Beispielen soll deutlich gemacht werden, wie die zunehmende Individualisierung bei den Jugendlichen zum Ausdruck kommt, wo sie Einfluß nimmt auf die Ansatzpunkte gewerkschaftlicher Jugendarbeit.

— Die Dauer von Jugend ist unterschiedlich lang. Je nach individuellen Bedürfnissen, Bildungsinteressen und Bildungsmöglichkeiten kann heute zwischen kurzen, mittel und langen Jugendphasen differenziert werden. Die „Normalbiographie", nach der die Schulzeit im Alter von 15 Jahren endet und sich dann eine Ausbildung anschließt, trifft heute nur noch auf einen Teil der Jugendlichen zu.

— Loslösungsprozesse vom Elternhaus finden heute nur noch in den seltensten Fällen durch Heirat statt. Die Unabhängigkeit vom Elternhaus, das Le-

ben auf eigenen Füßen wird heute bereits viel früher und in den unterschiedlichsten Formen angestrebt und realisiert.
- Pluralisierte Werte der Jugend spiegeln sich in einer Gleichzeitigkeit und Vielfältigkeit von Jugendkulturen.
- Jugendliche sind es gewohnt zu reisen und haben durch Motorisierung ausgedehnte „Aktionsradien". Dadurch sind sie im Umgang mit verschiedenen kulturellen und sozialen Strukturen erfahren und kompetent.
- Liberale Erziehungsformen im Elternhaus und in der Schule leisten ihren Beitrag zur Stärkung der Persönlichkeit der Jugendlichen. Damit verbunden ist auch das Entfalten sexueller Tabus.

Dieser beispielhafte Katalog von Effekten der Individualisierung ließe sich erweitern. Die aufgezeigten Veränderungen finden auch ihren Ausdruck in Arbeit und Ausbildung. Die Leidenshaltung während einer Ausbildung, die mit „Weisheiten" wie: „Lehrjahre sind keine Herrenjahre" und „Eisen erzieht" zum Ausdruck kommt, ist für Jugendliche heute nicht mehr akzeptabel. Viele Ausbildungsbetriebe tragen diesen veränderten Ansprüchen auch aus ökonomischen Gründen Rechnung, weil für die Arbeitsplätze der Zukunft neue Qualifikationen erforderlich sind.

Neue Qualifikationsanforderungen

Einhergehend mit diesen veränderten „Ausgangsbedingungen" hat sich auch die Form der Berufsausbildung gewandelt. Neue Qualifikationen sind für die Arbeit an Arbeitsplätzen der Zukunft notwendig. Mit dem Einsatz der Mikroelektronik entstehen neue Arbeitsformen, die neue Qualifikationen erforderlich machen. Die Aufgabe der heutigen Berufsausbildung ist es, diese Qualifikationen zu vermitteln. Vor allem soziale Qualifikationen werden von den zukünftigen Fachkräften abverlangt. Neben den fachlichen Qualifikationen gewinnen die sozialen Qualifikationen an Bedeutung als wichtige Schlüsselqualifikation. Teamfähigkeit, Flexibilität, Kritikfähigkeit und Selbständigkeit sind einige Beispiele für diese neuen Anforderungen.

Durch die Neuordnung einer Reihe von Berufsbildern wurden alte Ausbildungsinhalte, die im Hinblick auf einen verstärkten Einsatz neuer Technologien überholt sind, entrümpelt. An ihre Stelle traten neue Ausbildungsinhalte, die zur Arbeit an modernen, zukunftsträchtigen Arbeitsplätzen befähigen sollen. An vielen Stellen wurde beispielsweise handwerkliches Können — und das gilt nicht nur für Handwerkerberufe — durch Kenntnisse im Umgang und der Bedienung moderner Maschinen ersetzt. Vor allem aber wurden überfachliche Qualifikationen als Qualifikationsziele aufgenommen. Zum Erlernen dieser überfachlichen Qualifikationen wurden und werden neue Formen der Berufsausbildung erprobt und angewandt. Zentrale Stichworte sind hier die Leittextmethode und die Projektmethode. Auch Planspiele, Gruppen- und Teamarbeit, kombinierte Unterweisungen und integrierte Ausbildungsabschnitte gehören zu diesem Repertoire.

Unterstellt, daß diese neuen Ausbildungsformen neben dem Ziel, die Berufsausbildung vielfältiger und interessanter zu machen, auch zu diesen neuen Qualifikationen führen, verfügen die Auszubildenden im Gegensatz zu früher über ein Mehr an z.B. Teamfähigkeit, Selbständigkeit, Kritikfähigkeit, ein größeres Zusammenhangwissen und letztendlich auch über bessere Kommunikations- und Durchsetzungsfähigkeiten.

Daneben ist zu beobachten, daß Auszubildende heute insgesamt höhere Ansprüche an die Qualität von Ausbildung und Beruf mitbringen. Die Suche nach selbstverwirklichenden Momenten in der Ausbildung prägt vielerorts das Ausbildungsklima. Es liegt auf der Hand, daß sowohl die neuen Qualifikationen als auch die veränderten Ansprüche der Auszubildenden Auswirkungen auf die Inanspruchnahme der Interessenvertretung haben. Ich will dies an einem Beispiel deutlich machen.

Die Bediener von chemischen Produktionsanlagen müssen in der Lage sein, Unregelmäßigkeiten zu erkennen, Fehler zu bemerken und bei Störungen gezielt zu reagieren, wenn Gefahren für die Arbeitssicherheit oder die Umwelt drohen. In Ausbildungsabteilungen werden die Auszubildenden heute vielerorts darauf hingewiesen, wenn beispielsweise an den Arbeitsplätzen vor Ort gegen Sicherheitsbestimmungen verstoßen wird, hartnäckig dagegen anzugehen. Sie werden von den Ausbildern dazu ermuntert, sich nötigenfalls auch Anordnungen der „Vor-Ort-Ausbilder“ zu widersetzen.

Eine derartige Konfliktsituation einmal erfolgreich überstanden, ermuntert natürlich auch dazu, andere Dinge selbst in die Hand zu nehmen. Auszubildende mit diesen Erfahrungen werden beispielsweise bei sozialen Problemen, wie betriebsbedingten Kürzungen der Pausenzeiten, ihre vorhandene Kritikfähigkeit und Durchsetzungsfähigkeit auch zur Lösung dieser Probleme direkt in Anwendung bringen. Was soll da noch der Umweg über die Jugend- und Auszubildendenvertretung oder den Betriebsrat?

Diese Kompetenz der Jugendlichen und Auszubildenden hat natürlich nicht nur Folgen für die betriebliche Interessenvertretung. Auch das Angebot, mit Gewerkschaften kollektiv Interessen durchzusetzen, wird kritischer auf den Nutzen geprüft, vor allem wird die Würdigung der Bedeutung von kollektiven Möglichkeiten z.B. in der Tarifpolitik nicht automatisch mit einer eigenen Mitgliedschaft und einem eigenen Engagement verbunden. Stärker in den Vordergrund treten einzelne Ansprüche und Bedürfnisse, die „Bündnisse auf Zeit“ zur Folge haben. Eine gewerkschaftliche Jugendarbeit, die Jugendliche z.B. auf eine vierjährige Amtsperiode im Jugendausschuß orientiert, ist für diese Ansprüche unattraktiv.

Unterschiedliche Bedingungen

Im Organisationsbereich der IG Chemie-Papier-Keramik treffen wir nicht unisono diesen „Typus“ von Jugendlichem an. Wie oben bereits angedeutet, sind auch die Ausbildungsbedingungen sehr unterschiedlich entwickelt. In den Großchemiebetrieben der Ballungszentren entwickeln sich mithin auch andere Voraussetzungen für gewerkschaftliche Jugendarbeit als etwa in ländlich geprägten Standorten der feinkeramischen Industrie. Nach wie vor treffen wir hier auf Jugendliche, die aus recht traditionellen Bindungen kommen und die noch sehr traditionell ausgebildet werden. Natürlich gibt es auch Fälle, in denen die „Ausgangsbedingungen ungünstig für ein gewerkschaftliches Engagement sind“ und die Jugendlichen unsere Arbeit trotzdem attraktiv finden. Ohnehin helfen Pauschalisierungen in diesem Fall nicht weiter. Unsinnig ist auch ein Versuch, den Anteil des „neuen Typus“ zu quantifizieren und an der datenmäßigen Entwicklung festzumachen, wann gewerkschaftlicher Jugendarbeit im traditionellen Sinne das „Aus“ droht. Erfolg verspricht nur eine Jugendarbeit, die auf die unterschiedlichen Belange flexibel reagiert.

Wichtig ist das Angebot an den Stellen zu überprüfen und weiterzuentwickeln, wo Schwierigkeiten auftreten. Möglich wird dies durch ein zielgruppenorientiertes Angebot mit zum Beispiel entsprechenden Bildungsveranstaltungen und Tagungsangeboten. Eine längere Tradition haben Arbeitstagungen für Jugend- und Auszubildendenvertreter/innen aus der Großchemie. Mehr und mehr entwickeln sich auch Angebote an Auszubildende bestimmter Ausbildungsberufe. So wurde z.B. mit Auszubildenden, die den Beruf der Bürogehilfin erlernen, über die Anforderungen an einen dreijährigen Ausbildungsberuf in der Bürokommunikation diskutiert. Ähnliches gilt für die Auszubildenden der sogenannten „Abiturientenberufe“, Akademieausbildungen die an eine betriebliche Ausbildung gebunden sind. Für die Zukunft muß diese Differenzierung der Arbeit und der Methoden intensiviert werden. Dies erfordert u.a. die Schaffung zusätzlicher Arbeits- und Projektgruppen.

Neue Aufgabenfelder und neue Qualifikationen

Die Notwendigkeit für eine Interessenvertretung für Jugendliche und Auszubildende ist nicht kleiner geworden. Lediglich die Schwerpunkte haben sich verlagert. Waren bisher die Jugend- und Auszubildendenvertreter als Konfliktlöser im Einsatz, müssen sie zukünftig verstärkt Aufgaben als Organisatoren und Moderatoren übernehmen. Die Arbeit der Jugend- und Auszubildendenvertretung wird weniger denn je darin bestehen, für andere persönliche Probleme und Konflikte zu lösen (diese dürften in der Regel von dem Betroffenen selbst in Angriff genommen werden), sondern sie müßte vielmehr einen betrieblichen Kommunikationsprozeß über alle Ausbildungsfragen koordinieren, wenn notwendig, initiieren. Sie muß sich verstärkt den Problemen zuwenden, die eben nicht der einzelne Auszubildende im lockeren Gespräch mit seinem Ausbilder klären kann. Dies sind vor allem prinzipielle Fragen der Berufsausbildung: Z.B. die Umsetzungspläne innerhalb der Ausbildungszeit, die Einrichtung von Ausbildungswerkstätten und Labors und natürlich auch über Betriebsvereinbarungen festzulegende Sozialleistungen.

Will die Jugend- und Auszubildendenvertretung in diesem Bereich erfolgreich sein, muß sie die Betroffenen in diese Prozesse einbinden. Die vorhandene Kompetenz und Qualifikation der Auszubildenden muß genutzt werden. Die Jugend- und Auszubildendenvertreter müssen zum Beispiel die Probleme und Ansprüche mit und an die Ausbildung im Gespräch mit den Auszubildenden zusammentragen, mit ihnen Lösungen entwickeln und dann auf eine Erledigung drängen. Selbstverständlich funktioniert dieser Prozeß nur mit den Betriebsräten zusammen. Auch sie müssen in solche Kommunikationsprozesse integriert werden.

Dieser neue Aufgabenzuschnitt der Jugend- und Auszubildendenvertretung setzt natürlich neue Kompetenz und Qualifikationen voraus. Die Herausforderung für die gewerkschaftliche Jugendarbeit besteht vor allem darin, die Jugend- und Auszubildendenvertretung für diesen neuen Aufgabenzuschnitt zu qualifizieren. Aus diesem Grund wurde das Seminarangebot für Jugend- und Auszubildendenvertreter geändert. Neben Einführungsseminaren werden nun auch Themenseminare angeboten. Damit wird den ausdifferenzierten Ansprüchen der Jugend- und Auszubildendenvertreter Rechnung getragen, und die Möglichkeit geschaffen neue Themen, deren Behandlung notwendig erscheint, in das Seminarangebot aufzunehmen.

So sollen beispielsweise mit einem Seminar unter dem Titel „Erfahren und Vermitteln“ die nötigen Kommunikationsqualifikationen verbessert werden. Die Teilnehmer erlernen, auf die Auszubildenden zuzugehen, deren Probleme zu sammeln und mit ihnen Lösungsmöglichkeiten zu beraten. Sie erarbeiten während des Lehrgangs zum Beispiel auch Modelle zur attraktiveren Gestaltung von Jugendversammlungen.

Auch in der allgemeinen gewerkschaftlichen Jugendbildungsarbeit muß und wird auf die veränderte Situation reagiert werden. Der „Hunger“ nach Gelegenheiten, sich endlich einmal unter seinesgleichen über die Ausbildung und die Arbeit zu unterhalten, ist kleiner geworden, weil in betrieblichen Seminaren und im Werksunterricht ausreichend dazu Gelegenheit gegeben wird. Dies geschieht häufig in angstfreier und entspannter Atmosphäre, in aller Regel auch unter professioneller Anleitung und Moderation.

Nicht selten werden die Auszubildenden bereits in der ersten oder zweiten Ausbildungswoche zu einem Einführungsseminar eingeladen. Die Jugendlichen sehen dann keinen Sinn mehr darin, z.B. ein Seminar der IG Chemie-Papier-Keramik zu besuchen, wo sie einmal grundsätzlich alle Probleme, die mit der Arbeit und der Ausbildung verbunden sind, austauschen können.

Durch eine Bereicherung der Themen, eine Verbesserung und Bereicherung der Methoden müssen die Lehrgangsangebote attraktiver gemacht werden. Das Angebot muß dabei so aufgefächert sein, daß für einzelne Zielgruppen ein entsprechendes Angebot enthalten ist, das auch als solches erkennbar wird.

Die Ausschreibungen zu den Seminaren müssen beispielsweise deutlich erkennbar machen, was von einem Lehrgang erwartet werden kann und was nicht. Die Angebotspalette muß sich an konkreten Qualifikations-, Informations- und Diskussionsbedürfnissen der Auszubildenden orientieren. Politische Orientierung ist und bleibt ein wichtiger Faktor der gewerkschaftlichen Bildungsarbeit. Nur kann sie noch weniger als in der Vergangenheit die alleinige Klammer und Legitimation für eine gewerkschaftliche Bildung sein. Jugendliche heute haben durchaus ein Interesse daran, von den Gewerkschaften zu erfahren, wie ökologische Probleme gelöst werden können, oder welche Effekte Zukunftstechnologien haben, aber an einem Seminar mit dem Titel „Jugendfunktionär" oder ähnlichem teilzunehmen, um Jugendfunktionär zu werden, erscheint sehr abwegig.

An erster Stelle der nötigen Änderungen müssen Qualifizierungsmaßnahmen für Teamer und Referenten stehen. Auch die gewerkschaftliche Jugendarbeit in den Gremien muß einen anderen Charakter bekommen bzw. muß zum Teil substituiert werden. Neben der Gremienarbeit müssen thematisch und zeitlich begrenzte Angebote gemacht werden. Die Arbeit in den Jugendausschüssen und Arbeitsgruppen muß die im Betrieb erworbenen Qualifikationen berücksichtigen und positiv aufgreifen. Erste Erfahrungen wurden bereits gesammelt. Jugendtreffen auf Landes- und Bundesebene, mit einer ausgewogenen Mischung aus inhaltlicher Auseinandersetzung, Unterhaltung, Kreativangeboten, touristischen und kulturellen Highlights veranlassen viele Jugendliche einmal auszutesten, was mit Gewerkschaften so alles möglich ist. Für die Mitarbeiterinnen und Mitarbeiter in den Jugendgremien sind die Treffen ein brauchbares Experimentierfeld. Neue Talente und Neigungen werden entdeckt. Beispielhaft hierfür sei ein Radioprojekt genannt. Arbeitsgruppen zu fest definierten und zeitlich begrenzten Themen auf allen Ebenen haben sich bestens bewährt.

Die Jugendlichen, die heute eine Ausbildung in den Betrieben aufnehmen, verlangen von Gewerkschaften auch ein verändertes Auftreten in der Mitgliederwerbung. Immer seltener treffen wir Jugendliche an, die durch Familie oder Schule bzw. Cliquen entsprechend gewerkschaftlich vororientiert sind. Auch fehlen weitestgehend traditionelle Bindungen an Gewerkschaften. Pauschale Argumente wie „bei uns im Betrieb sind alle organisiert" oder „zum Berufsstart gehört der Gewerkschaftsbeitritt" überzeugen heute die wenigsten Auszubildenden.

An die Stelle von Selbstverständlichkeiten und automatischen Eintritten treten das Abwägen von Argumenten und die Prüfung des Nutzens, den ein Gewerkschaftsbeitritt bietet. Die Berufsanfänger fragen nach dem kollektiven und individuellen Nutzen des Beitritts. Unter kollektivem Nutzen werden die Leistungen, die die Gewerkschaften für alle erreichen können, verstanden. Dies sind vor allem Fragen der Tarifpolitik und der Einfluß auf Gesetzgebung bzw. Verordnungserlaß. Dieser kollektive Nutzen wird im großen und ganzen aktzeptiert, die Auszubildenden sind allerdings nur bereit, ihren Beitrag für diese Leistungen zu leisten, wenn die Argumentation überzeugend ist.

Jugendmitgliederwerbung muß zukünftig verstärkt deutlich machen, wo die Leistungen und Nutzeneffekte der Gewerkschaften liegen. Dies gilt sowohl für die betriebliche Interessenvertretung, für die unmittelbar erlebbaren Ziele und Erfolge der Jugend- und Auszubildendenvertretungen und der Betriebsräte als auch für die kollektivvertraglichen Leistungen.

Einführungsgespräche mit Neuanfängern müssen daher gründlich geplant werden; die Jugend- und Auszubildendenvertreter müssen sich auf die Argumentation mit Auszubildenden entsprechend vorbereiten. Werbematerialien und Werbegeschenke müssen so gestaltet sein, daß sie einen praktischen Nutzen haben.

Den veränderten Anforderungen hat die IG Chemie-Papier-Keramik mit einer Jugendwerbekonzeption und einer Überarbeitung des Neuanfängermaterials Rechnung getragen. In Zukunft müssen die Verantwortlichen für die Jugendmitgliederwerbung auch besser für ihre Aufgabe geschult werden. Dazu gehört eine bessere Vorbereitung auf Zielgruppen mit ganz speziellen Ansprüchen und Fragen sowie die Qualifikation, auch mit Kritik der Auszubildenden offen und ehrlich umgehen zu können.

Jugendmitgliederwerbung darf in der Zukunft auch nicht ausschließlich im Betrieb stattfinden. Gewerkschaften müssen alle Gelegenheiten nutzen, die Jugendlichen vor Beginn ihrer Ausbildung mit Gewerkschaften vertraut zumachen. Diese Anspruch setzt voraus, daß Publikationen und Veranstaltungen für Schüler angeboten werden .

Die veränderten Bedingungen für gewerkschaftliche Jugendarbeit, wurden in der IG Chemie-Papier-Keramik mit einer Studie untersucht. 1986 wurde ein Projekt mit dem Titel „Veränderungen sozialer Qualifikationen als Teil neuer Technologien in der Ausbildung und ihre Folgen für gewerkschaftliche Jugendarbeit“ in Auftrag gegeben. Mittlerweile liegt der Endbericht und eine Kurzfassung der Studie „Individualisierte Jugendliche“ (Köln 1991) vor. Während des Projektverlaufs sind die Zwischenergebnisse in die Gestaltung der Jugendarbeit eingeflossen. In Arbeitstagungen und Sitzungen der Jugendausschußmitglieder und Jugend- und Auszubildendenvertreter wurden die Forschungshypothesen und die Befragungsergebnisse dargestellt und diskutiert. Insbesondere die Anforderungen an die Jugendbildungsarbeit und die Jugendmitgliederwerbung wurden vor diesem Hintergrund entwickelt. Eine stärkere Einbeziehung von Jugendlichen in Projektgruppen wurde auf vielen Ebenen und zu verschiedenen Themen bereits realisiert. Mit einem Folgeprojekt sollen auf Grundlage der Ergebnisse Vorschläge für die zukünftige Arbeit der Jugend- und Auszubildendenvertretung gemacht werden.

Wolfgang Pieper

Gewerkschaftliche Jugendarbeit in der ÖTV

Jugendarbeit in der Gewerkschaft Öffentliche Dienste, Transport und Verkehr sieht sich aufgrund der sozial differenzierten Beschäftigungsstruktur in ihrem Organisationsbereich mit besonderen Problemen konfrontiert. Die ÖTV vertritt die Lohnabhängigen des Öffentlichen Dienstes bei Bund, Ländern und Gemeinden einschließlich des Gesundheitswesens. Hinzu kommen die Arbeitnehmer des privaten Transport- und Verkehrsbereichs. Dementsprechend groß ist die Zahl der innerhalb der ÖTV vertretenen Berufsgruppen. Hinzu kommen erheblich differierende Bildungsvoraussetzungen sowie soziale Statusunterschiede der Mitglieder. In einzelnen Sektoren gelten zudem abweichende gesetzliche Regelungen für die Interessenvertretungen. Es liegt auf der Hand, daß ein solch komplexer Organisationsbereich eine einheitliche Interessenvertretung enorm erschwert.

Letzteres gilt auch und gerade für die gewerkschaftliche Jugendarbeit, deren zentraler Schwerpunkt die berufliche Bildung ist. Angesichts der Pluralität von Ausbildungsberufen, Ausbildungsgängen und beruflichen Problemlagen ist es kaum möglich, einheitliche, für alle Sektoren gültige Forderungen zu entwickeln. Vor diesem Hintergrund macht es auch wenig Sinn, von einem homogenen Jugendtyp mit identischen Problemlagen und Interessenhorizonten auszugehen. Die ÖTV-Jugend ist in beruflicher und sozialer Hinsicht stark fragmentiert. Dieses Problem wird durch die komplizierte Binnenstruktur der Gewerkschaft gewissermaßen „verdoppelt". Neben Personengruppenausschüssen (Arbeiter, Angestellte, Beamte, Jugend und Frauen) operiert die ÖTV mit arbeitgeber-, bereichs- und berufsbezogenen Abteilungen. Eben diese komplizierte Organisationsstruktur macht es für junge Mitglieder nicht einfach, ihre Vorstellungen in die zuständigen Gremien und die gewerkschaftlichen Entscheidungsprozesse einzubringen.

Zur Entwicklung der Jugendarbeit in der ÖTV — Tiefpunkt der Krise?

Lange Zeit war die Jugendarbeit der ÖTV schwerpunktmäßig auf den öffentlichen Dienst ausgerichtet. Der private Sektor spielte demgegenüber eine untergeordnete Rolle. Während der 70er Jahre rekrutierte sich der die Jugendarbeit tragende aktive Kern vorwiegend aus den öffentlichen Verwaltungen. Es handelte sich zumeist um junge Beamte / Beamtinnen bzw. um Anwärter / -innen. In den 80er Jahren verlagerte sich das Aktivitätszentrum hingegen in den Gesundheitsbereich.

Alles in allem ist jedoch von Stagnation und Rückgang gewerkschaftlicher Aktivitäten im Jugendbereich auszugehen. Vielfach sind die Probleme so gravierend, daß kaum noch von einem Engagement Jugendlicher gesprochen werden kann. Verbliebene Aktive sehen sich daher häufig auf dem „Tiefpunkt in der Krise" gewerkschaftlicher Jugendarbeit angelangt.

Entsprechende Krisensymptome lassen sich an der Mitgliederstatistik nur bedingt ablesen. Nach kontinuierlichen Zuwächsen in den 70er Jahren erreichte die ÖTV 1982 ihren höchstens Stand bei jugendlichen Mitgliedern (125426). Zwischen 1982 und 1984 erfolgte dann ein deutlicher Einbruch (1984 Rückgang auf 116076). Seither ist die absolute Zahl jugendlicher Mitglieder wieder auf über 122000 angestiegen (1991). Bezogen auf Arbeiter, Angestellte und Beamte lassen sich abweichende Entwicklungen feststellen. Bei jungen Arbeitern / Arbeiterinnen gab es mehr oder minder kontinuierliche Mitgliederzuwächse. Hingegen verzeichnete der Angestelltensektor zwischen 1979 und 1985 starke Einbußen, die seither — trotz Umkehrung des Negativtrends — noch nicht annähernd aufgeholt sind. Bei jungen Beamten / Beamtinnen sind seit 1978 andauernde Mitgliederverluste festzustellen. Bis 1991 hat sich die Zahl der organisierten Beamten im Jugendalter nahezu halbiert.

Negativentwicklungen im Jugendbereich erklären sich z.T. aus sozialen Strukturveränderungen wie verlängerten Schulzeiten, dem durchschnittlich höheren Alter der Berufsanfänger und den biographisch später erfolgenden Erfahrungen mit Lohnarbeit, betrieblichen Hierarchien und gewerkschaftlicher Interessenvertretung. Rückgang von Aktivitäten und Mitgliederentwicklung müssen aber auch im Kontext der gesamten Gewerkschaftspolitik gesehen werden.

Probleme der Jugendarbeit

Erfahrungsgemäß ist die gewerkschaftliche Ansprache von Jugendlichen dann erfolgreich, wenn sie präzise über gewerkschaftliche Zielvorstellungen und konkrete Forderungen für junge Mitglieder informiert. Solche Ziele und Forderungen sind aber in zahlreichen Verwaltungen, Betrieben und Krankenhäusern nicht einmal ansatzweise existent. Dementsprechend bleibt die Ansprache abstrakt. Vielen Jugendlichen wird daher nicht deutlich, was Gewerkschaftsmitgliedschaft und -arbeit ihnen selbst nützen könnten.

Ein Hauptgrund für die abnehmende Zahl der Aktiven ist neben der veränderten Altersstruktur der Auszubildenden die hohe Fluktuation. Für Jugendliche besteht kaum eine Chance, allmählich in betriebliche Interessenvertretung und Gewerkschaft hineinzuwachsen. Alle zwei jahre werden Jugend — und Auszubildendenvertretungen sowie Kreisjugendausschüsse gewählt, die sich nahezu komplett aus neuen Mitgliedern zusammensetzen. Ein fester Stamm, der die Kontinuität der Arbeit gewährleisten könnte, besteht nicht.

Gewerkschaftliche Jugendarbeit in Betrieben, Verwaltungen und Krankenhäusern konzentriert sich mit wenigen Ausnahmen auf die Jugend- und Auszubildendenvertretungen. Nur in einigen wenigen Betrieben gibt es noch halbwegs intakte Jugendgruppen. Zur Aufrechterhaltung der Arbeit ist aber auch dort ein beträchtlicher Betreuungsaufwand erforderlich. Häufig kristallisiert sich die Aktivität solcher Gruppen um einzelne Personen — haupt- oder ehrenamtliche Funktionäre/Funktionärinnen, die aus eigenem Antrieb Jugendarbeit leisten. Der Rückzug dieser Einzelkämpfer aus der Arbeit bedeutet zumeist auch den Zerfall der Gruppen.

Ohne eigenständige Jugendgruppen fehlt der Jugendarbeit in der ÖTV ein geeigneter Unterbau. Hochgeschraubte Erwartungen, von den Jugend- und Auszubildendenvertretungen (JAVen) könnte eine Belebung gewerkschaftlicher Jugendaktivitäten ausgehen, haben sich bislang nicht bewahrheitet. Zwar sind die gesetzlich fixierten Aufgaben der JAVen wesentlich mit der Schwerpunktsetzung der gewerkschaftlichen Jugendarbeit identisch (Verbesserung der Ausbildungsqualität und der Ausbildungsbedingungen), aber dies ist keine hinreichende Voraussetzung, um gewählte Jugend- und Auszubildendenvertreter/innen für die Mitarbeit in der ÖTV zu gewinnen. Häufig entwickelt sich die Arbeit der JAVen unabhängig von der ÖTV; mitunter gehen die Jugendlichen bewußt auf Distanz zur Gewerkschaft. Zwar sind die Rechte der JAVen insgesamt noch unzureichend; bezogen auf die Realität der Interessenvertretung fällt jedoch auf, daß auch vorhandene Spielräume nicht optimal genutzt werden. Den gewählten Jugendvertretern fehlt es zumeist an Kenntnissen, um die vorhandenen Rechte voll ausschöpfen zu können. Ein großer Teil der JAVen verfolgt rein betriebliche Zielsetzungen. Zugleich fehlt es den jungen Interessenvertreter/innen aber an Perspektiven, die ihrer Arbeit Kontinuität verleihen könnten.

Zu den Gewerkschaften haben die JAV-Mitglieder häufig ein pragmatisch-instrumentelles Verhältnis. Sie betrachten die ÖTV als Service-Einrichtung, die bestimmte Dienstleistungen für die gesetzlichen Interessenvertreter/innen erbringen soll. Die Jugendlichen trennen strikt zwischen der betrieblichgesetzlichen und der gewerkschaftlichen Interessenvertretung. Die persönliche Identifikation mit der gewerkschaftlichen Organisation und Programmatik ist gering. Ihre ÖTV-Mitgliedschaft begründen die jugendlichen Interessenvertreter/innen häufig damit, daß sie Informationen für ihre Arbeit benötigen, daß sie an Bildungsmaßnahmen teilnehmen wollen und bei Konflikten juristischen Schutz seitens der Gewerkschaft erwarten. In ihrer Arbeit sind viele junge JAV-Mitglieder streng gesetzesfixiert. Sie werden dann nur dann tätig, wenn dies rechtlich eindeutig möglich ist und wenn die Aktivität vom Betriebs- und Personalrat unterstützt wird. Dem eigenen Selbstverständnis nach fühlen sich die JAV-Mitglieder als Repräsentanten von Auszubildenden-Interessen; in der Regel praktizieren sie Stellvertreterpolitik. Kollektive Lösungsstrategien, die die Auszubildenden zur Selbsttätigkeit ermuntern, werden seitens der JAVen nur selten verfolgt. Schon deshalb bleibt die gestaltende Rolle der JAVen notwendig begrenzt.

Hinzu kommt, daß häufig auch die Kooperation mit den Betriebs- oder Personalräten äußerst schleppend verläuft. Informationen fließen nur spärlich, Anliegen werden abgeblockt. Zum Teil stoßen die JAVen bereits auf Widerstand von erwachsenen Interessenvertretern, bevor es zum Konflikt mit Arbeitgebervertretern kommt. Das Thema Berufsausbildung, Arbeitsschwerpunkt der JAVen, besitzt für viele betriebliche Interessenvertretungen nur einen geringen Stellenwert. Auch seitens gewerkschaftlicher Funktionsträger bekommen die Jugendlichen nur selten ausreichend Unterstützung. Im Rahmen der Neuordnung der industriellen Metall- und Elektroberufe ist es z.B. im gewerblich-technischen Bereich nicht gelungen, eine umfassende, auf Qualitätsverbesserung der Ausbildung zielende Debatte zu initiieren. Seitens der betrieblichen Interessenvertretungen wurde die Neuordnung eher formal abgehandelt. Wenn es zu inhaltlichen Veränderungen kam, so geschah dies zumeist aufgrund der Initiative von engagierten Ausbildern.

Nicht nur bei den Inhalten, auch bei den Ausbildungsbedingungen sind gravierende Mängel zu verzeichnen. Ausbildungsplätze sind z.T. unzureichend ausgestattet. Qualifizierte Ausbildung wird nicht selten durch Routinearbeiten ersetzt. Manchmal fehlt es an überprüfbaren Zielsetzungen für die praktische Ausbildung. Weitere Probleme sind z.B. unzureichend qualifizierte Ausbilder oder kritikwürdige Beurteilungsverfahren. Faktum ist aber, daß auch diese eindeutig betrieblich zu regelnden Mißstände kaum noch thematisiert und angegangen werden. Ohne stärkere Unterstützung der Jugendlichen durch die Gesamtorganisation wird sich daran kaum etwas ändern lassen.

Ähnliches gilt für die Übernahme-Problematik. Die Forderung nach Übernahme der Auszubildenden in ein der Qualifikation entsprechendes Vollzeit-Arbeitsverhältnis berührt eine Nahtstelle der Berufs- und Lebensplanung Jugendlicher. Dennoch sind die Bemühungen in diesem Bereich seit Jahren eher rückläufig. Dies nicht etwa, weil weniger Auszubildende die Übernahme wünschen, sondern weil zahlreiche betriebliche Interessenvertretungen die Nichtübernahme kritiklos akzeptieren. Zum Teil erfolgt schon die Einstellung der Jugendlichen mit dem Hinweis, daß eine Übernahme nach Ausbildungsende nicht erfolgen könne. Ausnahmen werden an den Nachweis besonderer Leistungsbereitschaft gebunden. Da die betrieblichen Interessenvertretungen nicht gegensteuern, schlägt sich dies unweigerlich in einer Verschärfung der Konkurrenz nieder. Den Jugendlichen bleibt allein der individuelle Weg um eine Übernahme zu erreichen. „Absolute Spitzenleistungen", Karriereverhalten oder das Mobilisieren von „guten Beziehungen" sind die häufig eingesetzten Mittel. Ein wichtiges Feld gewerkschaftlicher Arbeit, die Sicherung beruflicher Perspektiven Jugendlicher, ist nahezu preisgegeben worden.

Während der 70er und noch zu Anfang der 80er Jahre standen Beurteilungsverfahren im Mittelpunkt der gewerkschaftlichen Jugendarbeit. Damals lehnte die Mehrzahl der Auszubildenden solche Beurteilungsverfahren ab. Innerhalb von ÖTV-Jugend und Jugendvertretungen bestand ein Konsens, möglichst keine leistungsbezogenen Beurteilungen zuzulassen. Als Idealzustand wurde die vollständige Abschaffung solcher Verfahren angestrebt. Zu Beginn der 90er Jahre ist dieser Konsens zerbrochen. Bei den Jugendlichen ist die Stimmung umgeschlagen. Immer mehr Auszubildende äußern, eigentlich nichts gegen Beurteilungsverfahren zu haben. Erst nach intensiven Diskussionen ist eine Einigung auf Ausbildungsstandkontrollen möglich. Dieses Beispiel signalisiert, wie auch bei Jugendlichen individuelle Leistungsbereitschaft zunehmend als einziges Mittel akzeptiert wird, um sich im Betrieb und auf dem Arbeitsmarkt durchzusetzen. Gesellschaftliche und betriebliche Selektionsmechanismen werden zunehmend unkritisch verinnerlicht. Und das nicht allein seitens der Jugendlichen. Es kann davon ausgegangen werden, daß auch die betrieblichen Interessenvertretungen leistungsbezogene Beurteilungen im Prinzip als nützliches Instrument ansehen, weshalb sie derartige Selektionsmechanismen nicht problematisieren.

Ausbildungsmängel finden sich nicht nur im gewerblich-technischen Bereich und in der Verwaltung, sondern auch im Gesundheitswesen. Dort werden die Auszubildenden voll in den Arbeitsprozeß einbezogen und in den Stellenplan eingerechnet. Wegen des Personalmangels im Pflegebereich, müssen sie häufig als Lückenbüßer fungieren und volle Arbeitsleistungen erbringen. Inhaltsbeschreibungen der praktischen Berufsausbildung sind nicht vorhanden. Es fehlt an berufs- und arbeitspädagogisch qualifizierten Ausbildern/innen und Praxisanleitern/innen. Die elementarsten Voraussetzungen einer zielgerichtet-qualifizierten Praxisausbildung sind somit nicht gegeben.

Zur Behebung dieses Mißstandes wurden während der letzten Jahre seitens der ÖTV u.a. ein Ausbildungsrahmenplan für die praktische Qualifizierung und eine Reihe konkreter Alternativvorschläge entwickelt. Allerdings ist diese Konzeptarbeit von den betrieblichen Interessenvertretungen bislang kaum aufgegriffen worden. Trotz verstärkter Diskussion und konkreten Zielsetzungen hat sich die Ausbildungssituation in den Krankenhäusern bislang nur wenig verbessert. Dies zeigt, daß positive Veränderungen nur dann zu erreichen sind, wenn Betriebs- bzw. Personalräte bereit sind, mit den jungen Beschäftigten zu kooperieren. Insofern sind die Auszubildenden und ihre Interessenvertretungen in hohem Maß von der Unterstützung des Erwachsenenbereichs abhängig.

Ähnliches ist auch mit Blick auf die Umsetzung der Arbeitszeitverkürzung für die Auszubildende festzustellen. Es deutet einiges darauf hin, daß die Diskussionen um eine Reduzierung der Wochenarbeitszeit — wie anscheinend viele Fragen der Tarifpolitik — an den Auszubildenden vorbeigegangen sind. Die Jugendlichen werden in der Regel nicht nach ihren Ansichten und Forderungen gefragt. Dementsprechend gibt es unter den jungen Mitgliedern auch keine Debatte über tarifpolitische Ziele. Die Erwachsenenorganisation mißt tarifpolitischen Belangen der Jugendlichen eine vergleichsweise geringe Bedeutung zu. Folge ist, daß z.B. in der Mehrzahl der Betriebs- und Dienstvereinbarungen zur Umsetzung der Arbeitszeitverkürzung keine Regelungen für Auszubildende enthalten sind. Ein Faktum, das in offenkundigem Gegensatz zu beschlossenen Positionen und Vorschlägen der ÖTV steht. Dort wo JAVen in Sachen Arbeitszeitverkürzung aktiv wurden, stießen sie häufig auf eine Blockadehaltung der Betriebs- bzw. Personalräte. Letztere scheuten nicht nur Konflikte mit den Arbeitgebern. Vielfach existierte auch eine vorurteilsbeladene Haltung, die den Sinn einer Arbeitszeitverkürzung für Auszubildende generell anzweifelte.

Gewerkschaftliche Jugendarbeit in den Kreisverwaltungen der ÖTV

In den Kreisverwaltungen reduziert sich Jugendarbeit praktisch auf Mitgliederwerbung und entsprechende Vorfeldaktivitäten. Weitergehende Bestrebungen rangieren am unteren Ende der Prioritätenliste. Aus dem Jugendbereich wird nur noch selten etwas von der Organisation eingefordert. Die eingetretene Ruhe und Kritiklosigkeit provoziert aber keineswegs ein Überdenken der eigenen Praxis. Konsequenz ist eher eine fortschreitende Vernachlässigung von Jugendproblemen.

Bei den meisten hauptamtlichen Funktionären / Funktionärinnen ist Jugendarbeit negativ besetzt. Dies sicherlich, weil ein hoher Arbeitsaufwand und viel Eigeninitiative erforderlich sind, um auch nur minimale Effekte zu erzielen. Vor allem aber ist trotz großer Anstrengungen keineswegs sicher, daß meß- und sichtbare Erfolge für die Organisation das Resultat sind. So gesehen reduzieren sich die Anforderungen an die Sekretäre / -innen wesentlich auf eine erfolgreiche Mitgliederwerbung. Eine begrenzte Zielstellung, deren Gewicht noch dadurch erhöht wird, daß die Zahl der hauptamtlichen Stellen an die Entwicklung der Mitgliederstatistik gekoppelt ist. All dies führt dazu, daß das Politikfeld Jugendarbeit eher über Werbekampagnen als über eine inhaltlich fundierte Jugendpolitik erschlossen wird. Gerade Jugendsekretäre / -innen fühlen sich häufig unter Druck gesetzt, wenn es um eine erfolgreiche Mitgliedergewinnung geht. Demgegenüber bleibt inhaltlich-konzeptionelle Arbeit häufig auf der Strecke.

Trotz Überlastung der haupt- und ehrenamtlichen Funktionsträger / innen fehlt es an Bemühungen, interessierte Jugendliche in die Gewerkschaftsarbeit einzubeziehen. Wenn die ersten Schwierigkeiten der JAV-Arbeit überwunden sind und Basiswissen angeeignet entwickeln JAV-Mitglieder durchaus Bedarf, überbetriebliche Kontakte aufzubauen und Erfahrungen auszutauschen. Die sich damit bietende Chance wird seitens der ÖTV aber kaum genutzt. Viele Jugendvertreter / innen beklagen sich über mangelnde Informationen und fehlende Betreuung. Von Auszubildenden in Sachen Gewerkschaft befragt, ist es den jungen Interessenvertretern daher nur selten möglich, Position zu beziehen.

Während die ungenutzten Kontakte zu den JAVen das betriebliche Standbein der ÖTV im Jugendbereich schwächen, erodiert zugleich die gewerkschaftsinterne Jugendstruktur. Wichtigstes Jugendgremium auf Kreisebene sind die Kreisjugendausschüsse, die von Kreisjugendversammlungen gewählt werden. Zwar werden solche Versammlungen, wenn auch mit abnehmender Tendenz, in zahlreichen Kreisverwaltungen durchgeführt. Aber die Beteiligung jugendlicher Mitglieder ist meist gering. Oft bleibt unklar, welche Aufgaben ein Kreisjugendausschuß hat. Die Diskussionen sind häufig formal; inhaltlich-politische Debatten finden kaum noch statt. Eine Folge ist der „stille Rückzug" vieler Jugendlicher aus der Gremienarbeit. Zwar werden in Verwaltungen mit aktiven Jugendausschüssen inzwischen andere, beteiligungsorientierte Formen der Konferenzgestaltung und Gremienarbeit praktiziert. Aber die Wirkung solcher Einzelinitiativen auf die Gesamtorganisation ist insgesamt gering.

Waren die Kreisjugendausschüsse während der 70er Jahre noch Zentren gewerkschaftspolitischer Auseinandersetzungen mit Koordinations- und Unterstützungsfunktion für die betriebliche Arbeit, so handelt es sich heute zumeist um überbetriebliche Jugendgruppen mit reduzierter Wirkung nach innen und außen. Die Verbindungslinien zwischen gewerkschaftlichen Jugendgremien und betrieblichen Interessenvertretungen sind gerissen. Trotz inhaltlicher Parallelen erreichen Diskussionen in den Jugendausschüssen die JAVen nicht; umgekehrt gilt ähnliches. Diskussionen in den Gremien bleiben weitgehend folgenlos. Die Umsetzung von Diskussionsergebnissen in die örtliche und betriebliche Arbeit ist kein erkennbares Ziel mehr. Vielfach erschöpft sich die Betätigung in der Diskussion. Auch bei den KJAs läßt sich die Tendenz zu einer Trennung zwischen betrieblicher und gewerkschaftlicher Interessenvertretung feststellen. Die gewerkschaftlichen Gremien sind in dieser Sicht für die allgemeinen (gewerkschafts)politischen Themen zuständig; die JAVen hingegen dienen der betrieblichen Problemlösung. Ein über diese funktionale Arbeitsteilung hinausweisender Bezug auf eine gewerkschaftliche Gesamtstrategie ist nicht mehr vorhanden.

Die Verzahnung der auseinanderdriftenden Bereiche und ihre Einbettung in ein übergreifendes gewerkschaftliches Politikkonzept erweist sich somit als Schlüsselproblem (nicht nur) gewerkschaftlicher Jugendarbeit.

Die Schwierigkeiten der örtlichen Gremienarbeit schlagen auch auf die Bezirks- und die Bundesebene durch. „Feuerwehreinsätze" von Hauptamtlichen aus den Bezirken können die Lücken auf Kreis- und Ortsebene allenfalls punktuell überdecken. Eine einheitliche Schwerpunktsetzung auf Bezirksebene ist nicht mehr feststellbar; die Schwerpunkte differenzieren sich von Bezirk zu Bezirk immer mehr aus. Eine Koordinierung auf Bundesebene ist kaum mehr möglich. In einem Teil der Bezirke beschränken sich die Aktivitäten weitestgehend auf Bildungstätigkeit. Sie ist zum eigentlichen Kern der Jugendarbeit geworden.

Gewerkschaftliche Jugendbildungsarbeit — abgelöste Freizeitveranstaltung?

Diese Verschiebung des politischen Handlungsfeldes zur Bildungsarbeit ist nicht unproblematisch. Ein Großteil des vorhandenen Aktivitätspotentials konzentriert sich auf die Vorbereitung und Teilnehmerrekrutierung für Seminare. Jugendbildungsarbeit ist zu einem eigenständigen Handlungsfeld geworden, ohne daß daraus Konsequenzen für eine darüber hinausgehende Praxis entstehen. Wissensaneignung im Seminar zielt nicht mehr unmittelbar auf eine Veränderung der eigenen Arbeits- und Lebensbedingungen. Was bleibt, das ist individuelle Bildung; das Ausbrechen aus dem Arbeitsalltag, der Kontakt zu „netten Leuten" und die Möglichkeit zum Feiern und zu anregenden Gesprächen. Inwieweit eine auf solche Bildungsangebote reduzierte Jugendarbeit noch attraktiv ist, sei dahingestellt. Zwar besteht auch bei den Seminar-Teamern noch immer der Anspruch, zur Entwicklung örtlicher und betrieblicher Aktivitäten beizutragen. Aber die Impulse aus den Seminaren verpuffen, weil es vor Ort keine Strukturen gibt, die interessierte und engagierte Jugendliche auffangen könnten.

Es liegt auf der Hand, daß die Schwierigkeiten der Jugendarbeit durch Bildungsanstrengungen nicht zu kompensieren sind. Ohne örtliche und betriebliche Handlungsangebote wird Jugendbildungsarbeit mehr und mehr zu einer vom gewerkschaftlichen Alltag abgelösten Freizeit- und Bildungseinrichtung, die allenfalls dazu beiträgt, Identitätsprobleme von Teilnehmern / innen zu bearbeiten.

Jugendbewußtsein — Mythos und Realität

An den Jugendbereich wird häufig der Anspruch gerichtet, er habe „progressivster" Teil der Organisation zu sein. Erfüllen die Jugendlichen die ihnen zugewiesene Aufgabe nicht, löst dies oftmals Pauschalvorwürfe aus. Freilich haben manche Erfahrungen der 70er und 80er Jahre gezeigt, daß eine auf ihre Interessen pochende, die dominierende Politik kritisch hinterfragende Jugend nicht wirklich erwünscht ist. Insofern sind positive wie negative Mythologisierungen „der Jugend" mit Vorsicht zu genießen.

Wahrnehmungen und Wertmaßstäbe vieler langjähriger Funktionäre / Funktionärinnen sind noch immer von den Erfahrungen mit der Lehrlingsbewegung der frühen 70er Jahre geprägt. Dementsprechend bewerten diese Erwachsene die heutige Jugendgeneration und auch die Jugendfunktionäre. In ihrer Optik geht verloren, daß es am Beginn der 90er Jahre kaum noch Jugendliche gibt, die durch eine kapitalismuskritische Jugendarbeit politisiert wurden. Die Kämpfe und Konflikte der frühen 70er Jahre spielen im aktuellen Jugendbewußtsein, aber auch bezogen auf das Selbstverständnis der Jugendfunktionäre / -funktionärinnen keine Rolle mehr. Zahlreiche aus den 70er Jahren stammende Forderungen sind den Jugendlichen entweder nicht bekannt, oder sie lassen sich nicht mehr nachvollziehen und begründet vertreten.

Letzteres führt häufig dazu, daß die Jugendgeneration der Gegenwart insgesamt für apolitisch, inaktiv und desinteressiert erklärt wird. Nach wie vor sind junge Menschen der politisch aufgeschlossenste und aktivste Teil der Bevölkerung. Geändert haben sich aber Bewußtsein, Mentalität und Politikverständnis der Jugendlichen. Ohne Berücksichtigung des gewandelten Sozialisationskontextes Heranwachsender lassen sich die Probleme gewerkschaftlicher Jugendarbeit nicht adäquat begreifen.

Ende der 60er / Anfang der 70er Jahre agierten Gewerkschaften in einem gesellschaftspolitischen Klima, das durch Reformeuphorie, Aufbruchstimmung und ein wachsendes kritisch-engagiertes Potential in der jungen Generation gekennzeichnet war. Daran konnte gewerkschaftliche Jugendarbeit positiv anknüpfen. Die Gewerkschaften hatten sichtbare Erfolge vorzuweisen. Interessenvertretung der Lohnabhängigen und das Ziel einer umfassenden gesellschaftlichen Veränderung wurden miteinander verknüpft.

Seit Mitte der 70er Jahre wandelten sich die Rahmenbedingungen für Gewerkschaftspolitik entscheidend. Massenarbeitslosigkeit, Lehrstellenmangel und Numerus clausus bestimmten nunmehr den Erfahrungshorizont Jugendlicher. Für die Auszubildenden wurde auch die Übernahme in den erlernten Beruf immer schwieriger. Nach für nach machte sich die konservative „Tendenzwende" bemerkbar. Die Gewerkschaften gerieten zunehmend in die Defensive, Erfolge waren nur noch schwer durchsetzbar. Auch die Tätigkeit gewerkschaftlicher Vertrauensleute litt unter diesen Bedingungen. Eine Folge war die zunehmende Konzentration auf Betriebs- und Personalrätearbeit mit ihren stark reglementierten Möglichkeiten der Interessenvertretung. Diese Entwicklung führte dazu, daß die ÖTV in Betrieben und Verwaltungen nahezu ausschließlich über die betrieblichen Interessenvertreter in Erscheinung tritt. Als kollektiv-gestaltende Kraft ist sie nur noch selten wahrnehmbar.

Dies muß sich gerade bei Jugendlichen negativ bemerkbar machen, die von ihrem außerbetrieblichen Sozialisationskontext her immer seltener Erfahrungswissen über Gewerkschaften und gewerkschaftliche Politik mitbringen. Jugendsozialisation verläuft heute in anderen Bahnen als noch zu Beginn der 70er Jahre. Verschulung von Jugend, Lockerung elterlicher Kontrolle, partielle Aufweichung der starren Geschlechterrollen und ein insgesamt liberaler Stil in den Bildungseinrichtungen machen sich bei den Jugendlichen bemerkbar. Konflikte werden häufiger in Form von Gesprächen und Diskussionen gelöst, weniger durch autoritäres Verhalten und Verbote. Aufgrund der durchschnittlich längeren Bildungszeiten verbringen Heranwachsende mehr Zeit in Gleichaltrigengruppen. Dort entstehen eigenständige kulturelle Stilisierungen und Orientierungen. Insgesamt wird Jugend über einen längeren Zeitraum durch individualisierende Lerntätigkeiten geprägt. Dies macht sich bemerkbar, wenn die Absolventen — oft schon als junge Erwachsene — in die betriebliche Arbeitswelt wechseln.

Jugendliche sind heute durchschnittlich selbständiger und wollen etwas vom Leben haben. Sie möchten nicht nur eine qualifizierte Ausbildung und eine anspruchsvolle Berufstätigkeit, sie wollen auch das Leben genießen. Um das hierfür notwendige Einkommen zu erhalten, setzen sie auf individuelle Leistungsbereitschaft und Weiterbildung. Gegebenenfalls nimmt man auch zusätzliche Arbeiten wie z.B. Überstunden oder auch einen Zweitjob nach Feierabend oder am Wochenende in Kauf. Individualisierung und Interessendifferenzierung führen, auf der Grundlage einer Orientierung am individuellen Fortkommen durch Leistung, dazu, daß Erfolg und Mißerfolg durch Selbstzuschreibung bewältigt werden. Subjektiv wird so die Option einer Verbesserung der eigenen Arbeits- und Lebensbedingungen durch kollektives Handeln in den Hintergrund gedrängt. Auf kollektive Veränderung setzende Strategien gelten als unrealistisch oder wenig effizient. Man tendiert dazu, die eigenen Ansprüche und Wünsche realistisch an die vorhandenen Möglichkeiten anzupassen. Eine Tendenz, die durch den Druck von Arbeitsmarkt- und Ausbildungsproblemen noch verstärkt wird.

Individualistische Selbstbehauptungs- und Frustvermeidungsstrategien sind die Folge. Biographien verlaufen kaum noch linear. Häufig Brüche oder Neuorientierungen verlangen nach Korrekturen der Lebenspläne. Die dadurch produzierte Unsicherheit erhöht den Bedarf an kommunikativem Austausch und diskursiven Meinungsbildungsprozessen. Gewerkschaftliche Jugendarbeit hat dies zu berücksichtigen und kann diesbezüglich Angebote machen.

Das Gewerkschaftsbild der meisten Jugendlichen ist in sich widersprüchlich. Zwar sehen die Jugendlichen in den Gewerkschaften notwendige Einrichtungen mit elementaren Schutzfunktionen. Zugleich wird Gewerkschaft aber als offizielle Institution wahrgenommen, die mit dem eigenen Leben nicht viel zu tun hat. Hier wäre gegenzusteuern. Gewerkschaftliche Jugendarbeit könnte ein Ort offener, kompetenter Kommunikation sein. Kompetenz hätte sich vor allem an arbeits- und berufsbezogenen Fragen zu erweisen. Das Verhältnis von individuellen und gemeinsamen Interessen wäre neu auszubalancieren. Dabei ist auch zu berücksichtigen, daß Jugendliche kaum noch bereit sind, das überkommene Modell der „Funktionärsgewerkschaft" für sich zu akzeptieren. Jugendliche lassen sich nicht ohne weiters auf bestehende Beschlüsse und Programmatiken festlegen. Sie wollen ihr Engagement selbst bestimmen und kontrollieren. Dieser Anspruch ist nur in Strukturen zu realisieren, die auf personenbezogener Kommunikation und Diskussionsbereitschaft beruhen.

Junge Frauen in der gewerkschaftlichen Jugendarbeit

Junge Frauen machen ca. die Hälfte der jugendlichen ÖTV-Mitglieder aus. Schon deshalb ist es wichtig, auch die Veränderung geschlechtsspezifischer Sozialisationsbedingungen zu berücksichtigen. Für die Mehrzahl der jungen Frauen ist es inzwischen selbstverständlich, eine qualifizierte Berufsausbildung absolvieren zu wollen. Die Dominanz der Familienperspektive ist gebrochen. Frauen weigern sich, lediglich Mitverdienerinnen zu sein. In ihrer Lebensplanung suchen sie Beruf und Familie miteinander zu vereinbaren. Die subjektiven Arbeitsorientierungen der beiden Geschlechter haben sich einander angenähert. Allerdings bedeutet die Entscheidung für den Beruf bei jungen Frauen häufig die Zurückstellung des Kinderwunsches; die Lebensplanung ist auf kürzere Zeiträume abgestellt als bei Männern. Viele junge Frauen sehen nichts besonderes mehr darin, in Beruf und Öffentlichkeit akzeptiert zu werden. Männern treten sie durchschnittlich selbstbewußter gegenüber. Sie sind davon überzeugt, sich individuell durchsetzen zu können. Anders als noch zu Hochzeiten der Frauenbewegung sehen sie daher häufig in autonomen Frauenstrukturen oder Frauenseminaren keinen Sinn mehr. Wenn überhaupt, dann wollen die jungen Frauen Konflikte und Probleme gemeinsam mit männlichen Gewerkschaftsmitgliedern diskutieren. Dies mag ein wichtiger Grund für die rückläufige Nachfrage nach Grundseminaren für junge Frauen sein.

Jugendarbeit am Ende?

Was ergibt sich aus dieser Bilanz? Ist gewerkschaftliche Jugendarbeit am Ende? Ist sie zu einem Anachronismus geworden, da es sich schon bei den Berufsanfängern vielfach um junge Erwachsene handelt?

Bislang gibt es keine Indizien dafür, daß zu Aktivitäten bereite junge Leute durch die Strukturen der Erwachsenenorganisation aufgefangen werden. Im Gegenteil. Wenn Jugendliche oder junge Erwachsene auf Positionen im Funktionärskörper zu finden sind, ist der Hintergrund zumeist „Personalnot". Eine gewerkschaftliche Bearbeitung der besonderen Interessen junger Lohnabhängiger ist damit keineswegs gewährleistet.

Daß solche spezifischen Interessen bestehen ist u.a. durch die sozialwissenschaftliche Jugendforschung hinreichend belegt worden. Die Jugendphase ist immer weniger ein bloßer Übergang zwischen Kindheit und Erwachsenenalter. Es handelt sich um einen eigenständigen Lebensabschnitt, der über das Datum der Volljährigkeit hinaus bis in das dritte Lebensjahrzehnt hineinreicht. Während dieser Phase konstruieren junge Menschen ihren Lebensplan, entwickeln sie ihre Identität. Es handelt sich um einen Lebensabschnitt, in welchem nicht nur grundlegende berufliche Weichenstellungen vorgenommen werden, sondern auch die bewußte Aneignung einer eigenen Weltsicht, basaler politisch-kultureller Orientierungen erfolgt. Infolge des Brüchigwerdens gesellschaftlicher Normalbiographien müssen Jugendliche gesellschaftliche Anforderungen an Identitätsbildung und Persönlichkeitsentwicklung in einem längeren Suchprozeß bewältigen.

In dieser, für die Persönlichkeitsentwicklung so wichtigen Phase müssen die Gewerkschaften als Ansprechpartner zur Verfügung stehen. Sie müssen den Jugendlichen die Möglichkeit bieten, eigene Vorstellungen über Ausbildung, Arbeit und Gesellschaft zu entwickeln. Die jungen Leute benötigen Gelegenheit, ihre Ansprüche und Interessen in die Arbeit der ÖTV einbringen zu können. Selbständig erarbeitete Positionen dürfen nicht dem Diktum „der Beschlußlage" zum Opfer fallen; sie müssen vielmehr in der Gesamtorganisation diskutiert werden. Es schadet den Gewerkschaften nicht, wenn Meinungen nicht in jedem Punkt übereinstimmen. Die ÖTV muß es aushalten können, daß gegensätzliche Auffassungen vertreten werden. Differenzen in wichtigen Fragen dürfen nicht unter den Teppich gekehrt werden. Statt dessen sollten Entscheidungsprozesse so angelegt sein, daß sie auch für junge Mitglieder durchsichtig und in ihrer Begründung nachvollziehbar sind.

So gesehen verlangt Jugendarbeit wohl nach Freiräumen, die für Kommunikation zwischen Gleichaltrigen, aber auch zur eigenständigen Positionsentwicklung genutzt werden können. Allerdings darf der Jugendbereich nicht zur „Spielwiese" herabgewürdigt werden. Dies macht eine intensivierte Kooperation zwischen dem Jugend- und dem Erwachsenenbereich erforderlich. Insbesondere die Arbeit mit den Jugend- und Auszubildendenvertretungen muß innerhalb der Gesamtorganisation einen höheren Stellenwert zugesprochen bekommen und entsprechend unterstützt werden.

Politikfelder der gewerkschaftlichen Jugendarbeit

1. Berufliche Bildung

Die Qualität der Ausbildung bestimmt entscheidend die Chancen junger Lohnabhängiger auf dem Arbeitsmarkt. Daher muß die Verbesserung der Ausbildungsqualität vorrangiges Ziel der ÖTV-Jugend sein. Unter den Bedingungen eines tiefgreifenden technisch-arbeitsorganisatorischen Umbruchs hat eine qualifizierte Ausbildung Jugendliche in die Lage zu versetzen, sich rasch und flexibel auf neue Anforderungen im Berufsleben einstellen zu können. Darüber hinaus kann umfassende berufliche Bildung zur entscheidenden Voraussetzung für eine humanere Gestaltung der Arbeitsorganisation werden. „Ganzheitliche" Aufgabenzuschnitte im Pflegebereich oder für Sachbearbeiter setzen die Aneignung entsprechender Fähigkeit voraus.

Der durchschnittlich spätere Einstieg ins Erwerbsleben verlängert die Abhängigkeit Jugendlicher/junger Erwachsener von ihren Eltern. Zur Entlastung der Familieneinkommen und zum Abbau solcher Abhängigkeiten ist es sinnvoll, mit den Mitteln der Tarifpolitik eine existenzsichernde Ausbildungsvergütung durchzusetzen.

Daneben muß die Verbesserung der Ausbildungsbedingungen weiter ein vorrangiges Ziel sein. Formulierung von Lernzielen für die praktische Ausbildung, Einrichtung wirklicher eigenständiges Arbeiten ermöglichender Ausbildungsplätze sowie Schutz vor Überbelastung und Heranziehung zu ausbildungsfremden Tätigkeiten sind hier Ansatzpunkte, die über das Mitbestimmungsrecht der Personal- und Betriebsräte bearbeitet werden können.

2. Situation am Ende der Ausbildung — Übernahmeproblematik

Nach dem Ende der Ausbildung droht den jungen Lohnabhängigen eine Aufspaltung in solche, die in ein gesichertes Arbeitsverhältnis übernommen werden, und einen anderen Teil, der in unterwertige, ungeschützte Tätigkeiten abzurutschen droht. Ziel gewerkschaftlicher Jugendarbeit muß es sein, dieser Tendenz entgegenzuwirken. Die ÖTV sollte sich daher verstärkt für die Übernahme in qualifizierte Vollzeitarbeitsverhältnisse einsetzen. Dies ist auch wichtig, um einem ansonsten drohenden Qualifikationsverlust entgegenzuwirken. Weitere wichtige Themen sind die Eingruppierung nach der Ausbildung und die Möglichkeiten zu beruflicher Weiterbildung. Die Anfangsvergütung entspricht häufig nicht mehr den realen Lebensverhältnissen und Ansprüchen der Ausbildungsabsolventen. Vorhandene Benachteiligungen junger Lohnabhängiger müssen daher durch geeignete tarifpolitische Maßnahmen beseitigt werden.

3. Gesellschaftspolitische Themen

Trotz Konzentration auf Ausbildungs- und Berufsprobleme dürfen gesellschaftspolitische Themen nicht aus der gewerkschaftlichen Diskussion ausgeklammert werden. Das gilt für das Geschlechterverhältnis ebenso wie für Umweltschutz, Wirtschaftspolitik oder internationale Solidarität. Gewerkschaftliche Jugendarbeit soll ein Forum sein, in das Jugendliche alle sie interessierenden Fragen einbringen und diskutieren können.

Das jugendpolitische Programm — ein neuer Konsens für die Jugendarbeit?

Um die oben nur grob skizzierten Politikfelder ausfüllen zu können, scheint es notwendig, einen neuen innerorganisatorischen Konsens über Ziele und Inhalte der Jugendarbeit herzustellen. Die gültigen Forderungen für viele Bereiche stammen vielfach noch aus den frühen 70er Jahren. Es kann nicht ohne weiteres vorausgesetzt werden, daß die Programmatik — etwa bezogen auf die berufliche Bildung oder die Tarifpolitik — noch immer aktuell ist und von der Mehrzahl der Auszubildenden getragen wird. Jede Forderung bedarf zu ihrer

Umsetzung einer breiten Resonanz in den Betrieben, Verwaltungen und Krankenhäusern. Dies setzt voraus, daß die Forderungen selbst bekannt und ihre Begründungen einleuchtend sind. Ein entsprechender, die gewerkschaftliche Basis einbeziehender Klärungsprozeß hat seit langem nicht mehr stattgefunden. Beim Versuch, die Neuordnung der Ausbildungsberufe umzusetzen, zeigte sich z.B., daß zentrale gewerkschaftliche Vorstellungen und Zielsetzungen auf Ortsebene weitgehend unbekannt waren. Schon deshalb hatten die JAVen kaum Chancen, eine Qualitätsverbesserung der Ausbildung durchzusetzen.

Eine Konsequenz ist, daß derzeit neu über die Forderungen und Ziele der ÖTV für junge Mitglieder debattiert wird. Diese Diskussionen sollen in ein neues jugendpolitisches Programm münden. Dem Programm fällt die Funktion zu, die politischen Zielsetzungen der ÖTV für die einzelnen Arbeitsfelder zu benennen und zu konkretisieren. Nach der Beschlußfassung sollen die neu erarbeiteten Leitvorstellungen in der Gesamtorganisation zum Diskussionsgegenstand gemacht werden. Dies soll Voraussetzungen dafür schaffen, daß auf allen Ebenen an der Umsetzung der jugendpolitischen Ziele gearbeitet wird.

Angelpunkt für die Realisierung des neuen Programms wird dessen Umsetzung auf Orts- und Betriebs- / Verwaltungsebene sein. Hier ist daran gedacht, in Zusammenarbeit mit einzelnen Kreisverwaltungen Projekte zu initiieren, die die Arbeit der Gesamtorganisation anregen können. Um erfolgreich zu sein, erfordert ein solcher projektorientierter Ansatz u.a.:

- die personelle Verstärkung der Jugendarbeit. Junge Lohnabhängige benötigen feste Ansprechpartner / innen innerhalb der Gewerkschaft. Die Begleitung von Klärungs- und Diskussionsprozessen im Jugendbereich ist sehr zeitaufwendig. Mit der derzeitigen personellen Ausstattung kann die Arbeit nicht im erforderlichen Maße geleistet werden.
- eine verbesserte Informations- und Öffentlichkeitsarbeit. Zur Schärfung des jugendpolitischen Profils der ÖTV könnte eine Zeitung beitragen, die in Inhalt und Form speziell auf die Interessen junger Mitglieder zugeschnitten ist. Ein solches Medium hätte Debatten aufzunehmen, abweichende Positionen zu dokumentieren und könnte so der ÖTV-Jugend zu einem eigenen „Gesicht" verhelfen.
- Aufbau beteiligungsorientierter Organisationsstrukturen. Wenn sich Jugendliche wieder verstärkt an innergewerkschaftlichen Willensbildungsprozessen beteiligen sollen, müssen ritualisierte Praktiken und verknöcherte Organisationsstrukturen aufgebrochen werden. Jugendliche müssen die Möglichkeit haben, ihre eigenen Vorstellungen in die gewerkschaftlichen Gremien zu tragen. Sinnvoll ist zudem, die formellen Beteiligungsmöglichkeiten von Jugendlichen an Kreis- und Bezirksvorständen zu erweitern.

— eine neue Bildungskonzeption. Die Schwierigkeiten in der Jugendarbeit machen es dringend erforderlich, daß auch die Bildungsarbeit überprüft und an die gegebenen Bedingungen angepaßt wird. Insgesamt ist es notwendig, Bildungsangebote stärker auf Erfordernisse der alltäglichen Praxis von Interessenvertretern zuzuschneiden. Junge Mitglieder verlangen nach praktisch anwendbarem Wissen, nach Informationen über einklagbare Rechte und Instrumente betrieblicher Interessenvertretung. Gerade die Gestaltung der Grundseminare wird daher im Zusammenhang mit dem jugendpolitischen Programm und einem laufenden Forschungsprojekt zur Jugendbildungsarbeit noch ausführlich zu diskutieren sein.

Resümee

Auch in Zukunft kann es eine aktive gewerkschaftliche Jugendarbeit geben. Dies setzt aber eine weitreichende inhaltlich-programmatische und auch organisatorische Erneuerung der ÖTV und ihres Jugendbereichs voraus. Allein mit kosmetischen Korrekturen wird sich der Niedergang gewerkschaftlicher Jugendarbeit nicht aufhalten lassen. Entscheidend für den Erfolg oder Mißerfolg wird sein, in welchem Maße die Funktionäre/Funktionärinnen der ÖTV davon überzeugt werden können, daß die Jugendarbeit wieder einen höheren Stellenwert in der Gesamtorganisation erhalten muß.

Martina Plag

Stand und Perspektiven der HBV-Jugendarbeit

Die Lebensweise, das Bewußtsein, die Ansprüche und Orientierungen von Jugendlichen ändern sich von Generation zu Generation. Dies wirkt sich auch auf das Verhältnis von Jugendlichen zu den Gewerkschaften aus. Entsprechend muß sich die gewerkschaftliche Jugendarbeit darauf einstellen, daß die Inhalte und Formen der Jugendarbeit ebenso laufend weiterentwickelt werden müssen, wie sich die Ansprache von Jugendlichen verändern muß. Gleichzeitig sind die Formen und Möglichkeiten der gewerkschaftlichen Jugendarbeit nicht unabhängig von den allgemeinen Rahmenbedingungen ihres jeweiligen Organisationsbereiches. In der Gewerkschaft HBV sind das vor allem der zum Teil geringe Organisationsgrad im privaten Dienstleistungsbereich, das Fehlen von Großbetrieben, die für die Organisierung von ArbeitnehmerInnen günstige Voraussetzungen bieten würden, sowie die spezifischen Organisationsbedingungen im Angestelltenbereich. Wie sich diese Rahmenbedingungen insgesamt im Jugendbereich der HBV niederschlagen und welche Konsequenzen für die gewerkschaftliche Jugendarbeit daraus gezogen werden, soll im folgenden dargestellt werden.

Jugendmitgliederentwicklung und Charakteristika des Organisationsbereiches

Circa 46200 Jugendliche sind (im 1. Quartal 1991 in den alten Bundesländern) in der HBV organisiert. Gemessen an der Gesamtzahl der Beschäftigten im privaten Dienstleistungsbereich ist das ein relativ niedriger Organisationsgrad, der jedoch wesentlich auf die spezifischen Organisationsbedingungen im Organisationsbereich der HBV zurückzuführen ist. Darüber hinaus ist jedoch auch festzustellen, daß die Zahl jugendlicher Mitglieder in den letzten Jahren gesunken ist. (So betrug die Zahl der organisierten Jugendlichen Ende

1989 noch ca. 53700). Die Gewerkschaft HBV hat es also nicht nur mit erschwerten Organisationsbedingungen bei der Werbung neuer Mitglieder zu tun, sondern auch mit einem realen Mitgliederverlust im Jugendbereich, der im Zusammenhang mit dem Wandel der Beschäftigtenstruktur im privaten Dienstleistungsbereich steht: Die Beschäftigtenzahl insgesamt, die Zahl der jugendlichen Beschäftigten, die Zahl der Auszubildenden sowie die Altersstruktur der jugendlichen Beschäftigten waren und sind großen Veränderungen unterworfen. Dieses Problem soll zunächst anhand einiger Daten veranschaulicht werden:

Im Einzelhandel, also in dem Bereich, in dem die HBV am stärksten verankert ist, und im Großhandel hat die Zahl der Beschäftigten in den 80er Jahren insgesamt rapide abgenommen. Betrachtet man Anfang und Mitte der 80er Jahre die Anzahl der jugendlichen Beschäftigten in Relation zu den Beschäftigten insgesamt, so sieht man, daß der Anteil jugendlicher ArbeitnehmerInnen auch prozentual zurückgegangen ist. Die folgende Tabelle veranschaulicht diese Entwicklung:

Tabelle 1: Mitgliederentwicklung in der HBV

Einzelhandel	jugendl. Besch.	Anteil an den Besch. insgesamt
1981	575700	33,3 %
1987	489000	29,2 %
Großhandel	**jugendl. Besch.**	**Anteil an den Besch. insgesamt**
1981	212500	20,9 %
1987	177200	18,4 %

Im Waren- und Kaufhausbereich, in dem die HBV traditionell sehr stark vertreten ist und wo ein großer Teil der jugendlichen Mitglieder geworben wird, stellt sich das Problem sinkender Beschäftigungszahlen besonders kraß dar. Im Gegensatz zu Lebensmittelsupermärkten, dem Versand und sonstigem Einzelhandel, die Zuwächse bzw. eine gleichbleibende Beschäftigungszahl zu verzeichnen haben, hat die Anzahl der (sozialversicherungspflichtigen) Beschäftigten im Waren- und Kaufhausbereich von 1974 bis 1987 um über 27 % abgenommen. Die Zahl der jugendlichen Beschäftigten in Warenhäusern ist von 1981 bis 1987 von ca. 78000 auf 53200 gesunken.

Bei den Auszubildenden im Einzelhandel ist ebenfalls eine deutliche Reduzierung des Organisationspotentials festzustellen. Zwar hat ihre Zahl in den 70er Jahren zunächst stark zugenommen, danach aber ist eine Stagnation bzw. ein Rückgang zu verzeichnen, der aktuell durch den Nachwuchsmangel im

Einzelhandel nochmals verstärkt wird. So waren Ende August 1991 26000 Ausbildungsplätze im Einzelhandel nicht besetzt (vgl. Handelsblatt vom 28. 10. 91, Seite 18).

Zwar stellen die Jugendlichen insgesamt — trotz ihres sinkenden Anteils an der Gesamtbeschäftigtenzahl — immer noch ein knappes Drittel der Beschäftigten, jedoch sind die meisten von ihnen für die HBV nahezu unerreichbar, weil sie in Kleinbetrieben arbeiten, die nur schwer oder gar nicht zu organisieren sind. (Nach Ergebnissen der Arbeitsstättenzählung von Mai 1987 arbeiten über die Hälfte der Einzelhandelsbeschäftigten (über 1,3 Mio) in Betrieben mit weniger als 10 Beschäftigten.)

Im Finanzdienstleistungsbereich hat die Zahl der jugendlichen Beschäftigten in den 80er Jahren etwas zugenommen, im Versicherungsgewerbe ist sie mit leichten Schwankungen nahezu konstant geblieben. Beschäftigungsstabilität bzw. ein leichtes Beschäftigungswachstum ist also gerade in den Bereichen zu finden, die am schwierigsten zu organisieren sind.

Stichwortartig zusammengefaßt lassen sich die Organisationsbedingungen im privaten Dienstleistungsbereich folgendermaßen skizzieren:

- eine überwiegend klein- und mittelbetriebliche Struktur im privaten Dienstleistungsbereich;
- Beschäftigtengruppen mit — im Vergleich zu „traditionellen" Gewerkschaftsmitgliedern — geringerer Organisationsbereitschaft: Angestellte, Teilzeitbeschäftigte und Frauen, stellen im Bereich der HBV den Großteil der Beschäftigten;
- Branchen mit traditioneller Gewerkschafts„ferne" wie Banken und Versicherungen.

Hinzu kommt, wie oben schlaglichtartig beleuchtet, daß die strukturellen Veränderungen im Organisationsbereich der HBV die Bedingungen für eine gewerkschaftliche Mitgliederwerbung von Jugendlichen eher noch verschlechtert haben.

Ein weiterer erschwerender Faktor ist das — im Vergleich zu früher — höhere Lebensalter bei Ausbildungsbeginn. So haben zum Beispiel heute über die Hälfte der Auszubildenden im Banken- und Versicherungsbereich Abitur. Auch im Handel hat sich die durchschnittliche schulische Qualifikation erhöht. In der Konsequenz bedeutet diese Entwicklung, daß ganze Jahrgänge von — jüngeren — Jugendlichen im Betrieb unterrepräsentiert sind und somit auch keinen Kontakt zu den Gewerkschaften haben — und diese auch nicht zu ihnen. Dies spiegelt sich auch im Alter der HBV-Mitglieder wider: Lediglich ca. 7400 der jugendlichen Mitglieder sind jünger als 20 Jahre, was bedeutet, daß der weitaus größte Teil der „jugendlichen" Mitgliedschaft älter ist.

Auch die Zeitspanne, die junge ArbeitnehmerInnen im Betrieb verbringen, wird immer kürzer. Es ist oben schon auf das höhere Alter bei Beginn des Berufslebens hingewiesen worden. Hinzu kommt, daß viele Jugendliche — aufgrund ihrer Schulbildung — ihre Ausbildungszeit verkürzen können. Des weiteren verläßt ein großer Anteil von ihnen nach der Ausbildung bzw. nach kurzer Zeit der Erwerbstätigkeit den Betrieb wieder. Vor allem im Finanz- und Versicherungsbereich beginnen viele Jugendliche nach der Ausbildung ein Studium. Im Einzelhandel ist die Unzufriedenheit mit Arbeitsbedingungen — wie Einkommen und Arbeitszeiten — ein verbreitetes Motiv, das einen Wechsel in eine andere Branche attraktiv und naheliegend erscheinen läßt. Andere Jugendliche wieder verfolgen Weiterbildungsinteressen, die — beispielsweise im Einzelhandel — mit häufigem Ortswechsel verbunden sind. Oft haben die Jugendlichen erst für kurze Zeit die HBV kennengelernt, sind aktiv geworden, und bald darauf verlassen sie den Organisationsbereich der HBV, den Betrieb oder den Ort. Hinzu kommen die sogenannten „Alterswechsler“, die nach dem 25sten Lebensjahr aus der HBV-Jugend ausscheiden. Dies sind weit mehr als 10000 jugendliche Mitglieder pro Jahr. Dies alles sind Bedingungen, die ein kontinuierliches gewerkschaftliches Engagement erschweren oder gar unmöglich machen.

Soweit zu den statistisch erfaßbaren Veränderungen der Organisationsbedingungen und -strukturen, die bereits anschaulich machen, daß das Verhältnis von Jugendlichen zur HBV häufig ein relativ distanziertes ist; nicht zuletzt auch deshalb, weil die Gewerkschaften im vorberuflichen Leben der Jugendlichen kaum eine Rolle spielen.

Wenn wir heute häufig ein distanziertes Verhältnis der Jugendlichen zu den Gewerkschaften konstatieren müssen, so ist in diesem Zusammenhang auch das veränderte politische Bewußtsein von Jugendlichen bedeutsam. Politisches und gesellschaftliches Engagement, welches im Gegensatz zu einer verbreiteten Meinung auch in „bewegten“ Zeiten nur von einer kleinen Gruppe von Aktiven getragen wurde, ist heute keineswegs selbstverständlich. Es entwickelt sich häufig spontan aufgrund plötzlicher Betroffenheit, ist oft zeitlich befristet, und der „Sinn“ eines solchen engagierten Verhaltens wird mehr und mehr daran gemessen, ob es die persönliche Situation zu verbessern vermag. Dennoch wäre es unangemessen, Jugendliche heute als „unpolitisch“ zu bezeichnen. Im Gegenteil: Vieles spricht für die These, daß politische und gesellschaftliche Probleme einen hohen Stellenwert im Leben von Jugendlichen haben. Dieses Problembewußtsein reicht allerdings weit über die betriebliche Sphäre hinaus. Klimakatastrophe, Unterentwicklung und Armut in der sogenannten Dritten Welt sind — vermittelt über Schulbildung und Medien — den Jugendlichen präsent und selbst die tägliche Ernährung konfrontiert sie heute oft genug mit dem Problem zunehmender Umweltbelastung.

Der vielbeschriebene Wertewandel hat also keineswegs nur negative Seiten. Die Ansprüche der Jugendlichen an Arbeit, Beruf und Ausbildung, der heute deutlich höhere Stellenwert der Berufstätigkeit im Leben von jungen Frauen, die Kenntnisse und Vorstellungen über Umweltprobleme und Umweltschutz, bieten viele Ansatzpunkte für gewerkschaftliche Politik. Ein höheres Anspruchsniveau haben die Jugendlichen aber auch gegenüber den Gewerkschaften. Das Bedürfnis, anerkannt und ernstgenommen zu werden und der Wunsch nach Beteiligungs- und Einflußmöglichkeiten spielen nicht nur im Betrieb eine Rolle, sondern sie werden auch an die „Institution" Gewerkschaft herangetragen. Auszubildende, Jugend- und AuszubildendenvertreterInnen und junge Erwachsene richten ihre Partizipationsansprüche auch an Betriebsräte, GewerkschaftssekretärInnen und „ältere" Kolleginnen und Kollegen. Dieser „Generationskonflikt" tritt in allen Zusammenhängen der Gewerkschaftsarbeit auf.

Noch ein Wort zur Jugendphase. Eine soziologische Diskussion über den Begriff Jugend soll und kann hier nicht geführt werden. Unumstritten ist aber, daß die Jugendphase sich unter anderem dadurch auszeichnet, daß die Jugendlichen sich mit Haltungen, Wertvorstellungen und Orientierungen, die ihnen im Elternhaus, in der Schule, in Cliquen, Institutionen usw. begegnen, auseinandersetzen und ihre eigenen Wertvorstellungen und Orientierungen herausbilden. Für den Einzelnen wird die Aneignung von individuellen Orientierungen durch den gesellschaftlichen Prozeß der Individualisierung nahezu zwingend notwendig, da ein Freisetzungsprozeß aus den Sozialformen der industriellen Gesellschaft — Klasse, Schicht, Familie — festzustellen ist. Traditionelle Milieus und von ihnen geprägte Lebensvorstellungen verlieren an Bedeutung, subkulturelle klassen- und schichtspezifische Identitäten und Bindungen lösen sich auf. Diese gesellschaftlichen Veränderungen haben auch die gewerkschaftlichen Organisationsbedingungen erschwert. Die Auflösung sozialer Milieus bedeutet vielfach auch die Auflösung einer gewerkschaftsnahen Kultur, die die Jugendlichen — fast selbstverständlich — an die Gewerkschaften herangeführt hat. Doch trotz dieser erschwerten Voraussetzungen müssen die Gewerkschaften im Sozialisationsprozeß der Jugendlichen eine Rolle spielen. Schon allein um konservativen, reaktionären und neofaschistischen „Heilslehren" nicht das Feld zu überlassen, müssen die Gewerkschaften den Jugendlichen den notwendigen Raum für Auseinandersetzungen bieten.

Gewerkschaftliche Jugendarbeit muß also durchaus unterschiedliche Zielsetzungen verfolgen. Einerseits stellen sich ihr allgemeine Aufgaben, wie beispielsweise zur Verbesserung der Ausbildungs-, Arbeits- und Lebensbedingungen von jungen Menschen beizutragen, andererseits ist gewerkschaftliche Jugendarbeit auch als ein emanzipatorischer Prozeß zu sehen. Die Erfolge des letzteren lassen sich allerdings schwerlich quantifizieren und schon gar nicht an reinen Mitgliederzahlen messen.

Um die Handlungsfelder und die Weiterentwicklung der gewerkschaftlichen Jugendarbeit in der HBV zu verdeutlichen, sollen im folgenden Beispiele inhaltlicher Schwerpunktsetzungen und neuer Formen der HBV-Jugendarbeit vorgestellt werden.

Neue Formen und Ansatzpunkte gewerkschaftlicher Jugendarbeit in der HBV

Vor dem Hintergrund der oben geschilderten gesellschaftlichen und strukturellen Rahmenbedingungen ergeben sich bestimmte Ansatzpunkte und Leitlinien der gewerkschaftlichen Jugendarbeit in der HBV:

Betroffene zu Beteiligten machen

Es kann in der gewerkschaftlichen Jugendarbeit nicht darum gehen, im negativen Sinne ausgedrückt, jugendliche FunktionärInnen bzw. Mitglieder als „KämpferInnen für die gewerkschaftliche Beschlußlage" zu sehen. Gewerkschaftliche Zielsetzungen spielen erst im Verlauf der Jugendarbeit eine Rolle. Es ist davon auszugehen, daß Jugendliche sich eine eigene Meinung bilden, die nicht unbedingt oder nur zu einem Teil mit der Organisationsmeinung übereinstimmt. So geht es beispielsweise in der Arbeit mit Jugend- und AuszubildendenvertreterInnen zunächst einmal um „klassische" Unterstützung durch entsprechende Arbeitshilfen, Seminare, Betreuung von JAVen in Betrieben und Versammlungen. Auf diese Arbeitsfelder muß hier im einzelnen nicht eingegangen werden. Statt dessen sollen die Ansatzpunkte vorgestellt werden, die das Verhältnis von Jugendlichen zu Gewerkschaften und die Praxis gewerkschaftlicher Jugendarbeit verdeutlichen. Neben dem Aspekt, daß von der HBV konkrete Unterstützung geleistet wird, wie beispielsweise Fachwissen und praktische Tips zu vermitteln, die Jugendliche motivieren und Problemlösungen anbieten, geht es in verstärktem Maße darum, auf die Erfahrungen, das Wissen und die Ideen der Kolleginnen und Kollegen zurückzugreifen und *gemeinsam Positionen und Handlungsmöglichkeiten zu entwickeln.* Azubis, Jugend- und AuszubildendenvertreterInnen und junge Erwachsene sind die ExpertInnen für die Fragen und Probleme, die sie etwas angehen. Sie erwarten von den Gewerkschaften keine fertigen Antworten, sondern wollen mit ihren Vorstellungen ernstgenommen werden, sich austauschen und auseinandersetzen können. In diesem Ansatzpunkt, der die gesamte Praxis der Jugendarbeit bestimmt, kommt auch ein Prinzip der gewerkschaftlichen Bildungsarbeit zum Tragen: Nur das, was Jugendliche auf der Grundlage ihrer eigenen Erfahrungen, in einem von der HBV unterstützten Prozeß, gemeinsam bewerten, analysieren, verallgemeinern und einordnen, kann für sie selbst handlungsrelevant sein und letztendlich auch verändernd wirken. Das bedeutet unter anderem auch, Jugendliche mit *ihren* Ideen und Vorstellungen in die gewerkschaftliche Arbeit miteinzubeziehen: So geht es beispielsweise bei der Erstellung von Materialien darum, die Jugendlichen als diejenigen hinzuzuziehen, die später damit arbeiten sollen. Konkret kann das bedeuten, auch bei der Erstellung von Materialien und Broschüren negative Erfahrungen zu berücksichtigen, was letztendlich einer wenig überzeugenden Schönfärberei entgegenwirkt. Konkrete Fallbeispiele und an Personen festgemachte Erfahrungen und Einschätzungen sind authentisch und überzeugender.

Ein weiteres Beispiel: Wenn es darum geht, die Neuordnung von Berufsbildern durchzusetzen oder die zukünftige Tarifpolitik zu diskutieren, ist dies ebenfalls ohne die breite Einbeziehung der Kompetenzen und Vorstellungen der Jugendlichen undenkbar.

Jugendbildungsarbeit

Bildungsarbeit hat als eine Form gewerkschaftlicher Jugendarbeit einen hohen Stellenwert. Oft sind Seminare für Jugend- und AuszubildendenvertreterInnen der erste Kontakt mit der HBV, und in diesem Erfahrungsraum werden Jugendliche häufig Mitglied der Gewerkschaft. Neben den JAV-Grund- und Aufbauseminaren spielen themenbezogene Seminare eine große Rolle (zum Beispiel berufliche Bildung, Tarifpolitik, Jugendgruppenarbeit etc.) sowie das „Jugend-I-Seminar", in dem über die historische Aufarbeitung von gesellschaftlichen und politischen Entwicklungen die Veränderbarkeit von Gesellschaft und die Rolle der Gewerkschaften verdeutlicht werden. In Seminaren geht es nicht nur darum, Fachkenntnisse zu vermitteln, sondern gemeinsam betriebs- und branchenübergreifend Positionen und Handlungsmöglichkeiten zu entwickeln. Auch die Bedeutung des „Rahmenprogramms", Freizeit und Kultur, darf nicht unterschätzt werden. An dem, was die Jugendlichen in diesen Seminaren — oft als ersten Eindruck — erleben, messen sie die Gewerkschaft. Die HBV wird hier erlebbar.

Die Mitarbeit in der Bildungsarbeit ist ein Hauptfeld für KollegInnen, die den Betrieb verlassen haben. Ein großer Teil der aktiven HBV-Jugendlichen ist über Jugend-Teamerarbeitskreise an der Weiterentwicklung, Gestaltung und Durchführung von Bildungsmaßnahmen beteiligt.

Neue Formen der Jugendarbeit

Neben der „klassischen" Jugendarbeit in Gremien oder betrieblichen Jugendgruppen hat sich eine bunte Palette von weiteren Formen entwickelt. Dies hat seine Gründe in der bereits beschriebenen Fluktuation, die eine kontinuierliche Arbeit mit gleichen Personen über mehrere Jahre hinweg äußerst schwierig macht. Attraktiv sind dagegen Angebote, die eine zeitlich befristete Arbeit zu einem Schwerpunktthema möglich machen. Jugendliche für Projektgruppen zu gewinnen, die sich mit der Erstellung eines HBV-Jugendfilms beschäftigen, die Positionen zur Neuordnung der finanzkaufmännischen Berufe erarbeiten oder sich mit dem Verkauf neofaschistischer Zeitschriften im Einzelhandel beschäftigen, erweist sich oft als vergleichsweise einfach. Schwieriger ist es, die Jugendlichen zur kontinuierlichen Mitarbeit in Jugendausschüssen zu bewegen. Mit Medien oder visuellen Methoden zu arbeiten (zum Beispiel Video, Wandbildgestaltung, Mitarbeit im Bürgerfunk oder Lokalradio usw.) hat ebenfalls einen hohen Stellenwert erhalten. Im Rahmen der Arbeit mit JA-Ven haben sich Konferenzen zu Schwerpunktthemen, wie beispielsweise Methoden in der Ausbildung, Umweltschutz usw. als sehr sinnvoll erwiesen. Dies hat auch zur Folge, daß „originäre“ Gremienarbeit offener geworden ist. So werden beispielsweise auch nicht gewählte „ExpertInnen“, seien es JAVlerInnen aus einer bestimmten Branche, Tarifkommissionsmitglieder usw., zu bestimmten Schwerpunktthemen eingeladen und in die Gremienarbeit integriert. Solche Beispiele deuten bereits an, daß die Realität die „Richtlinien zur Jugendarbeit“ bereits verändert hat. Ihre Neufassung muß diese Entwicklung berücksichtigen. Die Möglichkeit einer projektbezogenen kreativen Jugendarbeit sollte zukünftig auch satzungsmäßig verankert werden. Allerdings wird es in diesem Zusammenhang nicht nur darum gehen, neue Formen festzuschreiben, sondern auch Kompetenzen und Entscheidungsmöglichkeiten, sowie die Integration der HBV-Jugend in die Gesamtorganisation neu zu definieren.

Um den Ansprüchen der Jugendlichen gerecht zu werden, gibt es bereits im Vorfeld zu den in diesem und im nächsten Jahr anstehenden Landesbezirks- und Bundesjugendkonferenzen spannende Diskussionen. Eines ist sicher: Sie sollen nicht im „alten“ Konferenzstil — Geschäftsberichtsdebatte, Antragsflut usw. — ablaufen. In allen HBV-Landesbezirken diskutieren Jugendliche ihre Vorstellungen von lebendigen und spannenden Konferenzen. Kultur soll nicht ein reines „Abendprogramm“ sein, sondern — wie in unserer Bildungsarbeit — in den Ablauf der Konferenzen selbst integriert werden. Es sollen Formen gefunden werden, die eine Mitarbeit *aller* sicherstellen (Arbeitsgruppen, Workshops). Und es sollen Arbeitskonferenzen sein, in deren Verlauf Positionen und Handlungsmöglichkeiten der HBV-Jugend erarbeitet werden, die auch zu einer Weiterarbeit an den entwickelten Themen und Ideen vor Ort motivieren. Der Höhepunkt der HBV-Jugendarbeit ist das Bundesjugendtreffen, das ca. alle drei Jahre stattfindet. Gemeinsam zu arbeiten, kulturelle Aktivitäten zu entfalten und zu feiern, macht die HBV erlebbar und gibt neue Impulse für die Jugendarbeit.

Jugendarbeit nach den JAV-Wahlen

Die Novellierung des Betriebsverfassungsgesetzes und die damit verbundene Installierung von Jugend- und Auszubildendenvertretungen haben neue Möglichkeiten der HBV-Jugendarbeit eröffnet. Gab es vor 1988 nur rund 500 Betriebe im Organisationsbereich der HBV, in denen ca. 960 JugendvertreterInnen gewählt wurden, so stieg deren Anzahl nach der Gesetzesnovellierung auf weit über 3 500 JAVlerInnen in ca. 1 800 Betrieben. Vor allem im Banken- und Versicherungsbereich gab es in vielen Betrieben erstmals wieder betriebliche Interessenvertretungen für Jugendliche und Auszubildende. Damit stand und steht der HBV eine große Anzahl von betrieblichen AnsprechpartnerInnen zur Verfügung. Allerdings werden diese keineswegs einzig aufgrund ihrer Funktion automatisch Mitglied der HBV. Vielmehr müssen sie — inhaltlich und persönlich — überzeugt werden, daß eine Mitgliedschaft sinnvoll ist und ihnen persönlich etwas bringt. Erfolgt eine Organisierung, heißt das wiederum nicht, das JAVlerInnen auch automatisch Auszubildende für die HBV werben. Der Grund dafür liegt in der Regel einfach darin, daß zwar die Unterstützung der HBV anerkannt wird, der eigentliche Sinn und die Funktion von Gewerkschaften bzw. gewerkschaftlichen Zielsetzungen aber vielen betrieblichen InteressenvertreterInnen zunächst diffus und unklar erscheinen. Zusammenfassend kann festgestellt werden, daß es keinen Automatismus bei der Organisierung von JAVlerInnen gibt, sondern daß es notwendig ist, sich mit ihnen und ihren Ansprüchen inhaltlich und persönlich auseinanderzusetzen, gewerkschaftliche Positionen zur Diskussion zu stellen und tatsächlich erst einmal die gewerkschaftliche Arbeit transparent und erlebbar zu machen.

Inhaltliche Schwerpunkte der HBV-Jugendarbeit

Ergebnisse aus der Jugendforschung der letzten Jahre haben gezeigt, daß Ausbildung und Arbeit im Leben der Jugendlichen einen hohen Stellenwert haben (vgl. dazu Baethge/Pelull in diesem Band). Solche Untersuchungsbefunde können aus den Erfahrungen der HBV-Jugendarbeit nur bestätigt werden: Bei Jugend- und AuszubildendenvertreterInnen, bei Auszubildenden, bei Jugendversammlungen, bei der KandidatInnensuche für JAV-Wahlen, bei Konferenzen und Seminaren stehen Themen der Arbeits- bzw. Ausbildungssituation und der beruflichen Bildung im Mittelpunkt. Die Probleme, um die es dabei geht, sind vielfältig. Beispielhaft seien hier nur einige Stichworte genannt: die Praxis in den Betrieben, ausbildungsfremde Tätigkeiten während der Berufsausbildung zu übernehmen, Mängel und Probleme, die bei der betrieblichen Umsetzung der Bestimmungen des Berufsbildungsgesetzes, der Ausbildungsordnungen bzw. der Betriebsvereinbarungen sichtbar werden: mangelhafte bzw. fehlende Ausbildungspläne, zu wenig oder schlecht qualifizierte AusbilderInnen, schlechter betrieblicher Unterricht, Probleme bei der Verzahnung von Berufsschule und innerbetrieblichem Umterricht, subjektive Beurteilungssysteme. Die HBV-Jugendarbeit greift diese — von den Jugendlichen artikulierten — Problemstellungen auf. Entsprechend ist der Bereich der beruflichen Bildung und die in diesem Zusammenhang erforderliche JAV-Betreuung auch ein deutlicher Schwerpunkt ihrer Arbeit. Konkrete Zielsetzungen sind dabei vor allem, sachlich und zeitlich gegliederte Ausbildungspläne durchzusetzen, attraktive und neue Methoden in der Berufsausbildung zu verankern (u.a. Projekte, in denen Azubis selbständig mit qualifizierter Betreuung Ausbildungsinhalte vermittelt werden, z.B. Azubiladen, Lernbüros, Übungsformen) und subjektive Beurteilungssysteme durch objektivierbare Lernzielkontrollen abzulösen.

Im Einzelhandel hat in den vergangenen Jahren die Umsetzung des neugeordneten Berufsbildes „Kauffrau / Kaufmann im Einzelhandel" eine herausragende Rolle gespielt. Damit soll einerseits eine qualitative Verbesserung der Ausbildung, die die Ansprüche der Jugendlichen und Auszubildenden aufgreift, gewährleistet werden. Andererseits soll dieser Neuzuschnitt des Berufsbildes „Kauffrau / Kaufmann im Einzelhandel" aber auch zu einer Aufwertung der Arbeit und Ausbildung im Einzelhandel beitragen. Qualifizierte Warenkenntnisse, Umweltwissen und Kenntnisse im Umgang mit neuen Technologien sind heute in der Ausbildungsordnung verankerte Bestandteile des Berufsprofils. Dennoch ist das negative Image des Einzelhandels nach wie vor ein Problem. Vor diesem Hintergrund hat die HBV das Projekt „Auszubildende im Einzelhandel: Ohne uns läuft nichts" initiiert, um deutlich zu machen, daß die Arbeit im Einzelhandel anspruchsvoll und vielseitig ist und nicht unter dem Motto „verkaufen kann jede / r" steht. Die HBV wollte mit dieser Initiative auf die neuen Berufsanforderungen im Einzelhandel aufmerksam machen und das Selbstbewußtsein der Azubis stärken. Tatsächlich ist diese Aktion auf große Sympathie und Resonanz gestoßen. Ausbildungsneuordnungen, die den Jugendlichen eine qualifizierte und umfassende Berufsausbildung gewährleisten sollen, sind für den Banken- und Versicherungsbereich gleichfalls in der Diskussion.

Jugendtarifpolitik

Jugendtarifpolitik ist neben der beruflichen Bildung ein weiteres wichtiges Standbein der HBV-Jugendarbeit. In diesem traditionellen gewerkschaftlichen Handlungsfeld werden die Aufgaben und die Bedeutung der Gewerkschaften für die Jugendlichen vielleicht am unmittelbarsten erfahrbar.

Im Vordergrund der Jugendtarifpolitik standen und stehen Forderungen nach höheren Ausbildungsvergütungen, Arbeitszeitverkürzung, Abbau von Benachteiligungen von Jugendlichen und Auszubildenden bei tarifpolitischen Fragen (von der Höhe des Urlaubsgeldes bis hin zur Beseitigung von Altersabschlägen) und ihre Eingruppierung nach der Ausbildung. Vor allem im Einzelhandel sind die Jugendlichen für tarifpolitische Fragen äußerst sensibilisiert, sie vertreten selbstbewußt die Forderung nach einer besseren Entlohnung und nach besseren Arbeitsbedingungen. In der zurückliegenden Einzelhandels-Tarifrunde war das Engagement der Auszubildenden deutlich spürbar, und es konnten eine sprunghafte Erhöhung der Auszubildendenvergütung und des Einstiegsgehaltes nach der Ausbildung durchgesetzt werden. Allerdings war wohl auch der Nachwuchsmangel im Einzelhandel eine günstige Rahmenbedingung für die gewerkschaftlichen Forderungen. Entgeltregelungen sind jedoch nicht der einzige Bestandteil der Jugendtarifpolitik. Gegenwärtig wird auch diskutiert, Fragen der beruflichen Bildung tarifpolitisch zu regeln. Danach sollen eine verbindliche Festlegung einer dreijährigen Ausbildungsordnung, Freistellungen für Prüfungsvorbereitungen oder Quoten, die das zahlenmäßige Verhältnis zwischen Auszubildenden und Ausbildern regeln, Inhalte zukünftiger Tarifverträge sein.

„Neue" Inhalte: Umweltschutz und Gleichberechtigung

Umweltschutz erweist sich als *das* neue Thema in der Jugendarbeit, an dem Azubis und Jugendliche ein großes Interesse haben. In allen Bereichen des Betriebes, sei es das Büro, der Verkauf, die Dekoration oder die Kantine, spielt Umweltschutz eine wesentliche Rolle. Die Azubis setzen sich engagiert und aktiv mit Umweltverhalten auseinander, entwickeln Verbesserungsvorschläge und finden in diesem Zusammenhang oft ein offenes Ohr bei Vorgesetzten oder Geschäftsleitungen. Natürlich wird dieses Thema auch und gerade in der gewerkschaftlichen Jugendarbeit immer bedeutsamer. Gleiches gilt für den Problembereich der Gleichberechtigung bzw. der Benachteiligung von Frauen. Auch hier ist eine deutlich wachsende Sensibilität unter den Jugendlichen und in der Gewerkschaftsarbeit feststellbar. Unsere Gewerkschaftsarbeit verfolgt dabei das Prinzip und das Ziel, an den Interessen und am Selbstbewußtsein der (jungen) Frauen anzuknüpfen, das Recht auf Gleichbehandlung zum Thema zu machen und sie in ihren Vorstellungen positiv zu unterstützen.

Jugendmitgliederwerbung

Es gilt wohl für alle Einzelgewerkschaften, daß die Werbung von Auszubildenden und Jugendlichen kaum mehr über die Schiene funktioniert: „In unserem Betrieb sind alle in der Gewerkschaft" oder „Wer nicht Mitglied ist, ist Trittbrettfahrer". Jugendmitgliederwerbung kann heute nur über die persönliche und die Jugendlichen überzeugende Ansprache erfolgreich sein. Eine genaue

Vorstellung der HBV-Jugendarbeit und eine ernsthafte Auseinandersetzung mit Gegenargumenten und Vorbehalten sind dafür Mindestvoraussetzungen. Weiterhin muß den Jugendlichen die Möglichkeit gegeben werden, Gewerkschaftsarbeit zu „erleben", um sich selber ein Urteil bilden zu können. Die HBV hat dafür unter anderem Arbeitsmaterialien erstellt. Dazu zählen eine Arbeitshilfe „Vorsicht Anfänger?" zur Mitgliederwerbung und attraktiv gestaltetes Informationsmaterial über die HBV-Jugend (Video-Filme und Broschüren wie beispielsweise „HBV-Jugend — Wer wir sind und was wir wollen").

Jugendarbeit in der Gesamtorganisation

Notwendig ist es, der Jugendarbeit einen hohen Stellenwert in der Gesamtorganisation zu verschaffen, so daß sie in allen Arbeitsbereichen eine Rolle spielt. Vor allem nach den JAV-Wahlen 1988 gab es innerhalb der HBV eine grundlegende Diskussion über die zukünftige Jugendarbeit. Neue Konzepte und Wege der gewerkschaftlichen Jugendarbeit sind auch innerhalb der gegenwärtigen Organisationsreformen der HBV ein zentrales Thema. In den nächsten Jahren werden zukünftige Strukturen, Inhalte und Formen der Gewerkschaftsarbeit der HBV diskutiert, wobei die Ansprüche der Jugendlichen — mehr als bisher — zu berücksichtigen sind, ist doch davon auszugehen, daß die Probleme und Veränderungen im Jugendbereich eine „Seismographenfunktion" haben. Auch wenn sich die Konturen einer zukünftigen Jugendpolitik erst noch herausschälen müssen, so gibt es doch schon vielfältige Ansatzpunkte, die zur Diskussion stehen. Dazu zählen Vorstellungen, gewerkschaftliche Jugendarbeit schon vor dem Beginn der Ausbildung in der Arbeit mit SchülerInnen zu verankern und gleichzeitig der Arbeit mit jungen Erwachsenen einen höheren Stellenwert zu geben. In diesem Zusammenhang wird in der HBV auch der Begriff der „Jugendarbeit" überdacht. Wenn Jugendarbeit mehr sein soll, als Arbeit mit und für Berufseinsteiger, Auszubildende und JAVlerInnen, wenn sie die Arbeit mit jungen Erwachsenen, die ihre Ausbildung beendet haben, einbeziehen soll, dann muß das Konsequenzen für die Arbeit der Gesamtorganisation haben. So steht beispielsweise die bisherige Trennungslinie zwischen Jugend- und „Erwachsenen"arbeit zur Disposition, denn die Planung und Umsetzung des weiteren Berufslebens, das Problem der Vereinbarkeit von Beruf und Familie für Frauen und Männer, die Auseinandersetzungen mit Fragen der Arbeitszeitgestaltung, der Weiterbildung etc. betreffen junge Angestellte unter und über 25 Jahren gleichermaßen. Gewerkschaftliche Interessenvertretung für junge Arbeitnehmer muß zukünftig über die „originäre Jugendarbeit" weit hinaus gehen und sich in allen Arbeitsfeldern niederschlagen.

Jugendarbeit in den fünf neuen Ländern

Die bisherigen Ausführungen bezogen sich zunächst einmal auf die alten Bundesländer. Welche Entwicklungen in den fünf neuen Ländern zu erwarten sind, ist kaum zu prognostizieren. Dennoch soll abschließend versucht werden, einige Rahmenbedingungen der Jugendarbeit in den neuen Bundesländern kurz zu skizzieren: Zunächst einmal ist festzustellen, daß es hier eine sehr rasante Jugendmitgliederentwicklung gab und gibt. Über 41 000 Jugendliche sind in den fünf neuen Ländern Mitglied der HBV geworden. In vielen Bereichen ist auch der Organisationsgrad wesentlich höher als in den alten Bundesländern. Im Vergleich zu diesem sprunghaften Mitgliederzuwachs entwickeln sich die Strukturen in der gewerkschaftlichen Jugendarbeit eher langsam. Jugendarbeit findet zunächst erstmal dort statt, wo es personelle und räumliche Kapazitäten gibt. Sind diese Voraussetzungen gegeben, dann wird allerdings rasch eine handlungs- und aktionsorientierte Jugendarbeit möglich. Ein Pilotprojekt „Jugendarbeit in Sachsen-Anhalt“ hat dies bestätigt.

Schwerpunkte der HBV-Jugendarbeit in den neuen Ländern sind — wie bei anderen Einzelgewerkschaften auch — der Erhalt von Ausbildungsplätzen, die Sicherung einer qualifizierten Ausbildung und die JAV-Wahlen. Als sehr sinnvoll hat sich die Zusammenarbeit von westlichen und östlichen Landesbezirken erwiesen, denn Ziel ist es schließlich, die Jugendarbeit zusammenführen.

Zusammengefaßt kann festgestellt werden, daß Veränderungen der Rahmenbedingungen und des Bewußtseins von Jugendlichen auch eine Veränderung der Inhalte und Formen der HBV-Jugendarbeit nach sich ziehen. Dies wird im Jugendbereich der HBV sehr breit und aktiv diskutiert, und heute sind bereits viele neue Ansätze in der Jugendarbeit festzustellen. Allerdings ist allen Beteiligten in der gewerkschaftlichen Jugendarbeit noch mehr Mut zu wünschen, auch Experimente zu wagen.

Autorinnen und Autoren

Georgina Argimon Maza
Wissenschaftliche Mitarbeiterin am Centre d'initiatives y recerques europees a la mediterránia (CIREM), Barcelona

Martin Baethge
Professor am Soziologischen Seminar der Universität Göttingen und Direktor des Soziologischen Forschungsinstituts Göttingen (SOFI)

Paul Blyton
Wissenschaftlicher Mitarbeiter an der Cardiff Business School, University of Wales

Jacques Capdevielle
Wissenschaftlicher Mitarbeiter am Centre d'Etudes de la vie politique francaise (CEVIPOF), Paris

Lynne Chisholm
Dozentin am Institut für Erziehungswissenschaften der University of London, seit 1992 Professorin am Institut für Erziehungswissenschaften der Universität Marburg, Gründungsmitglied des *Cyrce* (Centre for Youth Research Cooperation in Europe)

Reinhold Götz
Leiter der Abteilung Jugend beim Vorstand der IG Metall, Frankfurt

Gudrun Linne
Referentin in der Abteilung Forschungsförderung der Hans-Böckler-Stiftung, Düsseldorf

Hélène Meynaud
Wissenschaftliche Mitarbeiterin bei der Direction des Etudes et Recherches, Departement *Grets*, Paris

Angela Paul-Kohlhoff
Wissenschaftliche Mitarbeiterin an der Sozialforschungsstelle Dortmund (sfs)

Wolfgang Pelull
Referent im Verbindungsbüro des Landes Niedersachsen bei den Europäischen Gemeinschaften, Brüssel; bis Anfang 1991 wissenschaftlicher Mitarbeiter am soziologischen Forschungsinstitut (SOFI) Göttingen

Wolfgang Pieper
Tarifsekretär in der ÖTV-Hauptverwaltung; bis Mai 1991 Bundesjugendsekretär der ÖTV, Stuttgart

Martina Plag
Jugendsekretärin beim Hauptvorstand der HBV, Düsseldorf

Paolo Segatti
Wissenschaftlicher Mitarbeiter am Dipartimento di Studi Politici e Sociali, Universita di Pavia

Richard Ross
National Education Training Officer der Workers Educational Association, England

Marian van Teeffelen
Vizepräsidentin der Jugendorganisation des Christelijk National Vakverbond (CNV), Niederlande

Manuela Tulli
Jugendsekretärin der Confederazione Italiana Sindicato dei Lavoratori, Rom

Stefan Weis
Leiter der Abteilung Jugend beim Hauptvorstand der IG Chemie-Papier-Keramik, Hannover

GPSR Compliance

The European Union's (EU) General Product Safety Regulation (GPSR) is a set of rules that requires consumer products to be safe and our obligations to ensure this.

If you have any concerns about our products, you can contact us on ProductSafety@springernature.com

In case Publisher is established outside the EU, the EU authorized representative is:

Springer Nature Customer Service Center GmbH
Europaplatz 3
69115 Heidelberg, Germany

Batch number: 10809466

Printed by Printforce, the Netherlands